船舶管子弯曲工艺

娄锦博　于雪梅　李志平　编著

哈尔滨工程大学出版社
Harbin Engineering University Press

内容简介

本书作者针对现阶段船舶弯曲管子的设计、工艺,施工人员缺乏基础理论知识,缺乏现场施工管理经验的现状,根据自身多年实践,比较系统地整理了船舶管子弯曲的传统经验,并总结了其与现今施工管理相结合的工艺方法。

本书内容包括管子单线绘图识图,管子弯曲参数的概念及计算,管子弯曲无余量下料,管子法兰先焊后弯,管子弯曲原理、弯管设备及其操作和弯管质量标准,用 Excel 功能编写管子弯曲计算程序等。

本书是简洁实用的管子弯曲施工的教材,也可供相关从业人员参考。

图书在版编目(CIP)数据

船舶管子弯曲工艺 / 娄锦博,于雪梅,李志平编著. —哈
尔滨:哈尔滨工程大学出版社,2021.1
　　ISBN 978 - 7 - 5661 - 2627 - 6

　　Ⅰ. ①船…　Ⅱ. ①娄…　②于…　③李…　Ⅲ. ①船舶管
系 - 弯曲成型 - 管子加工　Ⅳ. ①U671.91

　　中国版本图书馆 CIP 数据核字(2021)第 025171 号

选题策划	史大伟　薛　力	
责任编辑	唐欢欢	
封面设计	李海波	

出版发行	哈尔滨工程大学出版社
社　　址	哈尔滨市南岗区南通大街 145 号
邮政编码	150001
发行电话	0451 - 82519328
传　　真	0451 - 82519699
经　　销	新华书店
印　　刷	哈尔滨市石桥印务有限公司
开　　本	787 mm × 1 092 mm　1/16
印　　张	10.5
字　　数	270 千字
版　　次	2021 年 1 月第 1 版
印　　次	2021 年 1 月第 1 次印刷
定　　价	29.00 元

http://www.hrbeupress.com
E-mail:heupress@ hrbeu.edu.cn

前　　言

在船舶管子零件加工制作过程中,近40%的预制管件需要根据船体空间的实际情况弯曲加工成各种形状。在"管系放样"工艺产生之前,管路布置的弯曲管件是利用复制样棒或人工测量、计算、绘制的管子零件图来进行弯管的。目前,广泛采用计算机软件管路放样新工艺之后,完成出图及生产程序,新工艺、新技术以及计算机的普遍应用,给船舶管子加工生产带来了日新月异的变化。

但是,在某些特定的情况下,例如船上合拢碰头管子、狭小空间形状复杂的管子,特别是在修船施工中局部更换新管、管路复制、改样等情况下仍然需要手工测绘、计算并绘制弯管管子加工零件图。另外,虽然计算机放样管子制作零件图准确率高、效率高,但不可避免地因为各种原因,有时也会出一些系统差错。有些设计人员利用计算机软件平台输入船体坐标就可以得到直观漂亮的弯管管子制作零件图,但出现错误时缺乏分析、判断、计算的基本常识;有些工艺人员、施工人员在施工中分析计算能力差,遇到实际问题离开计算机就无所适从。人们在熟练驾驭计算机的同时,基础知识、基本原理、基本技能显得不足,在船舶行业,年轻的设计、生产管理人员及工人中出现管子工艺基础知识断层的趋势,与传统的管子制作工艺之间缺乏必要的衔接。管子制作新工艺是在老工艺的基础之上循序渐进地发展起来的,作为技术文化遗产的一些行业根本和行业基础还是有应用价值的。老一代人的造船传统技术和一些工艺施工技巧是多年积累的,是生产实践中不可缺失的宝贵财富,对现代化造船技术会有补充和帮助。所以学习管子弯曲加工的基础知识和传统经验,还是十分必要的。

本书编著者之一于雪梅,1974年知青回城,在大连造船厂管加工车间从事弯管工作。当时弯管的施工图纸是人工放样,手工绘图,弯管图纸错误较多,经常遇到图纸与工件不一致的情况。为了减少施工错误,她想尽办法反复验证弯曲管件施工图纸各项参数的正确性。当时,全国各大船厂都在积极探索管子加工新工艺、新方法,研究管子无余量下料、数控弯管、法兰先焊后弯、流水线作业等施工方法。她参加了车间的技改攻关,参与了各种材质、各种规格管子弯曲延伸值测算、无余量下料推导计算、管子先焊后弯的法兰转角计算等,积累了大量的第一手数据和资料。当时,没有电脑,甚至连微型计算器都没有一台,检查校对弯管图纸靠几何投影三角函数计算,遇到复杂管形的曲角转角计算,需要投影计算十几个三角形才能搞定。三角函数的计算,除了笔算,当时最快捷的方法是拉工程计算尺,但数值不是很精确。管子无余量下料计算,全靠打算盘来完成。在这样的条件下,工作费时费力,效率很低,有时为了验证一根管子的复杂转角,须几个人同时做几何投影计算很长时间;为了做一个无余量下料计算表,也只能靠计算尺加算盘,一个角度一个角度地计算。经历了那些艰难探索的年代,她十分珍惜前人的经验和成果,在工作中就注重收集整理一些培训内容,以方便从事管子加工的设计、工艺、施工人员更多地了解相关基础知识和传统的施工经验,去发现施工图纸中容易出现的问题和差错,避免造成返工浪费,以节约成本,提高工作效率。

本书编著者之一李志平是国家恢复高考后的第一批大学生,1982年于哈尔滨船舶工程学院(现哈尔滨工程大学)毕业后分配到车间工艺组。他用高等数学矢量代数的一系列公式进行弯曲管子的身长、曲角、转角计算,代替了几何投影三角函数的复杂计算,在设计、工艺和生产中得到普遍推广,大大提高了工作效率。加上当时有了计算器,弯管图纸的审核、计算、施工进度及准确性都得到了有效的保证。

本书编著者之一娄锦博2000年后从事管子工艺工作。他在全面掌握管子施工工艺的基础上,结合现场施工出现的疑点、难点,根据高等数学的推导公式,应用Excel编写程序,建立了"管子弯曲无余量计算表"计算程序、"管子放样长、起弯点、进给量、转角、曲角、下料长"计算程序、"管子先焊后弯"法兰孔定位的计算程序,使弯管图纸的设计、审核、计算、施工每个环节都得到计算机小程序的检查控制,方便、准确、快捷,得到设计和施工人员的普遍认可。目前,为了方便现场生产施工,正在着手研究把电脑控制程序编程为手机版,会使施工生产更方便、更快捷。本书中所有长度单位均为毫米(mm),所有高度单位均为度(°)。

我们经过多年探索和研究,并把多年对各类人员的培训重点加以汇集整理,形成了本书。多年来,笔者在组织编写教材,对各类人员进行技术培训的过程中,也不断学习、借鉴哈尔滨工程大学出版社船舶工业教材中的船舶系列丛书,其中,尤以邵志深的《船舶管系工工艺学(初级、中级、高级)》,屠文斌的《船舶管系工工艺》等教材让我们受益匪浅。在此,向各位老师表示敬意和感谢。同时,也向曾经共同探索、共同努力的造船前辈和同行表示敬意。在本书的编写过程中,因我们的理论知识水平实在有限,书中难免有纰漏和不妥之处,敬请各位专家、同行批评指正。

编著者
2020年12月

目　　录

第1章　管子单线绘图识图

当今造船业的管子弯曲加工零件图,大多为计算机软件自动生成的管子三维加工图纸,这些图纸广泛应用在生产领域,被施工人员认知、认可、熟悉和掌握。与此同时,过去几十年,几代造船人普遍习惯使用的管子单线绘制图已渐渐被人淡忘。但是,继续了解、延续使用管子单线绘制草图,还是必要的。

图1-1是计算机软件设绘的管子加工零件图与手工测绘管子单线管子零件图的比较。图1-1(a),是计算机 AM 软件系统的三视图与轴测图所表达的一根管子制作零件图。图1-1(b)用一个简单的手工绘制单线管件制作草图,就表达了图1-1(a)三视图及轴测图的全部意思。这就说明,虽然计算机管子加工零件图有不可比拟的先进性,但如果在施工现场绘制管子制作零件草图,显然是图1-1(b)比较快捷,而且完全能够满足施工图形尺寸要求。现如今,如果大家能够在识读计算机设绘的管子加工零件三视图的同时,也能读懂管子单线管子零件图,并能够迅速画出单线管子零件图,那么在特定的情况下,就能够用单线管子零件图快速描述需要加工制作管子的基本形状及加工尺寸,也能够把计算机软件设绘的管子加工零件三视图采用一个最简单的单线管子制作零件草图快速简单地表达出来,就可以大大方便在生产施工中的图纸交流与沟通。所以有必要认真研究一下管子单线零件图的绘制和识读。

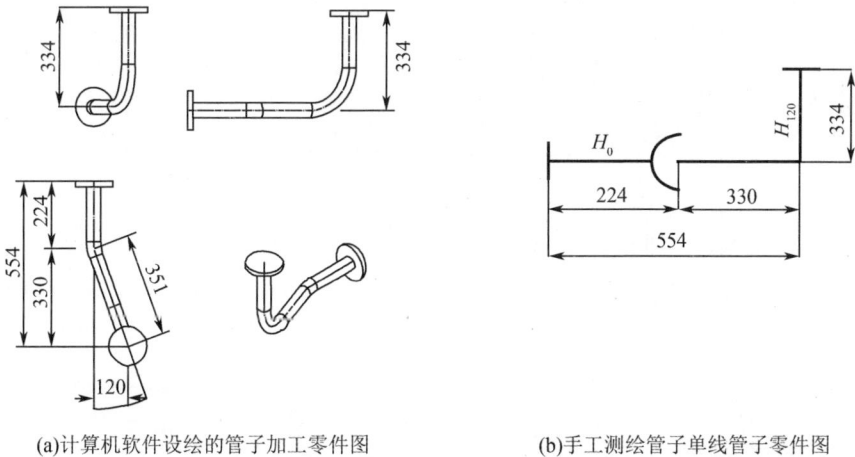

(a)计算机软件设绘的管子加工零件图　　　　　　(b)手工测绘管子单线管子零件图

图1-1　计算机软件设绘的管子加工零件图与手工测绘管子单线管子零件图

手工测绘的管子单线零件图是根据机械制图点、线、面的投影原理,水平正投影 X、Y 方向的数值,Z 方向用 H 表达高度值,并用单粗实线和规定的符号来表示管子的空间形状,加上尺寸标注,就可以把管子加工的零件图画出来。

结合船体空间特性建立起来的 X、Y、Z 三维空间直角坐标系,可以把船体空间任意一点 A 的位置由 (x_A, y_A, z_A) 的坐标值(图1-2)来确定;也可以把空间的一根直线段 AB 两点的位置由(x_A,y_A,z_A)和(x_B,y_B,z_B)的坐标值(图1-3)来描述。所以,机械制图的正投影法是船舶管路布置中采用的基本投影方法。根据船舶管系放样的原理,用粗实线即管子中心线来绘制管子零件制作图,比较简单直观。把一根管子放在一个X、Y、Z三维空间,然后分别垂直向X、Y、Z三个平面投影,就会分别得到正投影图、侧投影图、水平投影图(图1-3)。

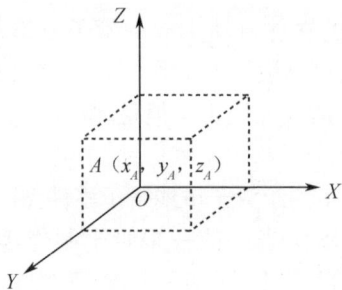

图1-2 空间点A的坐标   图1-3 空间直线AB的三面投影

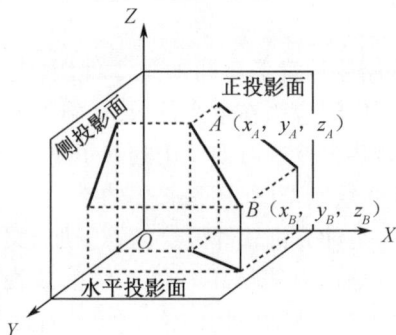

经过投影的管子零件图,由于管子在空间的位置不同,投影图形不能真实地反映管件实际长度和实际角度,特别是比较复杂的弯曲管件,其三维投影往往会重合、折叠在一起,因此如果在管段投影的基础上加上规定的连接符号、投影尺寸标注及必要的文字说明,所形成的管子制作零件图就能表达管子图形的基本信息,然后根据投影尺寸进一步计算,就可以得到管子弯曲的完整信息。这种管子零件制作图适合在现场施工中手工草绘,便于交流。图1-4~图1-10是一组管系放样管子弯曲零件图,根据这些图,我们可以全面了解管子单线图的基本绘制要求和识读方法。

1.1 正确选择投影面及视图选取规则

由于待加工管件在空间位置上有三个方向的投影,即正投影、侧投影、水平投影,所以同一根管子在三个投影面上的曲形形状和投影尺寸各不相同。取哪个投影图能够得到最直观、最完整的管件信息,这就取决于在空间如何"摆放"管子的位置及如何正确选择投影面。

1.1.1 空间管子摆放位置

空间管子怎样摆放?应该将管子置于最有利于显示其真实形状的特殊位置,管段尽量"横平竖直",即平行或垂直于投影面;弯曲角平面垂直或倾斜于投影面都可以,但至少要保证曲形部分与之连接的首尾两端管段,有一端管段平行或垂直于投影面,如果管子两端管段"倾斜"于投影面,则计算弯管参数比较困难,且弯曲、测量、装配都不好掌握(详见图1-18~图1-38中管子在三维空间的摆放状态)。

1.1.2　视图的选取规则

管子零件图应首选"正投影图"或"水平投影图",其次选"侧投影图"。对大部分管件来说,只要在空间摆正了位置,做到"横平竖直",一个正投影图或水平投影图就能完整表达管子的曲形形状和投影尺寸,而且一个视图就足够。图 1-4 是管件在 X、Y、Z 三维空间管子曲形数据的直角坐标系的正投影图和与之对应的平面投影图,不难看出,只要一个水平投影图(上图)或平面投影图(下图),再加上必要的弯曲连接符号和尺寸标注,就可以知道这根管件的曲形形状,再根据图面标注的尺寸,通过计算,得到管件的弯管参数值,即各管段实长 L_1、L_2、L_3,实际曲角 α_1、α_2 和转角 ϕ 的数值。

$$L_1 = \sqrt{H_1^2 + X_1^2}$$

$$L_2 = X_2$$

$$L_3 = Y_1$$

$$\alpha_1 = \tan \frac{H_1}{X_1}$$

$$\alpha_2 = 90°$$

$$\phi = -90°$$

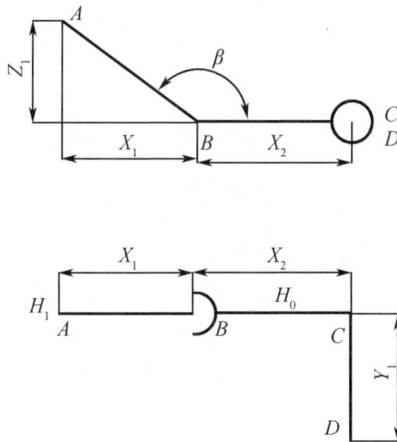

图 1-4　管图与弯曲参数

1.1.3　复杂管件补充视图

带有支管的管件有时遇到较复杂或带有支管的管件,当一个水平投影图对管件整体形状表达不清楚或有可能产生误解时,可以补充视图加以说明。

1.2 管子形状与曲形符号的绘制规定

1.2.1 管子外形的画法

以管子**中心线**代表管子外形。由于管子外形画起来比较复杂,大口径管子比例不好掌握,小口径管子线条又容易重叠,特别是管段多曲角多的情况下,图面就显得乱,所以各种口径的管子都用管子**中心线**来代替管子外形,绘制的管子零件图就更清晰。图1-5中的粗实线 *ABCD* 就是管子的中心线即代表管子的外形。至于管子的口径规格,管子制作零件图中会有材料表来标明,也可以在图上用文字标注。

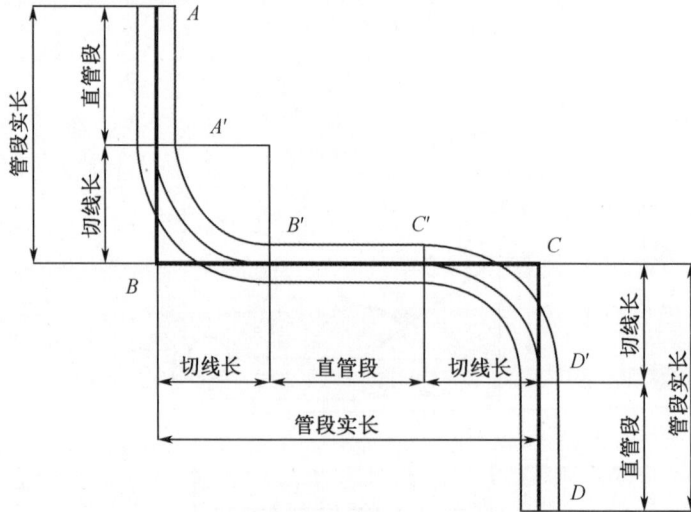

图1-5 管子中心线代表管子外形

1.2.2 管子弯曲角的圆弧部分的画法

以折线(即切线)取代管子弯曲角的圆弧部分。当弯曲角平面与投影面平行,能直观看到管子弯曲角实际形状时,就用折线(即切线)*A′BB′*、*C′CD′* 取代弯曲角的曲线弧度。从图1-5中不难看出,直管段长度加上切线长度就是管段的实际长度,折线绘制也便于测量管子的实际长度,弧长就不容易测量。

1.2.3 管子弯曲角的曲形部分的画法

以圆、半圆、大半圆(2/3圆)是表示管子弯曲角的曲形符号。当弯曲角平面与投影面垂直或倾斜,不能直观看到管子弯曲角的实际形状时,就用圆、半圆、大半圆(2/3圆)这些曲形符号代表管子弯曲角,其含义如下。

（1）曲形符号中的圆：通常，图形 ○── 表示的是直角弯平面垂直于投影面，上正90°；图形 ⊙── 表示的是直角弯平面垂直于投影面，下正90°。与圆相邻的管段应遵循"近周远心"的原则，即离投影面近的管段画至圆周；离投影面远的管段画至圆心。管段线与圆周连接，说明投影处能看到管口；管段线与圆心连接，说明投影管口背对，图1－6所示为直角弯投影。

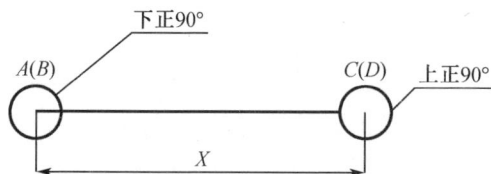

图1－6　直角弯投影

需要说明的是：有时不是90°的别角弯，如果摆放位置或投影角度选得不合适，也会投影成图形 ○── 或是图形 ⊙── 的样子。图1－7所示的别角弯投影图就是这种特例。所以为了避免混乱，这样摆放的管件一般不取管件的侧投影图，应以"水平投影图"为首选。

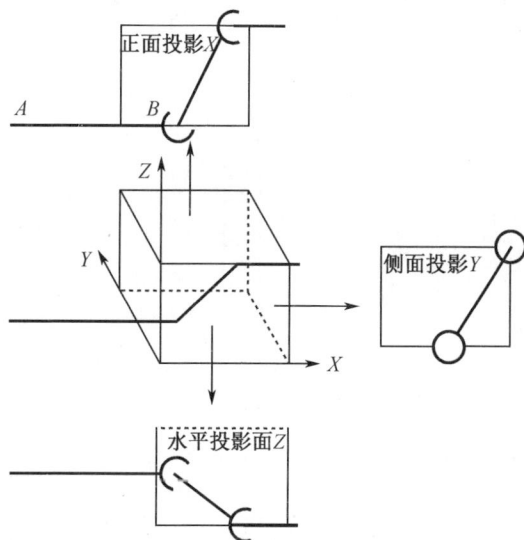

图1－7　别角弯投影

（2）曲形符号中的半圆：表示不等于90°的别角弯的弯曲角平面垂直于投影面。与弯曲角相邻的两个管段同样遵循"近周远心"的原则，离投影面近的管段线画至半圆周；离投影面远的管段线画至半圆心，如图1－8所示。

（3）曲形符号中的大半圆（2/3圆）：表示90°的直角弯（图1－9）和不等于90°的别角弯（图1－10）的弯曲角平面都倾斜于投影面。与弯曲角相邻的两个管段线同样遵循"近周远心"的原则，离投影面近的管段线画至大半圆周；离投影面远的管段线画至大半圆心。

（4）通常,曲形符号中的圆、半圆、大半圆的直径等于管子的外径,应按比例绘制在零件图上。

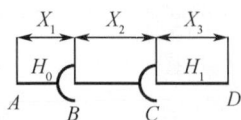

图 1-8

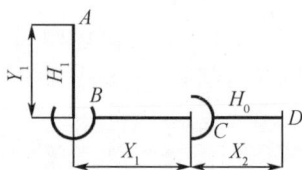

图 1-9

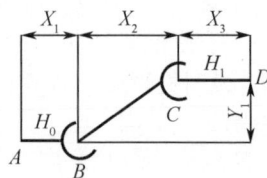

图 1-10

1.3 管子加工尺寸的标注方法

管子零件图的尺寸标注方法与机械制图的尺寸标注方法有所不同。管子零件图的标注尺寸全部采用封闭尺寸标注。标注管段的长度是从管端到管子中心线相交点的长,或是从中心线相交点到中心线相交点的投影长。图 1-11 与图 1-12 是由 AB、BC、CD 三个管段、90°直角弯与30°别角弯两个曲角、一个 180°转角组成的同一个管件,图 1-11 是管件的双线图标注方法,图 1-12 是管件的单线图标注方法。标注弯曲角要标明弯管机转过的角度 α(图 1-12 中的30°角),尽量不要标注成形角 β(图 1-12 中的150°角),以免引起施工误解。

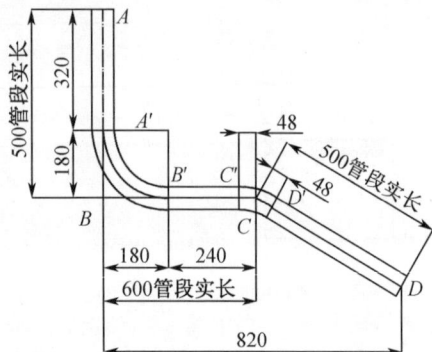

图 1-11 双线图标注方法

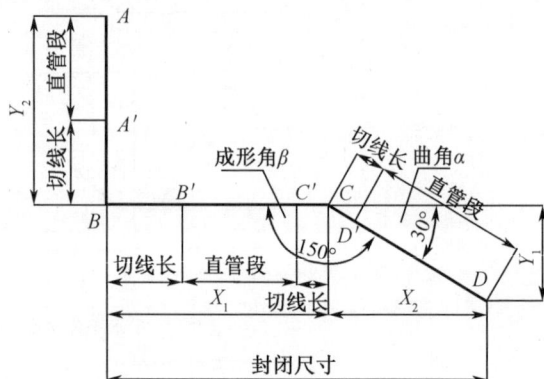

图 1-12 单线图标注方法

1.3.1 平面尺寸的标注方法

X、Y 标注管件水平投影面的平面尺寸。具体标注方法如图 1-12 所示。

（1）管段 $AB = Y_2 =$ 直管段 AA' + 90°直角弯切线长 $A'B$(管端 A 到两管段中心线 AB 与 BC 交点 B);

（2）管段 $BC = X_1 =$ 90°直角弯切线长 $B'B$ + 直管段 $B'C'$ + 30°别角弯切线长 $C'C$(两管段中心线 AB 与 BC 交点 B 到两管段中心线 BC 与 CD 交点 C);

（3）管段 $CD = \sqrt{X_2^2 + Y_1^2} = 30°$ 别角弯切线长 CD' + 直管段 $D'D$（两管段中心线 BC 与 CD 交点 C 到管端 D）。

1.3.2　高度尺寸的标注方法

H 标注管件的水平投影面高度尺寸。

高度"H"是指空间管件中心线或中心点到每个投影面的距离，也就是说，正视图中 $H_1 - H_0 = Z$，俯视图中 $H_1 - H_0 = Y$。标注时遵循以下规定。

（1）"H"标在管段中间表示该管段平行于投影面。在图 1 – 13 中管段 CD 平行于投影面，H_0 是基准平面，高度 $H = 0$。管段 AB 也平行于投影面，其距离基准平面高度为 H_1。同样，在图 1 – 14 中管段 AB 平行于投影面，H_0 是基准平面，$H = 0$，管段 CD 也平行于投影面，其距离基准平面高度为 H_1。

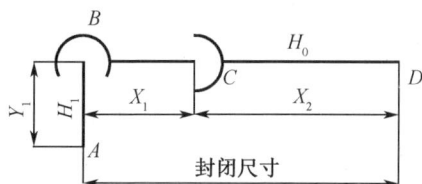

图 1 – 13

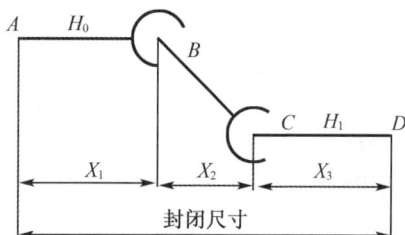

图 1 – 14

（2）"H"标在管段端点表示该点到投影面的距离为 H。在图 1 – 15 中，管段 BC 平行于水平投影面，H_1 是基准平面，管段 AB 倾斜于水平投影面，点 A 距离管段 BC 高度为 $H_2 - H_1$。在图 1 – 16 中，管段 BC 倾斜于水平投影面，点 C 是基准点，管段 AB 平行于水平投影面，距离点 A 的高度为 $H_2 - H_1$。

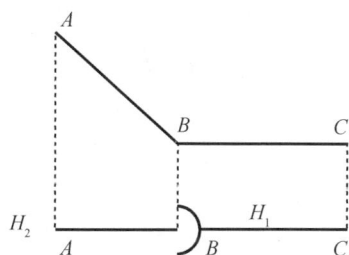

图 1 – 15

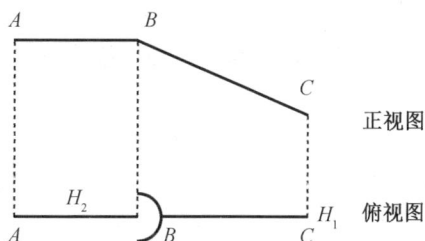

图 1 – 16

根据"近周远心"的原则，两个别角弯（图 1 – 15 和图 1 – 16）的俯视图的曲形符号完全相同。如果不标注高度，单凭俯视图不可能确定图 1 – 15 管件的正投影到底是 1 – 15 还是 1 – 16，在两个俯视图中分别标注高度 H_1 和 H_2 的位置后，就不用再看正投影图，单凭一个俯视图就能明确图 1 – 15 和图 1 – 16 的空间管件形状。

（3）如果只说明该管件曲形，各管段的远、近关系而不涉及其具体尺寸，可简单地用 H_1、H_2、H_3……来表示，$H_1 < H_2 < H_3 < \cdots\cdots$ 如图 1 – 17 所示。

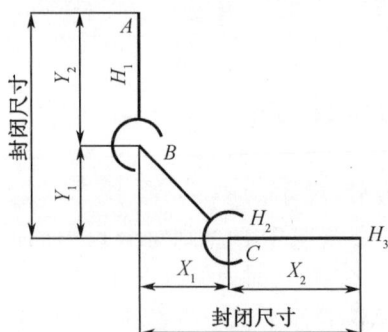

图 1-17

1.3.3 弯曲角 α 和弯曲转角 φ 的标注方法

弯曲角和弯曲转角有时不在图面上标注,而在弯管参数表中表明。如果弯曲角度在图面上标注,应尽量用 α 标注,如果标注成形角 β,则容易造成错觉,须进一步计算。从图 1-11 中可以看出:30°是弯曲角,150°是成形角。

1.3.4 管件支管放样符号

在生产中,根据要求,有时在总管(母管)上须开出支管,支管的形式很多,画法与主管的画法基本相同。又因各个船厂支管的放样符号不尽相同,且现在应用得比较少,在此不做详细介绍。

1.4 典型单线管子零件图的规定画法

1.4.1 21 种典型管件在 X、Y、Z 三维空间摆放、投影图的最佳选择及画法特点

1. 上正直角弯的画法

上正直角弯,也称上正90°弯,如图 1-18 所示。在船体中,管件横平竖直放置在 X、Y、Z 三维空间。管段 AB 平行于正投影面,垂直于水平投影面,管口向上。管段 BC 与正投影面、水平投影面平行。因为正投影图能最直观地反映管件的形状和尺寸,所以最佳选择是正投影图。水平投影图中,直角弯 ABC 平面与正投影面垂直,所以角的投影符号就画成圆。按"近周远心"的符号规则,水平投影中,管段 BC 相对管段 AB 离投影面近,所以 BC 画在圆周。

管子在 X、Y、Z 三维空间的状态	规定的图形符号及单线管子图形画法	
	正投影管子单线图	水平投影管子单线图
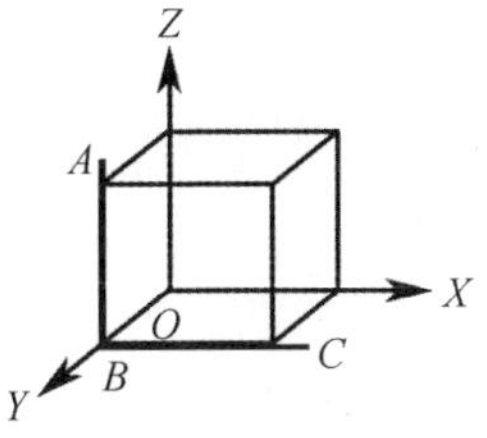	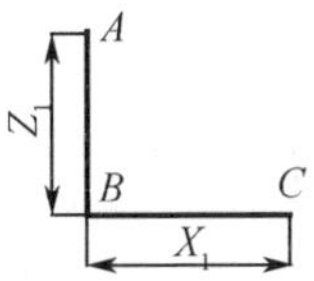	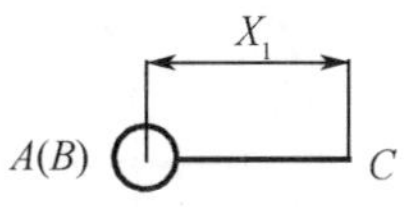

图 1 – 18　上正直角弯

2. 下正直角弯的画法

下正直角弯,也称下正90°弯,如图 1 – 19 所示。在船体中,管件横平竖直放置在 X、Y、Z 三维空间。管段 AB 平行于正投影面垂直于水平投影面,管口向下。管段 BC 与正投影面、水平投影面平行。因为正投影图能最直观地反映管件的形状和尺寸,所以最佳选择是正投影图。按"近周远心"的符号规则:水平投影图中,管段 BC 相对管段 AB 离投影面远,所以 BC 画到圆心。

管子在 X、Y、Z 三维空间的状态	规定的图形符号及单线管子图形画法	
	正投影管子单线图	水平投影管子单线图
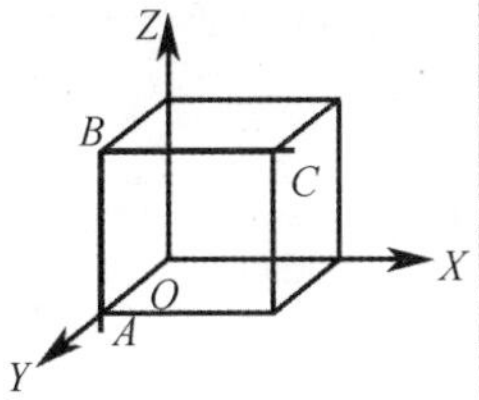	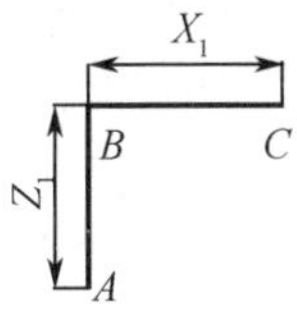	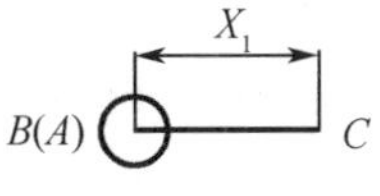

图 1 – 19　下正直角弯

3. 上斜直角弯的画法

上斜直角弯,也是一个90°的直角弯,如图 1 – 20 所示。在船体中,管件横平上斜放置在 X、Y、Z 三维空间。

管段 AB 与正投影面、水平投影面都倾斜,与侧投影面平行。管段 BC 与正投影面、水平投影面都平行,与侧投影面垂直。

最佳选择:正投影图和水平投影图都可以。直角弯 ABC 平面与投影面倾斜,所以角的投影符号都画成大半圆。按"近周远心"的符号规则:正投影、水平投影中,管段 BC 相对管段 AB 都离投影面近,所以 BC 画到大半圆周,AB 画到大半圆心。点 A 到管段 BC 平面的高度为 $H_1 - H_0$。

管子在X、Y、Z三维空间的状态	规定的图形符号及单线管子图形画法	
	正投影管子单线图	水平投影管子单线图
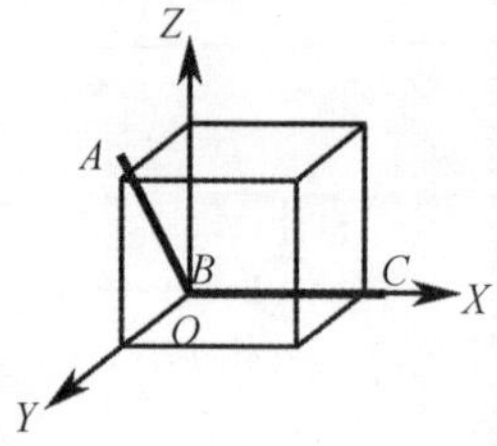	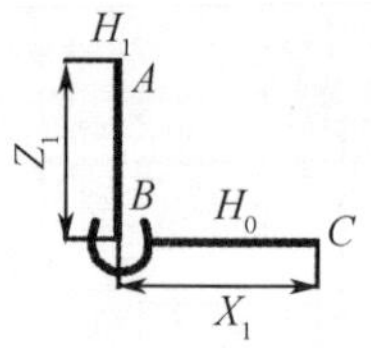 $H_1 - H_0 = Y_1$	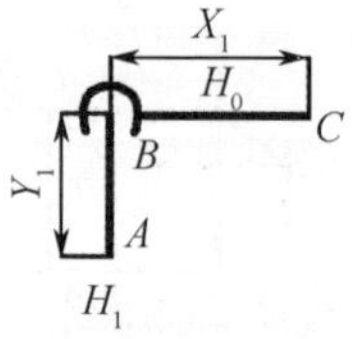 $H_1 - H_0 = Z_1$

图 1 - 20　上斜直角弯

4. 下斜直角弯的画法

下斜直角弯,也是一个 90°的直角弯,如图 1 - 21 所示。在船体中,管件横平下斜放置在 X、Y、Z 三维空间。

管段 AB 与正投影面、水平投影面都倾斜,与侧投影面平行。管段 BC 与正投影面、水平投影面都平行,与侧投影面垂直。

最佳选择:正投影图和水平投影图都可以。直角弯 ABC 平面与投影面倾斜,所以角的投影符号都画成大半圆。按"近周远心"的符号规则:在正投影图中,管段 BC 比管段 AB 离投影面近,所以 BC 画到大半圆周,AB 画到大半圆心。同理,水平投影图中,AB 画到大半圆周,BC 画到大半圆心。

点 A 到管段 BC 平面的高度为 $H_1 - H_0$。

管子在X、Y、Z三维空间的状态	规定的图形符号及单线管子图形画法	
	正投影管子单线图	水平投影管子单线图
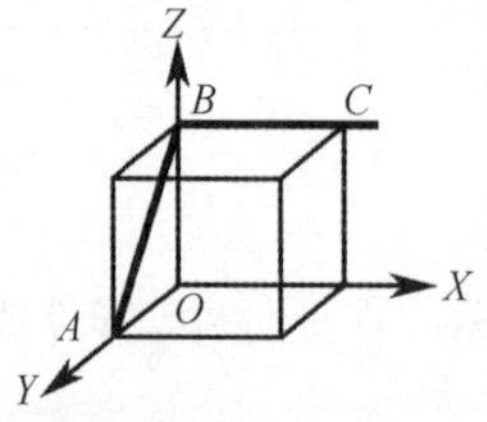	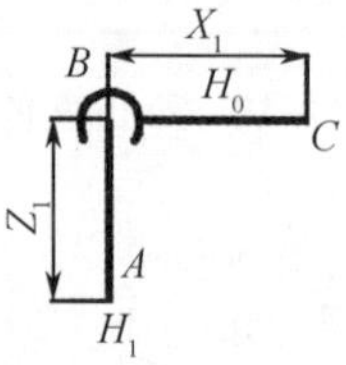 $H_1 - H_0 = Y_1$	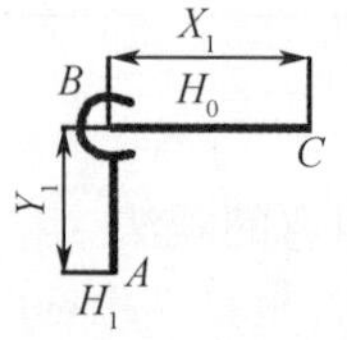 $H_1 - H_0 = Z_1$

图 1 - 21　下斜直角弯

5. 平别角弯的画法

平别角弯是小于 90°的锐角弯,如图 1 - 22 所示。在船体中,管件水平放置在 X、Y、Z 三维空间,管段 AB、BC 都与水平投影面平行。

最佳选择:水平投影图。

管子在 X、Y、Z 三维空间的状态	规定的图形符号及单线管子图形画法	
	正投影管子单线图	水平投影管子单线图
	$H_1 - H_0 = Y_1$	

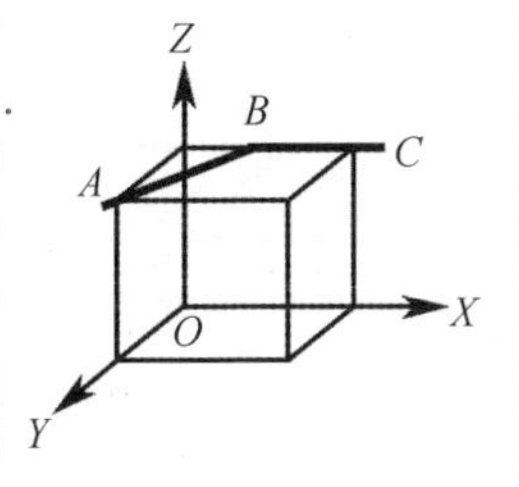

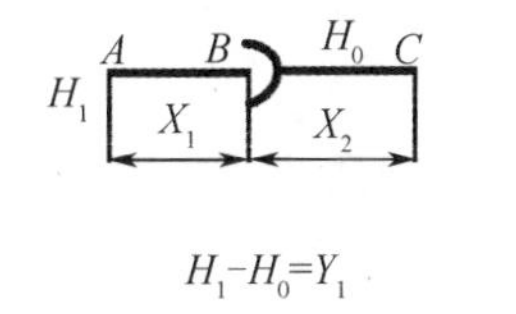

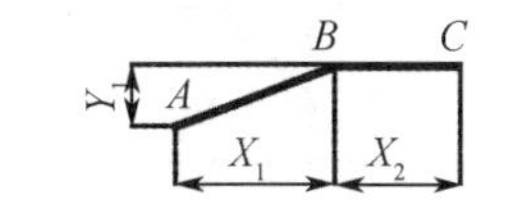

图 1-22 平别角弯

在正投影图中,别角弯 ABC 平面与正投影面垂直,所以,角的投影符号画成半圆。按"近周远心"的符号规则:AB 画到半圆心,BC 画到半圆周。点 A 到管段 BC 平面的高度为 $H_1 - H_0$。

6. 立上别角弯的画法

立上别角弯也是小于 $90°$ 的锐角弯,如图 1-23 所示。在船体中,管件横平上斜放置在 X、Y、Z 三维空间。管段 AB、BC 与正投影面平行。管段 AB 上斜,BC 与侧投影面垂直。

最佳选择:正投影图。

在水平投影图中,别角弯 ABC 平面与正投影面垂直,所以,角的投影符号画成半圆。按"近周远心"的符号规则:AB 画到半圆心,BC 画到半圆周。点 A 到管段 BC 平面的高度为 $H_1 - H_0$。

管子在 X、Y、Z 三维空间的状态	规定的图形符号及单线管子图形画法	
	正投影管子单线图	水平投影管子单线图
		$H_1 - H_0 = Z_1$

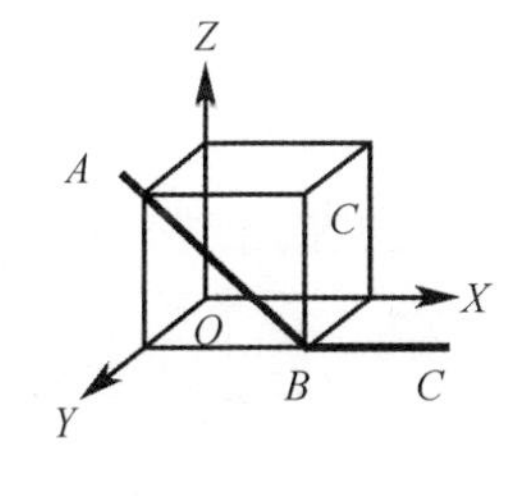

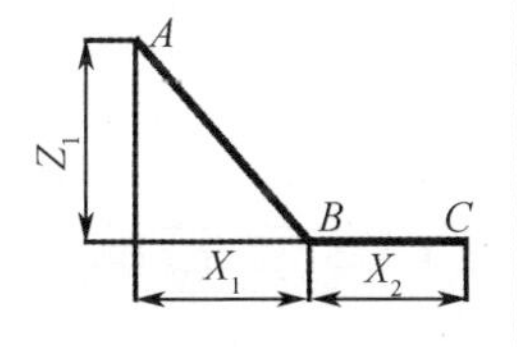

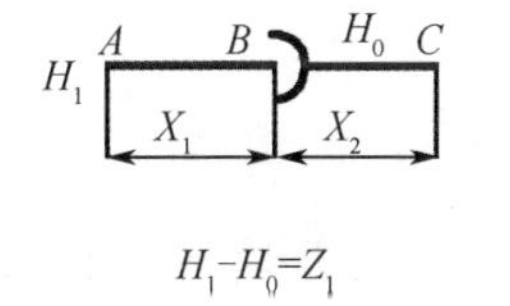

图 1-23 立上别角弯

7. 立下别角弯的画法

立下别角弯也是小于 $90°$ 的锐角弯,如图 1-24 所示。在船体中,管件横平下斜放置在 X、Y、Z 三维空间。管段 AB、BC 与正投影面平行,管段 AB 下斜,BC 与侧投影面垂直。

最佳选择:正投影图。

管子在 X、Y、Z 三维空间的状态	规定的图形符号及单线管子图形画法	
	正投影管子单线图	水平投影管子单线图
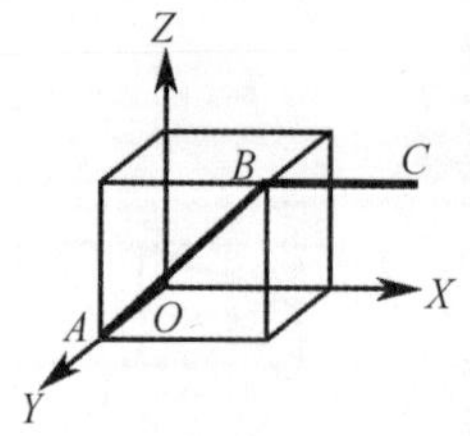	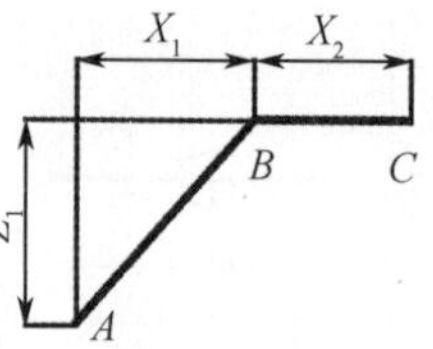	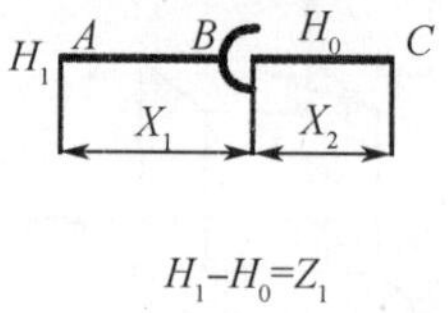 $H_1 - H_0 = Z_1$

图 1-24　立下别角弯

在水平投影图中,别角弯 ABC 平面与正投影面垂直,所以角的投影符号画成半圆。按"近周远心"的符号规则:AB 画到半圆周,BC 画到半圆心。点 A 到管段 BC 平面的高度为 $H_1 - H_0$。

8. 斜上别角弯的画法

斜上别角弯也是小于 $90°$ 的锐角弯,如图 1-25 所示。在船体中,管件横平上斜放置在 X、Y、Z 三维空间。管段 AB 与正投影面、水平投影和侧投影面三个面都不平行,管段 BC 与水平投影面和正投影面平行。

管子在 X、Y、Z 三维空间的状态	规定的图形符号及单线管子图形画法	
	正投影管子单线图	水平投影管子单线图
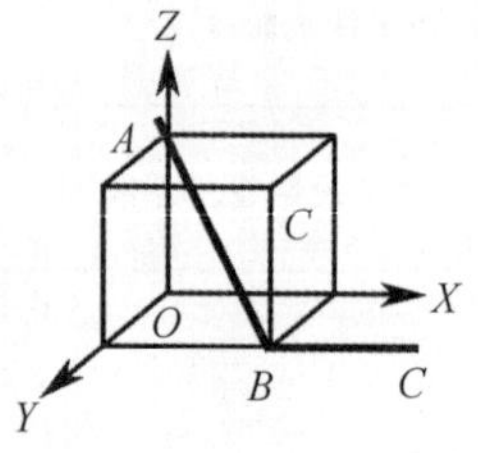	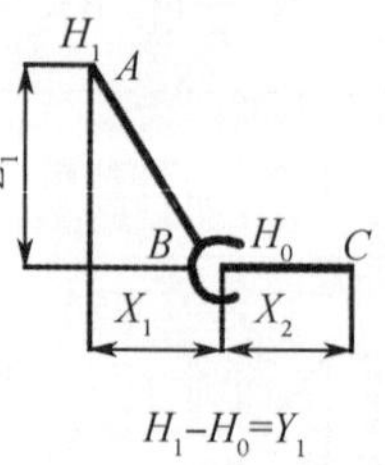 $H_1 - H_0 = Y_1$	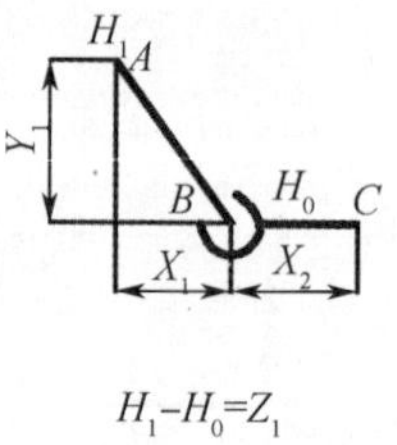 $H_1 - H_0 = Z_1$

图 1-25　斜上别角弯

最佳选择:正投影图和水平投影图都可以。

别角弯 ABC 平面与投影面倾斜,所以角的投影符号都画成大半圆。按"近周远心"的符号规则:正投影图中,AB 画到大半圆周,BC 画到大半圆心。同理,水平投影图中,AB 画到大半圆心,BC 画到大半圆周。

点 A 到管段 BC 平面的高度为 $H_1 - H_0$。

9. 斜下别角弯的画法

斜下别角弯也是小于 $90°$ 的锐角弯,如图 1-26 所示。在船体中,管件横平下斜放置在 X、Y、Z 三维空间。管段 AB 与正投影面、水平投影和侧投影面三个面都不平行,管段 BC 与水平投影面和正投影面平行。

最佳选择:正投影图和水平投影图都可以。

别角弯 ABC 平面与投影面倾斜,所以角的投影符号都画成大半圆。按"近周远心"的符号规则:正投影图中,BC 画到大半圆周,AB 画到大半圆心。同理,水平投影中,AB 画到大半圆周,BC 画到大半圆心。

点 A 到管段 BC 平面的高度为 $H_1 - H_0$。

管子在 X、Y、Z 三维空间的状态	规定的图形符号及单线管子图形画法	
	正投影管子单线图	水平投影管子单线图
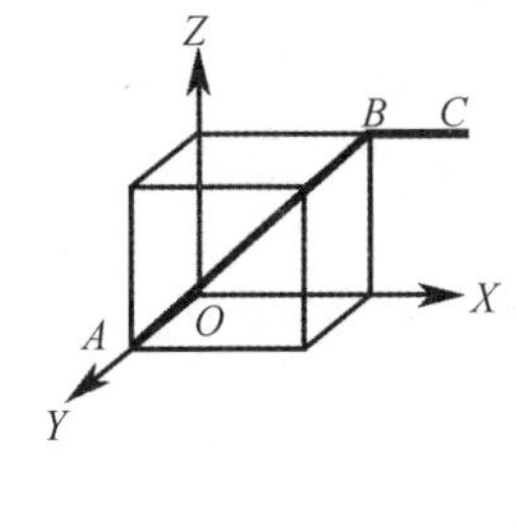	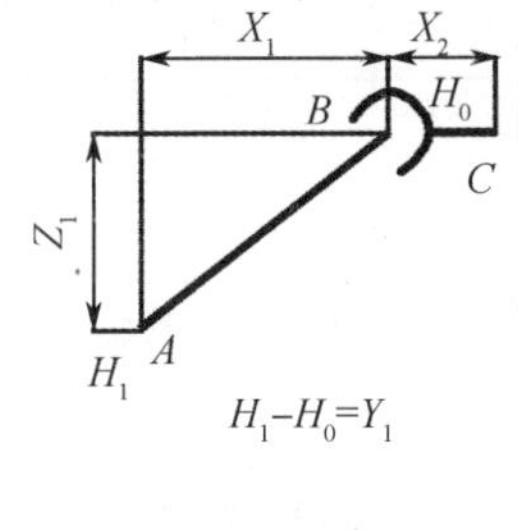 $H_1 - H_0 = Y_1$	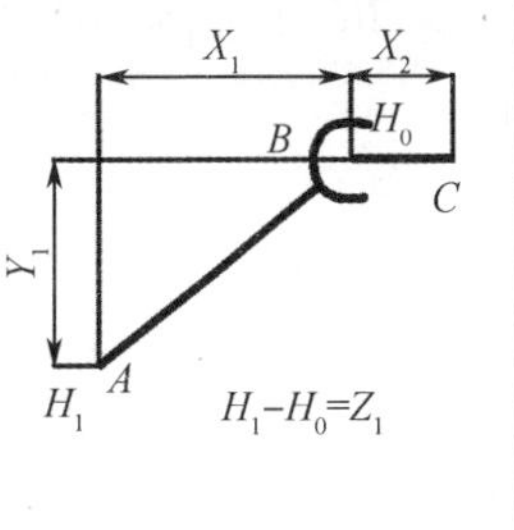 $H_1 - H_0 = Z_1$

图 1-26　斜下别角弯

10. 上直下斜别角弯的画法

上直下斜别角弯也是小于 90°的锐角弯,如图 1-27 所示。在船体中,管件上直下斜放置在 X、Y、Z 三维空间。

管子在 X、Y、Z 三维空间的状态	规定的图形符号及单线管子图形画法	
	正投影管子单线图	水平投影管子单线图
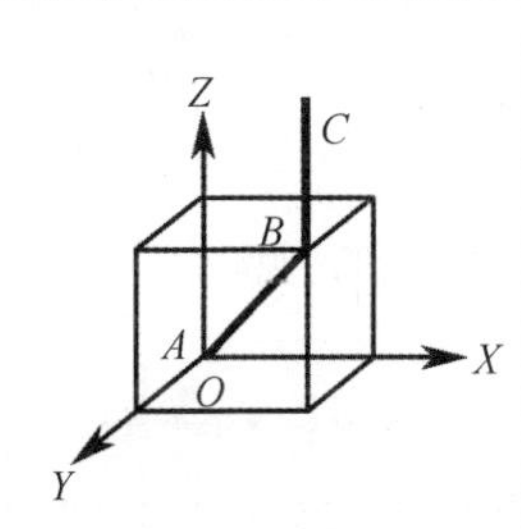	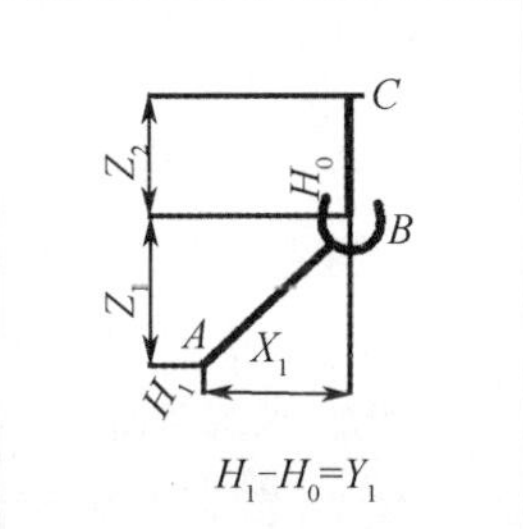 $H_1 - H_0 = Y_1$	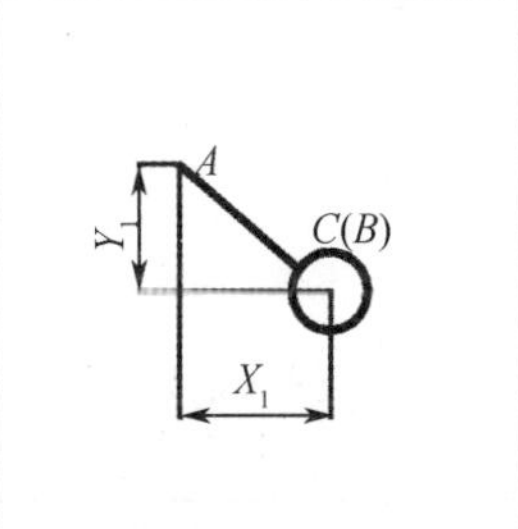

图 1-27　上直下斜别角弯

管段 AB 与正投影面、水平投影和侧投影面三个面都不平行,管段 BC 与水平投影面垂直,与正、侧投影面平行。

最佳选择:正投影图或侧投影图。

不可选择:水平投影图,容易和上正 90°混淆。

按符号画法规则:在正投影图中,别角弯 ABC 平面与正投影面倾斜,所以角的投影符号画成大半圆。按"近周远心"的符号规则:AB 画到大半圆周,BC 画到大半圆心。

13

点 A 到管段 BC 平面的高度为 $H_1 - H_0$。

11. 下直上斜别角弯的画法

下直上斜别角弯也是小于 90° 的锐角弯,如图 1−28 所示。在船体中,管件下直上斜放置在 X、Y、Z 三维空间。

管段 AB 与正投影面、水平投影面和侧投影面三个面都不平行,管段 BC 与水平投影面垂直,与正、侧投影面平行。

最佳选择:正投影图或侧投影图。

不可选择:水平投影图,容易和下正 90° 混淆。

按符号画法规则:在正投影图中,别角弯 ABC 平面与正投影面倾斜,所以角的投影符号画成大半圆。按"近周远心"的符号规则:AB 画到大半圆心,BC 画到大半圆周。

点 A 到管段 BC 平面的高度为 $H_1 - H_0$。

管子在 X、Y、Z 三维空间的状态	规定的图形符号及单线管子图形画法	
	正投影管子单线图	水平投影管子单线图
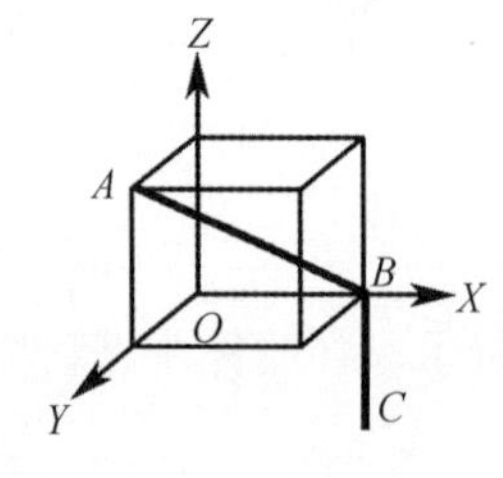	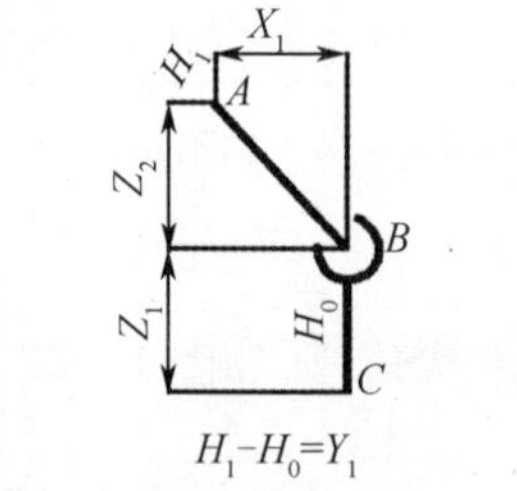	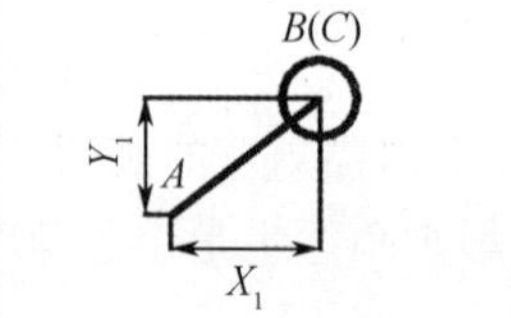

图 1−28　下直上斜别角弯

12. 平两直角定深弯的画法

平两直角定深弯如图 1−29 所示,由两个 90° 直角来回弯组成,两曲角之间转角 180°。在船体中,管件水平放置在 X、Y、Z 三维空间。管件平面 $ABCD$ 与水平投影面平行,与其他两个投影面垂直。

管子在 X、Y、Z 三维空间的状态	规定的图形符号及单线管子图形画法	
	正投影管子单线图	水平投影管子单线图
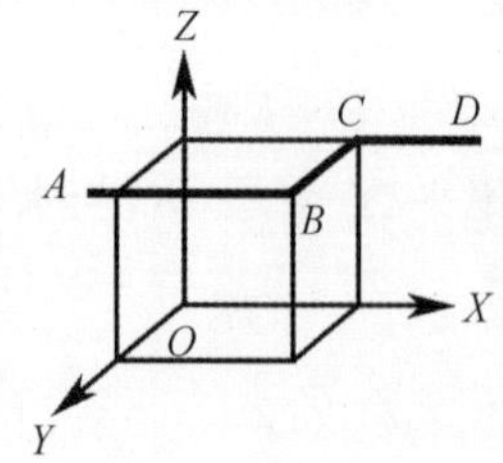	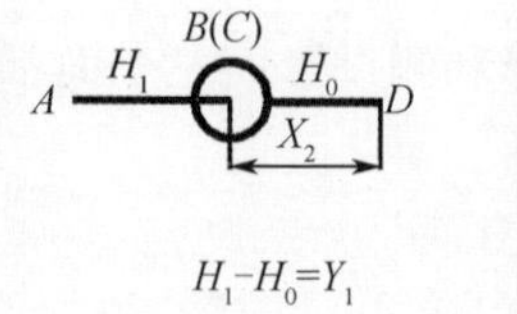	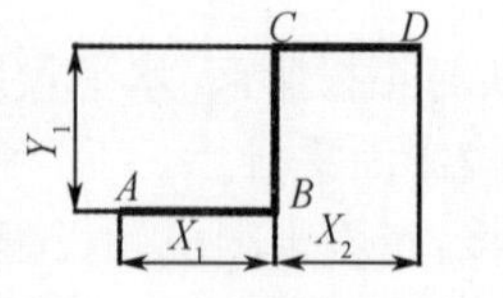

图 1−29　平两直角定深弯

最佳选择:水平投影图。

按符号画法规则:正投影图中,AB 画到圆心,CD 画到圆周。

管段 AB 平面到管段 CD 平面的高度为 $H_1 - H_0$。

13. 立两直角定深弯的画法

立两直角定深弯如图 1－30 所示,由两个 90°直角来回弯组成,两曲角之间转角 180°。在船体中,管件直立放置在 X、Y、Z 三维空间。管件平面 $ABCD$ 与水平投影面垂直,与其他两个投影面平行。

最佳选择:正投影图。

按符号画法规则:水平投影图中,AB 画到圆心,CD 画到圆周。

管段 AB 平面到管段 CD 平面的高度为 $H_1 - H_0$。

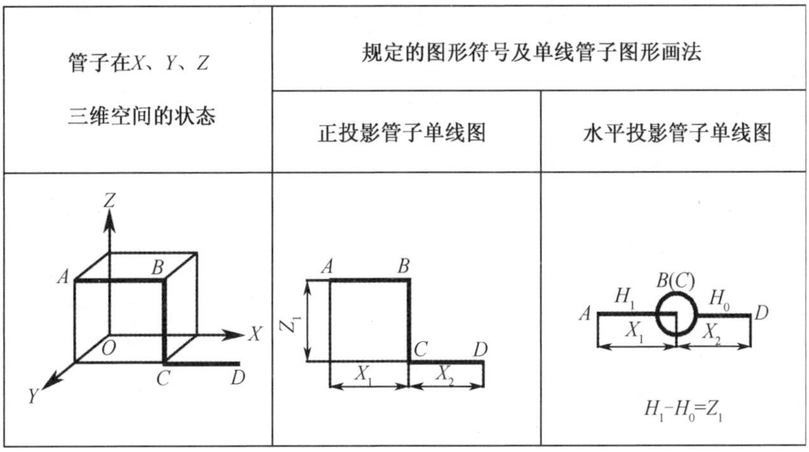
管子在X、Y、Z
三维空间的状态
规定的图形符号及单线管子图形画法
正投影管子单线图
水平投影管子单线图
Z
A
B
O
X
Y
C
D
Z1
X1
X2
B(C)
H1
H0
H1-H0=Z1

图 1－30　立两直角定深弯

14. 斜两直角定深弯的画法

斜两直角定深弯如图 1－31 所示,由两个 90°直角来回弯组成,两曲角之间转角 180°。在船体中,管件横平竖斜放置在 X、Y、Z 三维空间。管段 AB、CD 都平行于水平投影面、正投影面,管件平面 $ABCD$ 在空间倾斜,与三个投影面都不平行也不垂直。

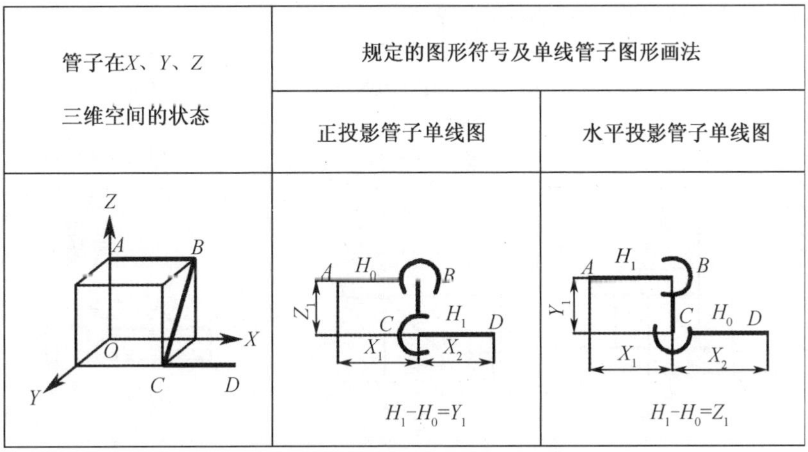
管子在X、Y、Z
三维空间的状态
规定的图形符号及单线管子图形画法
正投影管子单线图
水平投影管子单线图
Z
A
B
O
X
Y
C
D
H0
H1
Z1
Y1
X1
X2
H1-H0=Y1
H1-H0=Z1

图 1－31　斜两直角定深弯

最佳选择:正投影图或水平投影图都可以。

按照符号画法规则:正投影图中,*AB* 画到大半圆周,*CD* 画到大半圆心,*BC* 从大半圆心画到大半圆周。水平投影图中,*AB* 画到大半圆心,*CD* 画到大半圆周,*BC* 从大半圆周画到大半圆心。

管段 *AB* 平面到管段 *CD* 平面的高度为 $H_1 - H_0$。

15. 平两别角定深弯的画法

平两别角定深弯如图 1-32 所示,由两个相同的小于 90°的锐角来回弯成,两曲角之间转角 180°。在船体中,管件水平放置在 *X*、*Y*、*Z* 三维空间。管件平面 *ABCD* 与水平投影面平行,管件平面 *ABCD* 与其他两个投影面垂直。

最佳选择:水平投影图。

按符号画法规则:正投影图中,*AB* 画到半圆心,*BC* 从半圆周画到半圆心,*CD* 画到半圆周。

管段 *AB* 平面到管段 *CD* 平面的高度为 $H_1 - H_0$。

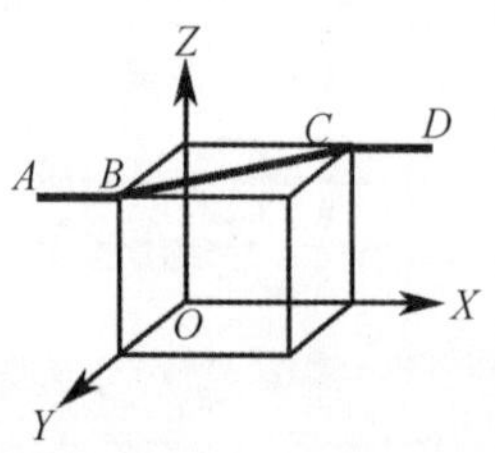

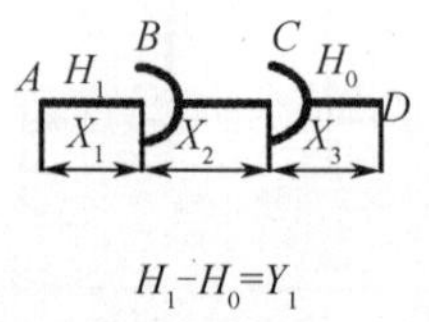

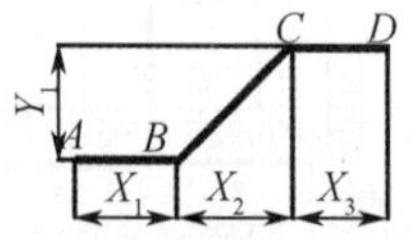

图 1-32　平两别角定深弯

16. 立两别角定深弯

立两别角定深弯如图 1-33 所示,由两个相同的小于 90°的锐角来回弯成,两曲角之间转角 180°。在船体中,管件直立放置在 *X*、*Y*、*Z* 三维空间。管件平面 *ABCD* 与水平投影面垂直,管件平面 *ABCD* 与其他两个投影面平行。

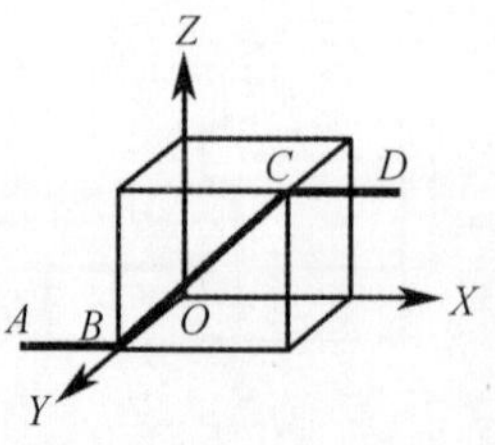

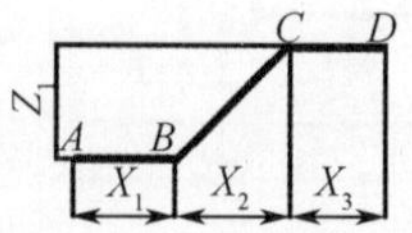

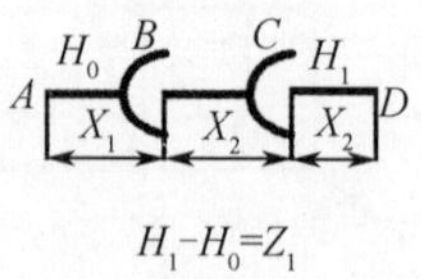

图 1-33　立两别角定深弯

最佳选择:正投影图。

按符号画法规则:水平投影图中,AB 画到半圆周,BC 从半圆心画到半圆周,CD 画到半圆心。

管段 AB 平面到管段 CD 平面的高度为 $H_1 - H_0$。

17. 斜两别角定深弯

斜两别角定深弯如图 $1-34$ 所示,由两个相同的小于 $90°$ 的锐角来回弯成,两曲角之间转角 $180°$。在船体中,管件横平立斜放置在 X、Y、Z 三维空间。管段 AB、CD 平行于水平投影面、正投影面,管件平面 $ABCD$ 在空间倾斜,与三个投影面都不平行也不垂直。

最佳选择:正投影图或水平投影图都可以。

管子在 X、Y、Z 三维空间的状态	规定的图形符号及单线管子图形画法	
	正投影管子单线图	水平投影管子单线图
	 $H_1-H_0=Y_1$	 $H_1-H_0=Z_1$

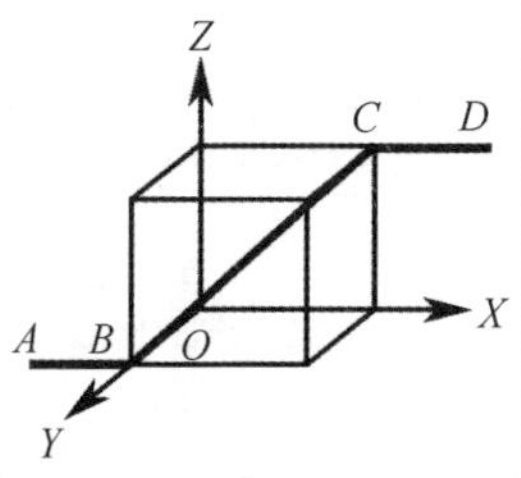

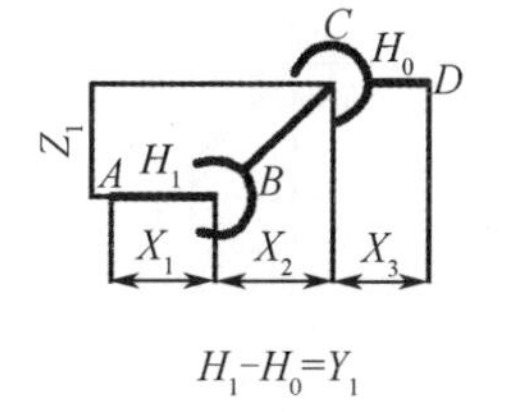

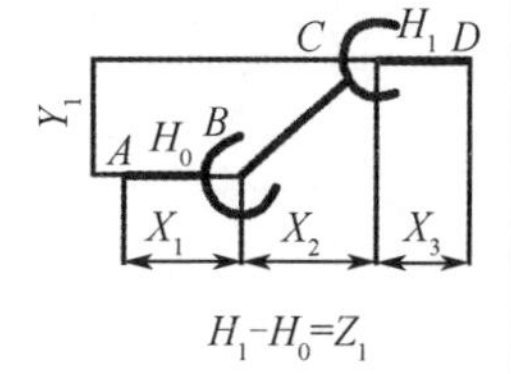

图 $1-34$ 斜两别角定深弯

按照符号画法规则:正投影图中,AB 画到大半圆心,CD 画到大半圆周,BC 从大半圆周画到大半圆心。水平投影图中,AB 画到大半圆周,CD 画到大半圆心,BC 从大半圆心画到大半圆周。

管段 AB 平面到管段 CD 平面的高度为 $H_1 - H_0$。

18. 直角别角摆头弯

直角别角摆头弯如图 $1-35$ 所示,由一个小于 $90°$ 的锐角和一个 $90°$ 直角组成,两曲角之间转角 $90°$。在船体中,管段两端水平、中间倾斜放置在 X、Y、Z 三维空间。管段 AB 平行于水平投影面垂直于正投影面,CD 平行于水平投影面和正投影面,管件两个曲角不在同一个平面。

管子在 X、Y、Z 三维空间的状态	规定的图形符号及单线管子图形画法	
	正投影管子单线图	水平投影管子单线图
		 $H_1-H_0=Z_1$

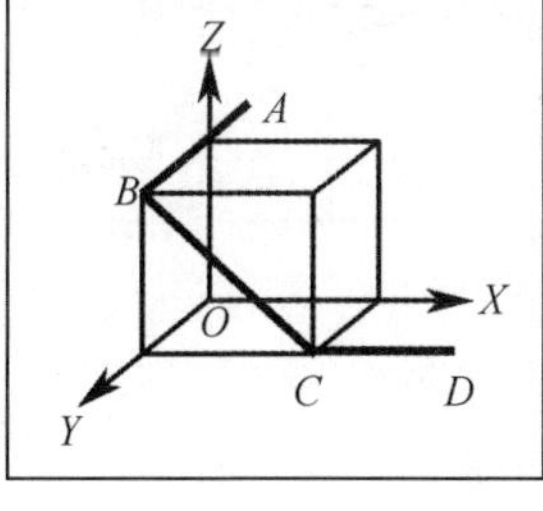

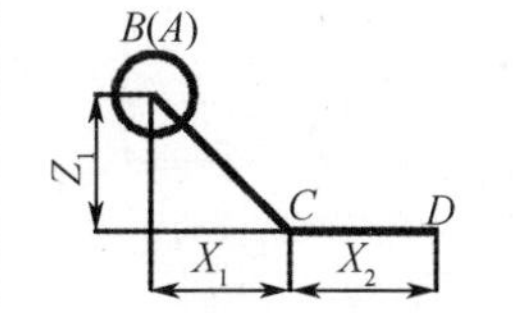

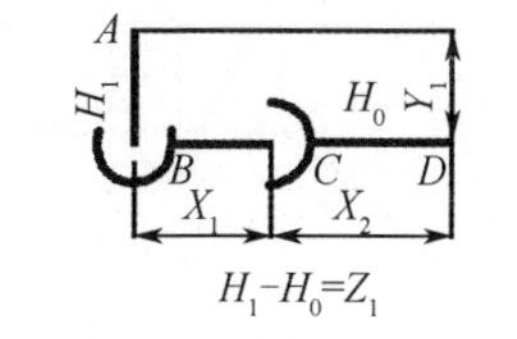

图 $1-35$ 直角别角摆头弯

最佳选择:正投影图或水平投影图都可以。

按照符号画法规则:正投影图中,BC 画到圆心。水平投影图中,AB 画到大半圆心,CD 画到半圆周,BC 从大半圆周画到半圆心。

管段 AB 平面到管段 CD 平面的高度为 $H_1 - H_0$。

19. 两端垂直别角斜定深弯

两端垂直别角斜定深弯如图 1-36 所示,由两个不相等的别角弯组成,两个曲角均小于 $90°$,两个曲角平面在空间的水平投影相互垂直,转角小于 $90°$。

最佳选择:水平投影图。正投影图不可取。

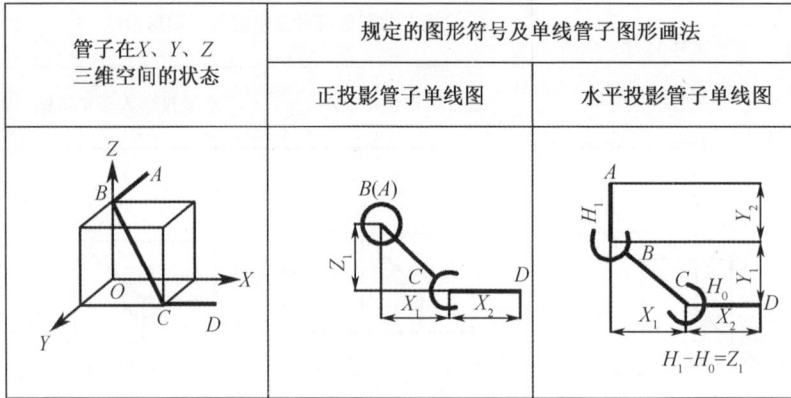

管子在X、Y、Z 三维空间的状态	规定的图形符号及单线管子图形画法	
	正投影管子单线图	水平投影管子单线图

图 1-36　两端垂直别角斜定深弯

按照符号画法规则:水平投影图中,AB 画到大半圆心,CD 画到大半圆周,BC 从大半圆周画到大半圆心。

管段 AB 平面到管段 CD 平面的高度为 $H_1 - H_0$。

20. 两端斜别角斜定深弯

两端斜别角斜定深弯如图 1-37 所示,由两个不相等的别角弯组成,两个角平面在空间的水平投影不垂直也不平行,转角复杂须通过计算来确定。

最佳选择:图形比较复杂,正投影图和水平投影图可以相互参考。

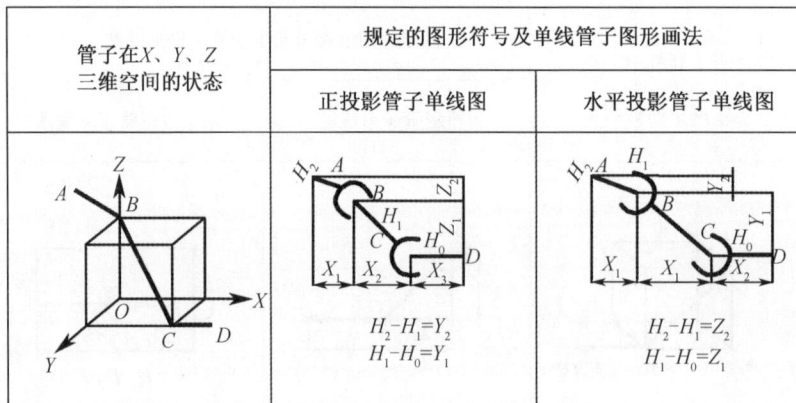

管子在X、Y、Z 三维空间的状态	规定的图形符号及单线管子图形画法	
	正投影管子单线图	水平投影管子单线图

图 1-37　两端斜别角斜定深弯

按照符号画法规则:正投影图,*AB* 画到大半圆周,*CD* 画到大半圆心,*BC* 从大半圆心画到大半圆周。水平投影图中,*AB* 画到大半圆心,*CD* 画到大半圆周,*BC* 从大半圆周画到大半圆心。

管段 *A* 点到管段 *CD* 平面的高度为 $H_2 - H_1 - H_0$。

21. 两端直角斜定深弯

两端直角斜定深弯如图 1-38 所示,由两个相等的别角弯和一个直角弯组成。管段 *AB*、*BC*、*DE* 与水平投影面平行,管段 *CD* 在空间倾斜,转角须通过计算确定。

最佳选择:水平投影图。

管子在 *X*、*Y*、*Z* 三维空间的状态	规定的图形符号及单线管子图形画法	
	正投影管子单线图	水平投影管子单线图
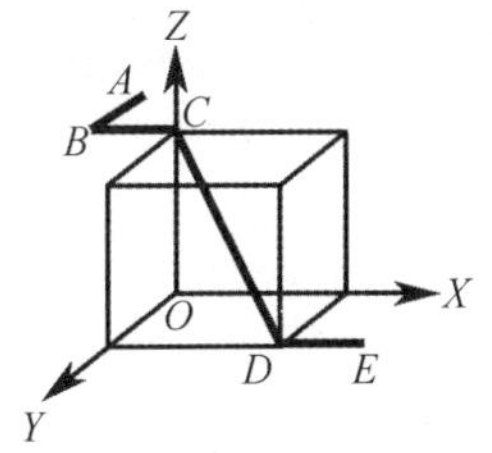	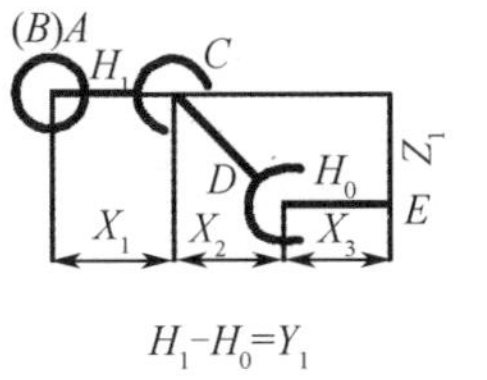 $H_1-H_0=Y_1$	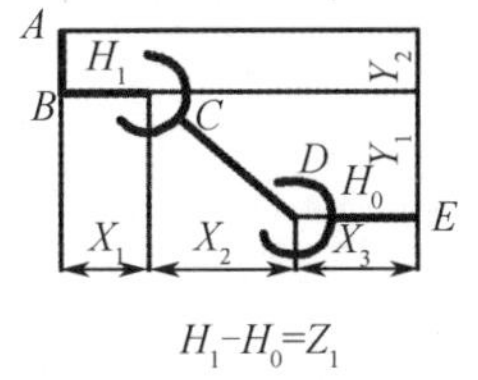 $H_1-H_0=Z_1$

图 1-38 两端直角斜定深弯

按照符号画法规则:水平投影图中,*BC* 画到大半圆心,*DE* 画到大半圆周,*CD* 从大半圆周画到大半圆心。

管段 *AB* 平面到管段 *DE* 平面的高度为 $H_1 - H_0$。

1.4.2 21 种典型单线管子零件图的规定画法

21 种典型单线管子零件图的规定画法见表 1-1。

表 1-1 21 种典型单线管子零件图的规定画法

序号	名称	管子在 *X*、*Y*、*Z* 三维空间的状态	规定的图形符号及单线管子图形画法		管子在 *X*、*Y*、*Z* 三维空间特征特性	符号画法规则举例解析
			正投影管子单线图	水平投影管子单线图		
1	上正直角弯	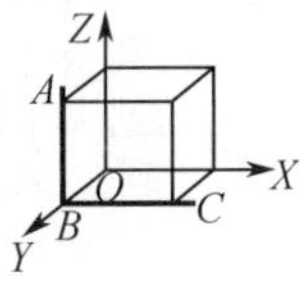	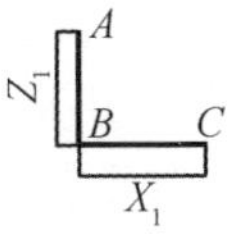	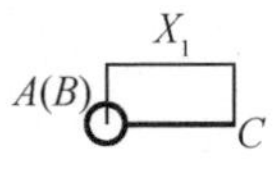	上正直角弯,也称上正90°弯。在船体中,管件横平竖直放置在 *X*、*Y*、*Z* 三维空间。管段 *AB* 平行面垂直水平投影面,管口向上。管段 *BC*:与面、水平投影面平行。 因为正投影图能最直观地反映管件的形状和尺寸,所以最佳选择是正投影图	水平投影图中,直角弯 *ABC* 平面与正投影面垂直,所以角的投影符号就画成圆。 按"近周远心"的符号规则:水平投影中,管段 *BC* 相对管段 *AB* 离投影面近,所以 *BC* 画到圆周

表1-1(续1)

序号	名称	管子在X、Y、Z三维空间的状态	规定的图形符号及单线管子图形画法		管子在X、Y、Z三维空间特征特性	符号画法规则举例解析
			正投影管子单线图	水平投影管子单线图		
2	下正直角弯	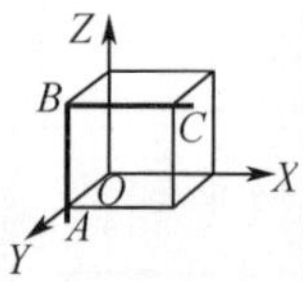	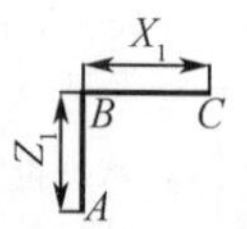	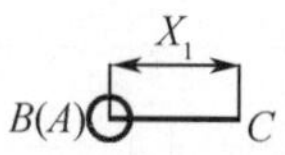	下正直角弯,也称下正90°弯。在船体中,管件横平竖直放置在X、Y、Z三维空间。管段AB平行于正投影面垂直于水平投影面,管口向下。管段BC与正投影面、水平投影面平行。因为正投影图能最直观地反映管件的形状和尺寸,所以最佳选择是正投影图	水平投影图中,直角弯ABC平面与正投影面垂直,所以角的投影符号就画成圆。按"近周远心"的符号规则:水平投影中,管段BC相对管段AB离投影面远,所以BC画到圆心
3	上斜直角弯	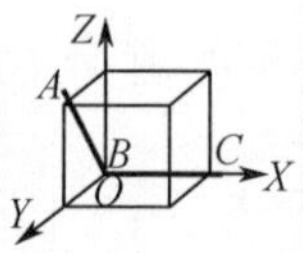	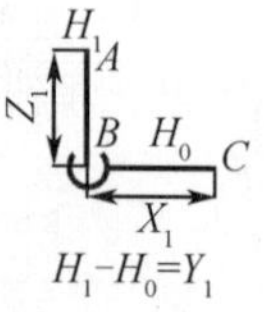	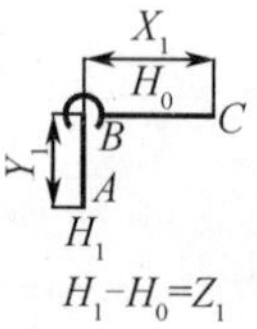	上斜直角弯,也是一个90°的直角弯。在船体中,管件横平上斜放置在X、Y、Z三维空间。管段AB与正投影面、水平投影面都倾斜,与侧投影面平行。管段BC与正投影面、水平投影面都平行,与侧投影面垂直。最佳选择:正投影图和水平投影图都可以	直角弯ABC平面与投影面倾斜,所以角的投影符号都画成大半圆。按"近周近心"的符号规则:正投影、水平投影中,管段BC相对管段AB都离投影面近,所以BC画到大半圆周,AB画到大半圆心,点A到管段BC平面的高度为H_1-H_0
4	下斜直角弯	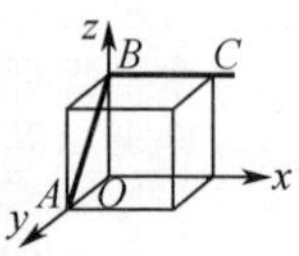	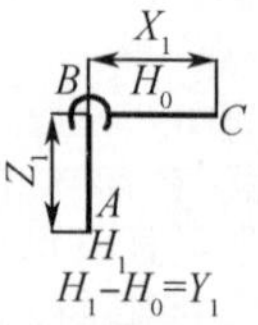	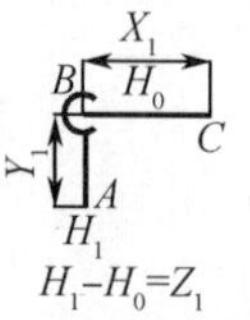	下斜直角弯,也是一个90°的直角弯。在船体中,管件横平下斜放置在X、Y、Z三维空间。管段AB与正投影面、水平投影面都倾斜,与侧投影面平行。管段BC与正投影面、水平投影面都平行,与侧投影面垂直。最佳选择:正投影图和水平投影图都可以	直角弯ABC平面与投影面倾斜,所以角的投影符号都画成大半圆。按"近周远心"的符号规则:正投影图中,管段BC比管段AB离投影面近,所以BC画到大半圆周,AB画到大半圆心。同理,水平投影图中,AB画到大半圆周,BC画到大半圆心。点A到管段BC平面的高度为H_1-H_0

表 1-1（续 2）

序号	名称	管子在 X、Y、Z 三维空间的状态	规定的图形符号及单线管子图形画法		管子在 X、Y、Z 三维空间特征特性	符号画法规则举例解析
			正投影管子单线图	水平投影管子单线图		
5	平别角弯	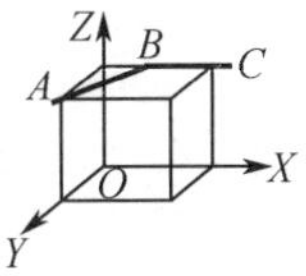	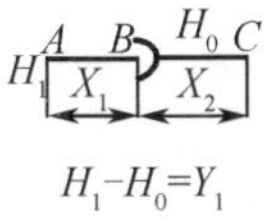 $H_1 - H_0 = Y_1$	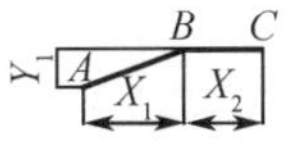	平别角弯是小于 90° 的锐角弯。在船体中，管件水平放置在 X、Y、Z 三维空间。管段 AB、BC 都与水平投影面平行。 **最佳选择：水平投影图**	在正投影图中，别角弯 ABC 平面与正投影面垂直，所以，角的投影符号画成半圆。 按"近周远心"的符号规则：AB 面到半圆心，BC 画到半圆周。点 A 到管段 BC 平面的高度为 $H_1 - H_0$
6	立上别角弯	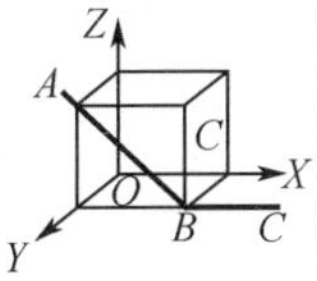	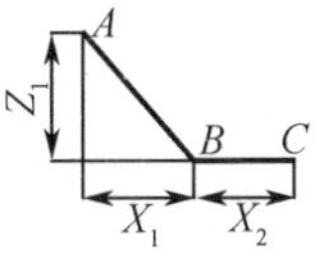 $H_1 - H_0 = Z_1$	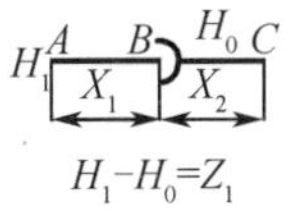	立上别角弯也是小于 90° 的锐角弯。在船体中，管件横平上斜放置在 X、Y、Z 三维空间。管段 AB、BC 与正投影面平行，管段 AB 上斜、BC 与侧投影面垂直。 **最佳选择：正投影图**	在水平投影图中，别角弯 ABC 平面与正投面垂直，所以，角的投影符号画成半圆。按"近周远心"的符号规则；AB 画到半圆心，BC 画到半圆周。点 A 到管段 BC 平面的高度为 $H_1 - H_0$
7	立下别角弯	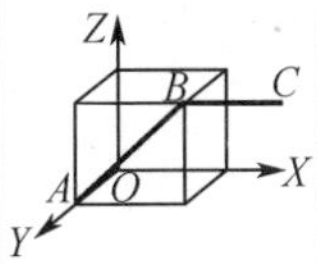	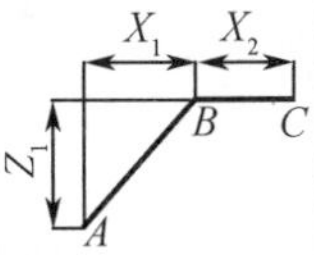 $H_1 - H_0 = Z_1$	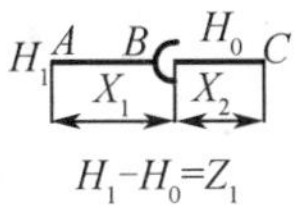	立下别角弯也是小于 90° 的锐角弯。在船体中，管件横平下斜放置在 X、Y、Z 三维空间。管段 AB、BC 与正投影面平行，管段 AB 下斜、BC 与侧投影面垂直。 **最佳选择：正投影图**	在水平投影图中，别角弯 ABC 平面与正投影面垂直，所以，角的投影符号画成半圆。按"近周远心"的符号规则：AB 画到半圆周，BC 画到半圆心。点 A 到管段 BC 平面的高度为 $H_1 - H_0$
8	斜上别角弯	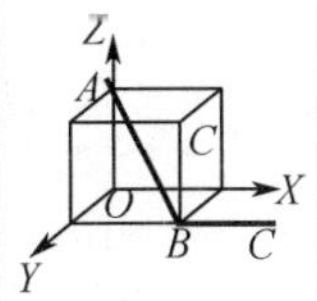	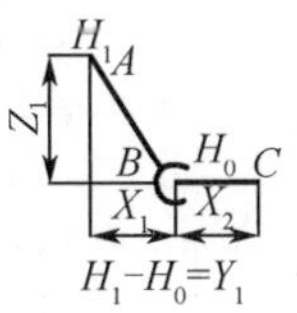 $H_1 - H_0 = Y_1$	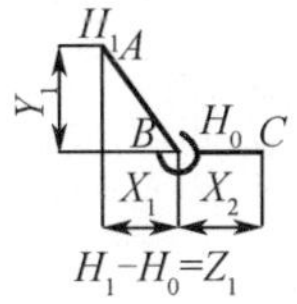 $H_1 - H_0 = Z_1$	斜上别角弯也是小于 90° 的锐角弯。在船体中，管件横平上斜放置在 X、Y、Z 三维空间。管段 AD 与正投影面、水平投影和侧投影面三个面都不平行，管段 BC 与水平投影面和正投影面平行。 **最佳选择：正投影图和水平投影图都可以**	别角弯 ABC 平面与投影面倾斜，所以角的投影符号都画成大半圆。按"近周远心"的符号规划：正投影图中，AB 画到大半圆周。BC 画到大半圆心。同理，水平投影图中，AB 画到大半圆心，BC 画到大半圆周。 点 A 到管段 BC 平面的高度为 $H_1 - H_0$

表 1-1(续 3)

序号	名称	管子在 X、Y、Z 三维空间的状态	规定的图形符号及单线管子图形画法		管子在 X、Y、Z 三维空间特征特性	符号画法规则举例解析
			正投影管子单线图	水平投影管子单线图		
9	斜下别角弯	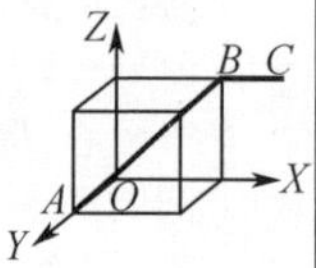	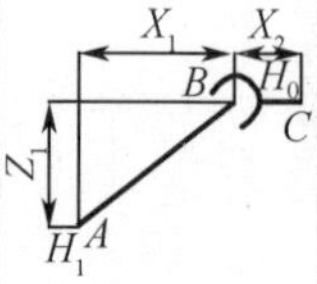	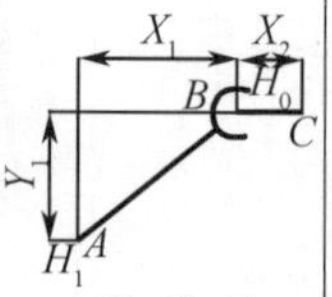	斜下别角弯也是小于90°的锐角弯。在船体中。管件横平下斜放置在 X、Y、Z 三维空间。管段 AB 与正投影面、水平投影和侧投影面三个面都不平行,管段 BC 与水平投影面和正投影面平行。 最佳选择:正投影图和水平投影图都可以	别角弯 ABC 平面与投影面倾斜,所以角的投影符号都画成大半圆。 按"近周远心"的符号规则:正投影中,BC 画到大半圆周,AB 画到大半圆心。同理,水平投影中,AB 画到大半圆周,BC 画到大半圆心。点 A 到管段 BC 平面的高度为 $H_1 - H_0$
10	上直下斜别角弯	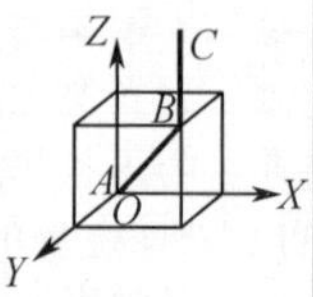	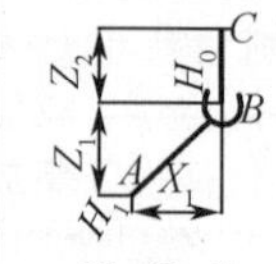	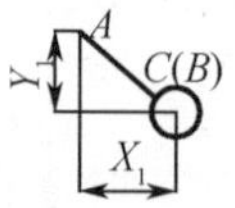	上直下斜别角弯也是小于90°的锐角弯。在船体中,管件上直下斜放置在 X、Y、Z 三维空间。管段 AB 与正投影面、水平投影和侧投影面三个面都不平行,管段 BC 与水平投影面垂直,与正、侧投影面平行。 最佳选择:正投影图或侧投影图。 不可选择:水平投影图,容易和上正90°混淆	按符号画法规则:在正投影图中,别角弯 ABC 平面与正投影面倾斜,所以,角的投影符号画成大半圆。 按"近周远心"的符号规则:AB 画到大半圆周,BC 画到大半圆心。点 A 到管段 BC 平面的高度为 $H_1 - H_0$
11	下直上斜别角弯	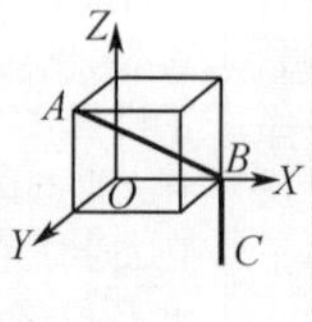	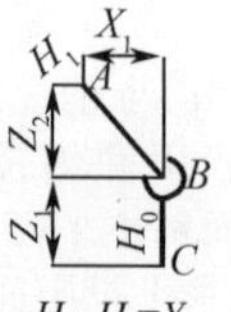	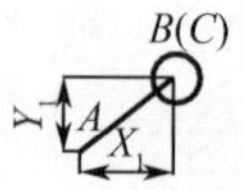	下直上斜别角弯也是小于90°的锐角弯。在船体中,管件下直上斜放置在 X、Y、Z 三维空间。管段 AB 与正投影面、水平投影面和侧投影面三个面都不平行,管段 BC 与水平投影面垂直,与正、侧投影面平行。 最佳选择:正投影图或侧投影图。 不可选择:水平投影图,容易和下正90°混淆	按符号画法规则:在正投影图中,别角弯 ABC 平面与正投影面倾斜,所以,角的投影符号画成大半圆。 按"近周远心"的符号规则:AB 画到大半圆心,BC 画到大半圆周。点 A 到管段 BC 平面的高度为 $H_1 - H_0$

序号 9 图注:$H_1 - H_0 = Y_1$(正投影), $H_1 - H_0 = Z_1$(水平投影)

序号 10 图注:$H_1 - H_0 = Y_1$

序号 11 图注:$H_1 - H_0 = Y_1$

表 1−1(续 4)

序号	名称	管子在 X、Y、Z 三维空间的状态	规定的图形符号及单线管子图形画法		管子在 X、Y、Z 三维空间特征特性	符号画法规则举例解析
			正投影管子单线图	水平投影管子单线图		
12	平两直角定深弯	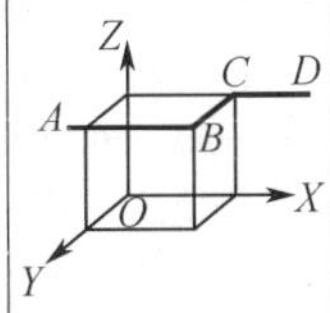	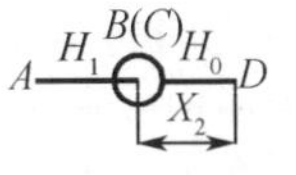 $H_1-H_0=Y_1$	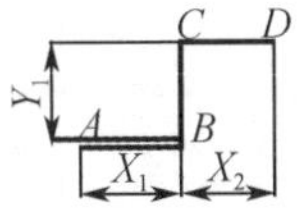	平两直角定深弯由两个 90°直角来回弯组成，两曲角之间转角180°。在船体中，管件水平放置在 X、Y、Z 三维空间。管件平面 $ABCD$ 与水平投影面平行，与其他两个投影面垂直。最佳选择:水平投影图	按符号画法规则:正投影图中,AB 画到圆心,CD 画到圆周。管段 AB 到管段 CD 平面的高度为 H_1-H_0
13	立两直角定深弯	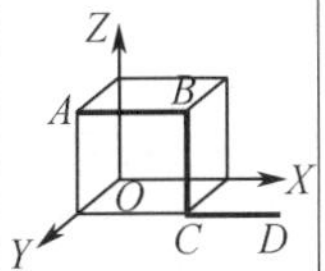	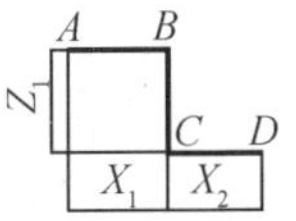	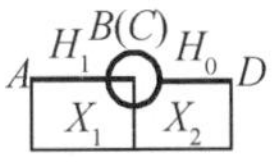 $H_1-H_0=Z_1$	立两直角定深弯是由两个 90°直角来回弯组成，两曲角之间转角180°。在船体中，管件直立放置在 X、Y、Z 三维空间。管件平面 $ABCD$ 与水平投影面垂直，与其他两个投影面平行。最佳选择:正投影图	按符号画法规则:水平投影图中,AB 画到圆心,CD 画到圆周。管段 AB 平面到管段 CD 平面的高度为 H_1-H_0
14	斜两直角定深弯	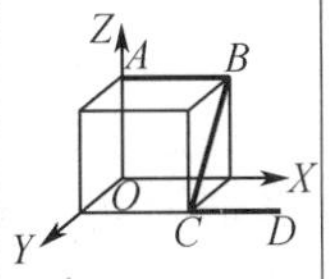	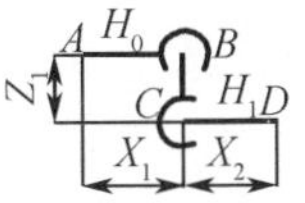 $H_1-H_0=Y_1$	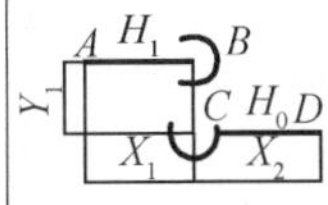 $H_1-H_0=Z_1$	斜两直角定深弯由两个 90°直角来回弯组成，两曲角之间转角180°。在船体中，管件横平竖斜放置在 X、Y、Z 三维空间。管段 AB、CD 都平行于水平投影面、正投影面。管件平面 $ABCD$ 在空间倾斜，与三个投影面都不平行也不垂直。最佳选择:正投影图或水平投影图都可以	按照符号画法规则:正投影图中,AB 画到大半圆周,CD 画到大半圆心,BC 从大半圆心画到大半圆周。水平投影图中,AB 画到大半圆心,CD 画到大半圆周,BC 从大半圆周画到大半圆心。管段 AB 平面到管段 CD 平面的高度为 H_1-H_0
15	平两别角定深弯	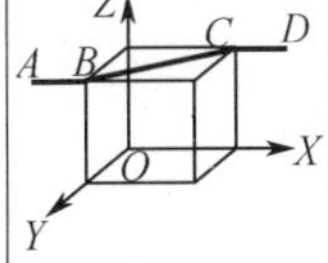	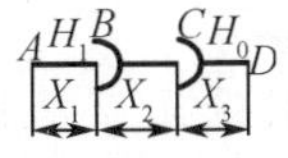 $H_1-H_0=Y_1$	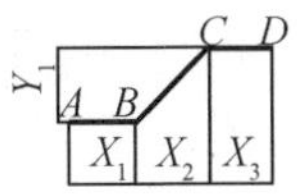 Y_1	平两别角定深弯由两个相同的小于 90°的锐角来回弯组成，两曲角之间转角180°。在船体中，管件水平放置在 X、Y、Z 三维空间。管件平面 $ABCD$ 与水平投影面平行，管件平面 $ABCD$ 与其他两个投影面垂直。最佳选择:水平投影图	按符号画法规则:正投影图中,AB 画到半圆心,BC 从半圆周画到半圆心,CD 画到半圆周。管段 AB 平面到管段 CD 平面的高度为 H_1-H_0

表 1−1（续 5）

序号	名称	管子在 X、Y、Z 三维空间的状态	规定的图形符号及单线管子图形画法		管子在 X、Y、Z 三维空间特征特性	符号画法规则举例解析
			正投影管子单线图	水平投影管子单线图		
16	立两别角定深弯	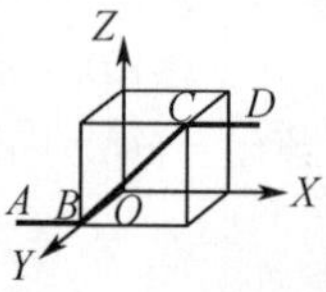	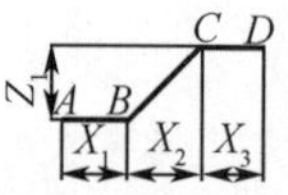	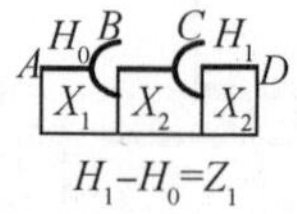	立两别角定深弯由两个相同的小于 90° 的锐角来回弯组成，两曲角之间转角 180°。在船体中，管件立体放置在 X、Y、Z 三维空间。管件平面 $ABCD$ 与水平投影面垂直，管件平面 $ABCD$ 与其他两个投影面平行。最佳选择：正投影图	按符号画法规则：水平投影图中，AB 画到半圆周，BC 从半圆心画到半圆周，CD 画到半圆心。管段 AB 平面到管段 CD 平面的高度为 H_1-H_0
17	斜两别角定深弯	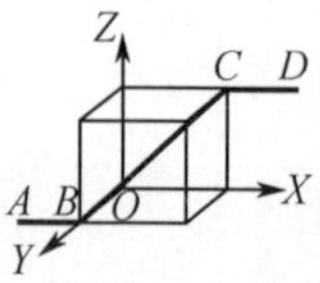	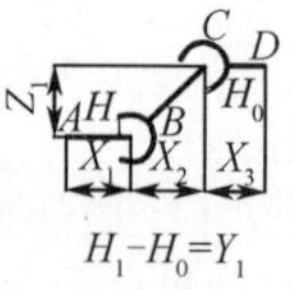	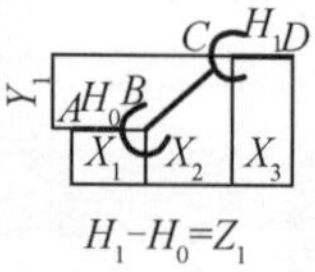	斜两别角定深弯由两个相同的小于 90° 锐角来回弯组成，两曲角之间转角 180°。在船体中，管件横平立斜放置在 X、Y、Z 三维空间。管段 AB、CD 都平行于水平投影面、正投影面，管件平面 $ABCD$ 在空间倾斜，与三个投影面都不平行也不垂直。最佳选择：正投影图或水平投影图都可以	按照符号画法规则：正投影图中，AB 画到大半圆心，CD 画到大半圆周，BC 从大半圆心画到大半圆周。水平投影图中，AB 画到大半圆周，CD 画到大半圆心，BC 从大半圆心画到大半圆周。管段 AB 平面到管段 CD 平面的高度为 H_1-H_0
18	直角别角摆头弯	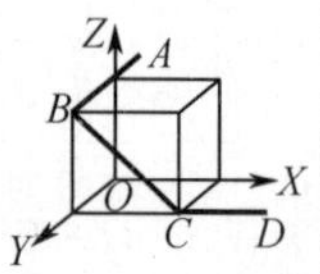	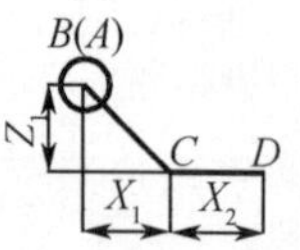	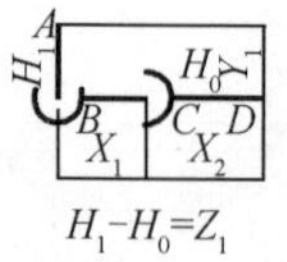	直角别角摆头弯由一个小于 90° 的锐角和一个 90° 直角组成，两曲角之间转角 90°。在船体中，管段两端水平中间倾斜放置在 X、Y、Z 三维空间。管段 AB 平行于水平投影面垂直于正投影面，CD 平行于水平投影面和正投影面，管件两个曲角不在同一个平面。最佳选择：正投影图或水平投影图都可以	按照符号画法规则：正投影图中，BC 画到圆心。水平投影图中，AB 画到大半圆心，CD 画到半圆心。BC 从大半圆周画到半圆心。管段 AB 平面到管段 CD 平面的高度为 H_1-H_0

表 1-1(续6)

序号	名称	管子在 X、Y、Z 三维空间的状态	规定的图形符号及单线管子图形画法		管子在 X、Y、Z 三维空间特征特性	符号画法规则举例解析
			正投影管子单线图	水平投影管子单线图		
19	两端垂直别角斜定深弯			$H_1-H_0=Z_1$	两端垂直别角斜定深弯由两个不相等的别角弯组成，两个曲角均小于90°，两个曲角平面在空间的水平投影相互垂直，转角小于90°。最佳选择：水平投影图。正投影图不可取	按照符号画法规则：水平投影图中，AB 画到大半圆心，CD 画到大半圆周，BC 从大半圆周画到大半圆心。管段 AB 平面到 CD 平面的高度为 H_1-H_0
20	两端斜别角斜定深弯		X_1 X_2 X_3 $H_2-H_1=Z_2$ $H_2-H_1=Y_2$ $H_1-H_0=Y_1$	X_1 X_1 $H_2-H_1=Z_2$ $H_1-H_0=Z_1$	两端斜别角斜定深弯由两个不相等的别角弯组成。两个角平面在空间的水平投影不垂直也不平行，转角复杂须通过计算来确定。最佳选择：图形比较复杂，正投影图和水平投影图可以相互参考	按照符号画法规则：正投影图中，AB 画到大半圆周。CD 画到大半圆心，BC 从大半圆心画到大半圆周。水平投影图中，AB 画到大半圆心，CD 画到大半圆周，BC 从大半圆周画到大半圆心
21	两端直角斜定深弯		X_1 X_2 X_3 $H_1-H_0=Z_1$	X_1 X_2 X_3 $H_1-H_0=Z_1$	两端直角斜定深弯由两个相等的别角弯和一个直角弯组成。管段 AB、BC、DE 与水平投影面平行，管段 CD 在空间倾斜，转角须通过计算确定。最佳选择：水平投影图	按照符号画法规则：水平投影图中，BC 画到大半圆心，DE 画到大半圆周，CD 从大半圆周画到大半圆心

1.5　管件连接附件符号

船舶管系常用的连接件有法兰、套管、通舱件、螺纹接头、定型弯头、异径等，各种连接件的大小应根据其具体规格按比例画在管子零件图上。连接件图形符号如图 1-39 所示。连接件规格与数量见表 1-2。

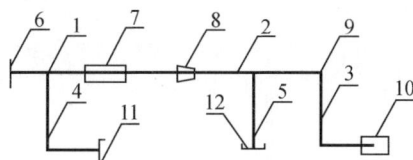

图 1-39

表 1 - 2　材料表

编号	规格标准	数量	材质
1	钢管 89 × 7.5	980 mm	Ⅲ 8163
2	钢管 76 × 5	660 mm	Ⅲ 8163
3	钢管 76 × 5	610 mm	Ⅲ 8163
4	钢管 34 × 3.5	500 mm	Ⅲ 8163
5	钢管 34 × 3.5	300 mm	Ⅲ 8163
6	法兰 16080GB 2506—2005	1 个	Ⅲ 8163
7	穿舱件 A108 × 8.5 × 150	1 个	Ⅲ 8163
8	异径 89 × 76 × 7.5 × 5GB 10752—1995	1 个	Ⅲ 8163
9	弯头 ES273 × 13 × 90GB 10752—1995	1 个	Ⅲ 8163
10	套管 B98 × 9 × 100Q/CSG75—008—2008	1 个	Ⅲ 8163
11	外套螺纹 03 - 25CB ∗ 56 - 83	1 个	C20
12	平肩接头 01 - 25CB ∗ 56 - 83	1 个	C20

1.6　练　习　题

练习 1　根据管子在三维空间的状态,在正投影图和水平投影图中找出错误的标注,并把图 1 - 40(a)中的错误在图 1 - 40(b)上改正。

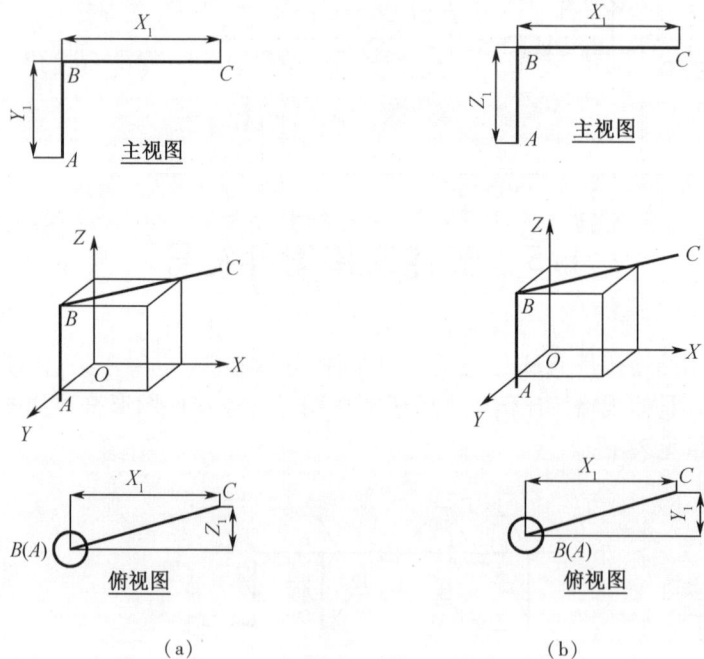

（a）　　　　　　　　　　　　　（b）

图 1 - 40

练习2　把三视图(图1-41)转换为单线图(图1-42)

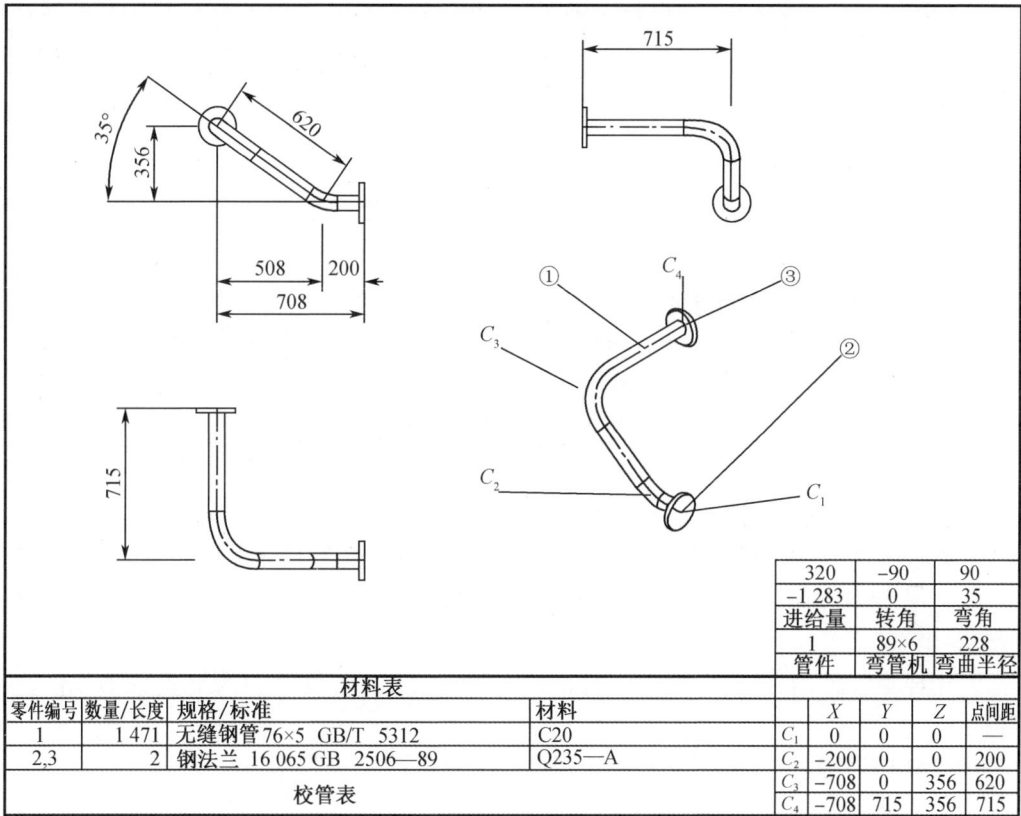

材料表									
					320		-90		90
					-1 283		0		35
					进给量		转角		弯角
					1		89×6		228
					管件		弯管机		弯曲半径
零件编号	数量/长度	规格/标准		材料		X	Y	Z	点间距
1	1 471	无缝钢管76×5 GB/T 5312		C20	C_1	0	0	0	—
2,3	2	钢法兰 16 065 GB 2506—89		Q235—A	C_2	-200	0	0	200
		校管表			C_3	-708	0	356	620
					C_4	-708	715	356	715

图 1-41

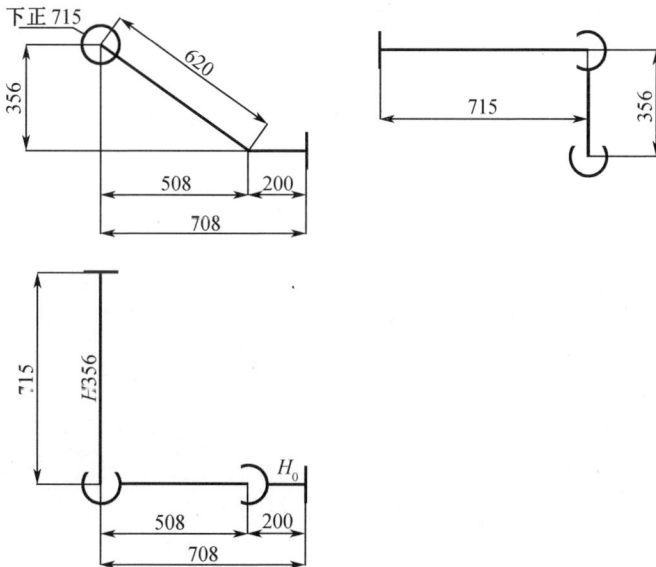

图 1-42

图 1 - 42 的单线图是根据图 1 - 41 的三个视图对应而来的,在图 1 - 42 的单线图中,只要一个俯视的单线图就足够表达这个管子的全部形状和尺寸。用手工来画草图,1 分钟的时间就够了。所以,如果掌握了单线图的画法,勾一个草图是在施工中交流是非常方便的。多做一些练习,单线图还是比较容易掌握的。

1.7 思 考 题

1. 简述学习绘制管子单线零件图的意义。

2. 管子单线零件图常用视图有哪几种? 举例说明。

3. 在管子单线零件图中管子的外形用什么表示? 简述原因。

4. 手绘管子单线图的直角弯上正 90°和下正 90°,并简述区别。

5. 什么是"近周远心"原则? 举例说明。

6. 在管子单线零件图中,怎样标注管段的长度? 举例说明。

7. 管子零件图中 H 指什么? H_0、H_1、H_2、H_3……之间的关系是如何规定的?

8. 请根据 21 种典型坐标视图,将每种典型图的正投影和水平投影用单线图练习手绘画出。

9. 用样棒弯曲 21 种典型管子零件图,并按典型图的正投影和水平投影单线图进行摆放。

10. 利用施工图纸,根据管子的三个视图画出对应管子单线图。

第2章 管子弯曲参数的概念及计算

一个弯曲管件,至少要有一个弯曲角 α(等于圆心角 AOA',如图2-1所示)及所对应的弧长和与弯曲角两端连接的两个管段组成;等于或多于两个弯曲角的弯曲管件,相邻两个弯曲角平面之间的夹角就形成一个弯曲转角。所以,弯曲角 α、管段 L、转角 ϕ 是弯曲管件的三个基本参数。

2.1 弯曲角 α 的概念

2.1.1 弯曲角 α 和成形角 β

如图2-1所示为弯曲角 α 在弯模上的形成过程,弯曲角 α 是弯曲管件的第一个基本参数。直管 PQ 要在 A 点起弯形成一定角度时,须先将管子夹持在 A 点,管子随着弯模旋转,A 移至 A'。这时管段 PA、$A'Q$ 与弯模处于相切位置,A 与 A' 是切点(即管子起弯点)。弯角 α 就等于弯模所旋转的角度,即 $\alpha = \angle AOA'$。所以弯管机弯模旋转的角度就是弯曲管件的弯曲角 α(圆切角等于圆心角),弯曲角 α 是直管 PQ 变成弯曲管件 PSQ 的主要参数。

需要注意的是:弯曲角 α 和成形角 β 是两个概念,它们的关系是 $\alpha + \beta = 180°$(图2-2)。虽然用成形角 β 表示管子的弯曲角也能满足施工要求,但因弯管机的转动角度不是成形角的度数,施工中必须进行换算才能确定弯管机转动角度,不仅计算麻烦,还容易造成误解。数控弯管机管子弯曲角度的控制也是通过弯模回转度数的自动显示来实现的,因此,用实际转过的角度来表示管子的弯角是合理的。

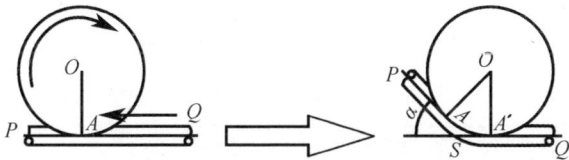

图2-1 弯曲角 α 在弯模上形成的过程

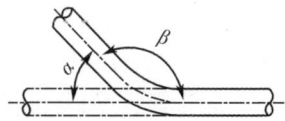

图2-2 弯曲角 α 和成形角 β

2.1.2 弯曲角 α 的计算

通常,弯曲角 $\alpha \leqslant 180°$,而弯曲角 $\alpha \leqslant 90°$ 为大多数。弯曲角 α 一般采用三角函数的计算方法来解决。

(1)当弯曲角所在平面平行于投影面时,投影角与弯曲角相等,图2-3(a)中弯曲角所

在平面 ABC 平行于水平投影面,所以弯曲角 α = 投影角 α_1,有

$$\tan \alpha = \frac{y}{x}, \alpha = \arctan \frac{y}{x}$$

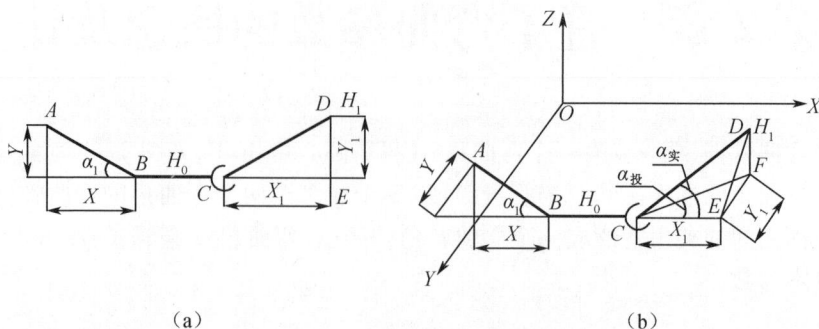

（a）   （b）

图 2-3　弯曲角与投影角

（2）当弯曲角所在平面不平行于投影面时,则投影角不等于弯曲实角,图 2-3(b) 中,弯曲角所在平面 BCD 与水平投影面不平行,所以弯曲角 $\alpha \neq \alpha_{投}$,$\alpha = \alpha_{实}$。

图 2-3(b) 中:EF 是管段 CD 在 Y 方向的水平投影;DF 垂直于 EF 即垂直于水平投影面;FE 垂直于 BC 并与 BC 的延长线相交于 E。因为 $FE \perp CE$,所以 $CE = X_1$,$EF = Y_1$,$DF = Z$,有

$$\tan \alpha_{实} = \frac{ED}{CE} = \frac{\sqrt{EF^2 + DF^2}}{CE} = \frac{\sqrt{y_1{}^2 + z^2}}{x_1} \qquad \alpha_{实} = \arctan \frac{\sqrt{y_1{}^2 + z^2}}{x_1}$$

2.2　管段 L 的概念

2.2.1　管段的实长及投影长

管段 L 是弯曲管件的另一个基本参数。通常,弯管管件是投影图,在看懂管子制作零件图的基础上,从图面上才能判断出管子的实际长度和投影长度。从图 2-4 所示的最简单的管子形状可以看出:图 2-4(a)(b)(c) 三个零件图中,AB、CD 都是管子实际长度,BC 是投影面上的投影长度,要进行弯管操作,则必须计算出管段 L_2 的实际长度。

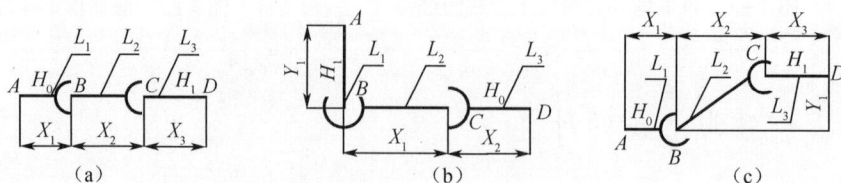

（a）   （b）   （c）

图 2-4　管段实际长度和投影长度

2.2.2 管段 L 的计算

同弯曲角一样,管段 L 也是大多采用三角函数的计算方法来解决。

(1)当管段平行于投影面时,管段实长等于管段投影长。图 2-4 的三个图中,管段 $L_1 = X_1$、$L_3 = X_3$。

(2)当管段倾斜于投影面时,管段实长不等于管段投影长(图 2-4),此时管段实长如下。

图 2-4(a): $L_2 = \sqrt{H_1{}^2 + X_2{}^2}$;

图 2-4(b): $L_2 = \sqrt{H_1{}^2 + X_1{}^2}$;

图 2-4(c): $L_2 = \sqrt{X_2{}^2 + Y_1{}^2 + H_1{}^2}$。

2.3 转角 ϕ 的概念

2.3.1 转角 ϕ 的形成

ϕ 是弯曲管件的另一个基本参数。当一根弯曲的管子管段数 N 大于 3 时,这根管子就会有两个以上曲角,这时就会有转角存在。所以,转角的概念就是:每一个弯曲角与相邻两管段可以构成一个平面,以连接两个弯曲角的中间公共管段为旋转轴,从 α_1 平面旋转到 α_2 平面,相邻两个弯曲角所在平面之间的夹角就称为转角,通常用 ϕ 表示。如图 2-5 所示,弯曲角 α_1 与管段 AB、BC 构成一个平面 ABC,弯曲角 $\alpha_{实}$ 与管段 BC、CD 构成另一个平面 BCD,也是 CED 平面。不难看出,平面 CEF 与平面 ABC 同在一个平面,以管段 BC 为轴,从 CEF 平面旋转到 CED 平面,$\angle DEF$ 就是弯曲角 1 和弯曲角 2 的转角 ϕ。

转角数 ϕ_n 与曲角数 α_n 之间的关系为 $\phi_n \leqslant \alpha_{(n-1)}$;转角数 ϕ_n 与管段数 L_n 的关系为 $\phi_n \leqslant L_{(n-2)}$。

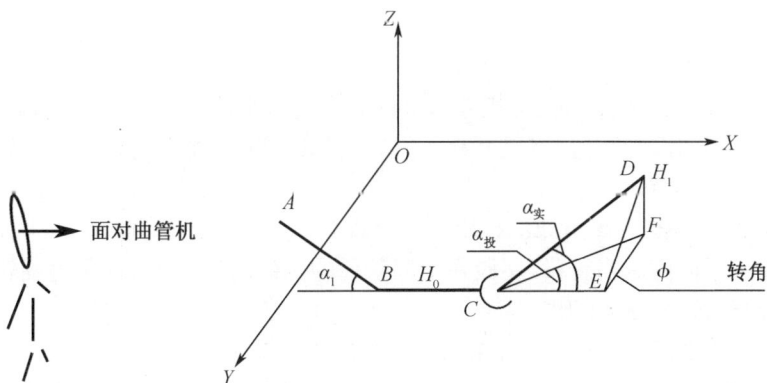

图 2-5 转角的概念与转角的旋转方向

2.3.2　转角 φ 的旋转方向

如何确定转角 φ 的旋转方向,如何旋转?

操作者站在弯管机前,面对曲管机,弯管按顺时针旋转转胎形成 α_1(图 2 – 5)。在弯曲 α_2 之前,就要确定转角 φ 的旋转方向。φ 顺时针旋转,在转角 φ 前面加" + ",φ 逆时针旋转,在转角 φ 前面加" – ",例如 φ = +90°,φ = –45°,φ = +60°等。当 φ = 180°时,无须注明方向,因为 φ = +180°和 φ = –180°旋转的结果,都会到达同一个位置。

如图 2 – 5 所示,操作者面对曲管机,设想弯曲角 α_1 所在平面与曲管机转胎弯模同在一个平面。在弯曲 α_2 之前,要旋转 φ = ∠DEF,即以 BC 为旋转轴,逆时针转过 φ = ∠DEF,使 BCD 平面与转胎弯模同在一个平面,然后开始弯曲 α_2,就完成了转角的旋转。

2.3.3　转角 φ 的类型与计算

同弯曲角和管段一样,转角也是大都采用三角函数的计算方法来解决。由于转角是两个弯曲角平面之间的夹角,所以求转角 φ 的计算较为复杂。把管件转角分为直观类型和复杂类型两大类,来介绍它们的类型特点和计算方法。

1. 直观类型的转角与计算

直观类型的转角是 φ = 0°、φ = 180°、φ = ±90°三种情况,这些转角从图面上比较直观,打眼一看,基本就可以判断确定转角的度数和旋转方向。

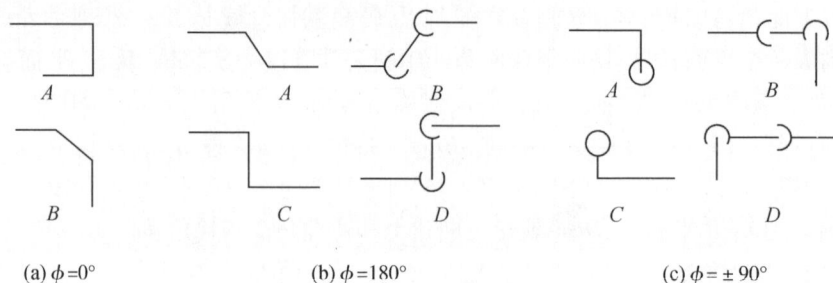

(a) φ = 0°　　　　　(b) φ = 180°　　　　　(c) φ = ±90°

图 2 – 6　直观类型管件转角

直观类型的转角基本规律如下。

(1) φ = 0°:如图 2 – 6(a)所示,相邻两个弯曲角所在平面都同在一个平面内,相邻三段管子都同在一平面内。当首段、尾段都在中间管段的同侧时,以中间管段为旋转轴,α_1 平面旋转到 α_2 平面时,转角 φ = 0°。

(2) φ = 180°:如图 2 – 6(b)所示,相邻两个弯曲角所在平面都同在一个平面内,相邻三段管子都同在一个平面内。当首段、尾段在中间管段的两侧时,以中间管段为旋转轴,α_1 平面旋转到 α_2 平面时,转角 φ = 180°。

(3) φ = 90°:如图 2 – 6(c)所示,相邻两个弯曲角所在平面互相垂直。以中间管段为旋转轴,α_1 平面旋转到 α_2 平面时,转角 φ = ±90°。图 2 – 6(c)中 A、B 是逆转 90°,即 φ = –90°;C、D 是顺转 90°,即 φ = +90°。

直观类型转角方向:直观类型的转角基本不用计算,如图2-6(a)(b)(c)所示,从图面上就可以确定转角的度数和旋转方向。对于 $\phi = \pm 90°$ 的判断,可以用右手判断法。伸出右手,让拇指和其他四指垂直,表示弯曲角 α_1,拇指代表首管段;四指弯曲表示管件 α_2 的弯曲方向。管型符合右手手形方向,从图2-7(a)上看也就是四指弯曲方向与平面弯曲角方向一致,是 $\phi = +90°$;否则,管型不符合右手手形方向,从图2-7(b)上看也就是四指弯曲方向与平面弯曲角方向相反,是 $\phi = -90°$。

(a)ϕ顺时间针旋转　　　　(b)ϕ逆时间针旋转

图2-7

2. 复杂类型的转角与计算

复杂类型的转角是 $\phi \neq 0°$、$\phi \neq 180°$、$\phi \neq \pm 90°$ 的任意角度。一般都是由两个不相等的别角弯或一个直角弯和一个别角弯组成的斜别弯管件。这类管件的转角从图面上不很直观,不通过进一步投影计算,就很难判断确定转角的具体度数和旋转方向。这类管件转角类型多变,常见的有如图2-8(a)~图2-8(f)所示几种管件形状。

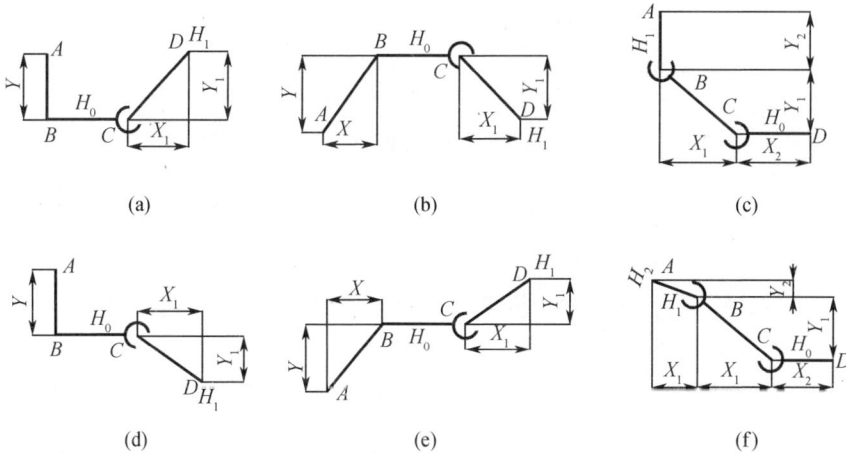

(a)　　　　　　(b)　　　　　　(c)

(d)　　　　　　(e)　　　　　　(f)

图2-8　复杂类型管件转角

(1)复杂类型转角 ϕ 的计算方法之一是通过投影,去寻找两个弯曲角平面之间的夹角,求解计算的过程可以根据管件图形的三角几何关系,用三角函数或相似三角形比例关系来解决。图2-8(b)和图2-8(e)所示的管件图形需要投影画出3个辅助三角形(图2-5),才能计算出转角 ϕ;图2-8中(c)所示的管件图形需要投影画出9个辅助三角形(图2-11),才能计算出转角 ϕ;图2-8(f)所示的管件图形投影计算就更麻烦了。但是,根据这些管件的图形特点,把相邻三段管子作为一个单元管件,并依次称单元管件的三段管子为首段、中段、尾段。单元管件的转角是通过中间管段 BC 为轴旋转,从 ABC 平面到达 BCD 平面,两平面就形成转角 ϕ。大致可以断定:管件以 BC 为中间轴,AB 与 CD 在中间轴 BC 同侧(图 2 – 8(a)~图 2 – 8(c))时,$0 < \phi < 90°$;AB 与 CD 分别在中间轴 BC 两侧(图 2 – 8(d)~图 2 – 8(f))时,$90 < \phi < 180°$。

(2)复杂类型转角 ϕ 的正负方向可以用投影的方法来判断和确定。以图 2 – 9 为例来说明转角投影判断法。沿管段 BC 正投影,投影面上管段 BC 重合为一点,$\angle DOA$ 就是两个曲角平面之间的夹角即转角 ϕ。

转角角度大小的判断:AB 与 CD 分别在中间管段的两侧,所以,$90° < \phi < 180°$。

转角角度正负的确定:CD 旋转 ϕ,CD' 到达 XY 平面(XY 平面即是弯管机俯视平面。这时 BA 也同时旋转 ϕ,到达 BA')。因为 ϕ 是逆时针旋转,所以转角是负值,即 $-180° < \phi < -90°$(人面对弯管机操作,从前向后看)。

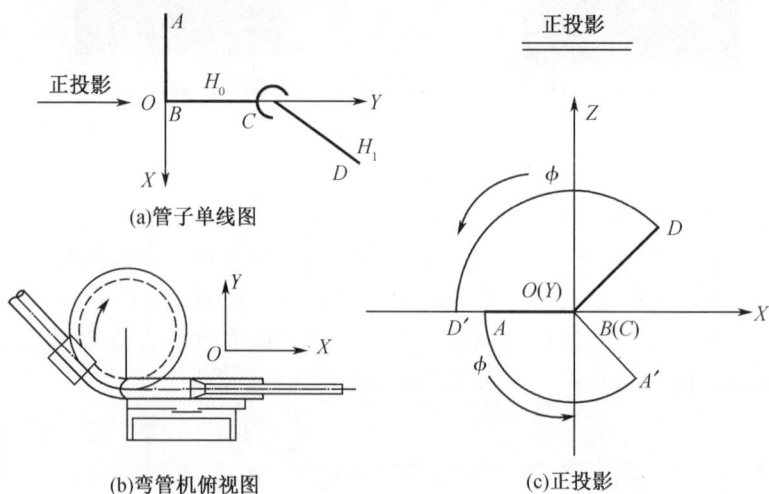

图 2 – 9

(3)在生产实际中,许多技术人员和工人师傅还根据管件形状变化规律,在手工绘图的实践过程中,不断对管子曲形参数计算做过许多有益的探讨,归纳设计了许多图表,运用这些管子曲形参数计算图表,可以摆脱许多复杂重复的数学三角函数计算,通过查阅图表,再辅以必要的作图和简单计算,即能较好地求解任何形状管子的曲形参数。因现在使用较少,所以就不做详细的介绍。

2.4   投影画图法实例计算弯曲角 α、管段 L、转角 ϕ

根据以上介绍的弯曲角 α、管段 L、转角 ϕ 的投影计算方法,以图 2 – 10 为例,做一个求弯曲参数的综合练习。图 2 – 10(a)是管件的水平投影单线图,图 2 – 10(b)是管件在三维空间的投影图。

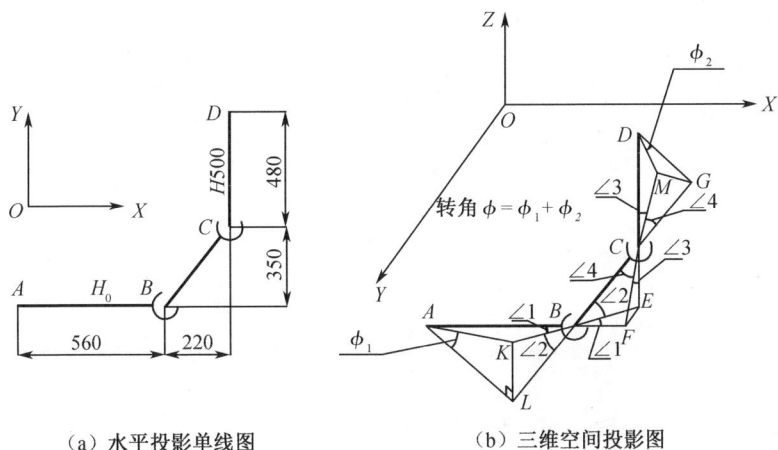

（a）水平投影单线图　　　　（b）三维空间投影图

图 2 – 10　管件的三维投影转换

2.4.1　三维立体投影实例

如图 2 – 10 所示,首先将管件的水平投影图(图 2 – 10(a)),在三维空间图上进行投影转换(图 2 – 10(b)),找出三角形相应的对应函数关系,然后逐一计算出相应的直角三角形数值(图 2 – 11),为管件参数计算做好准备。

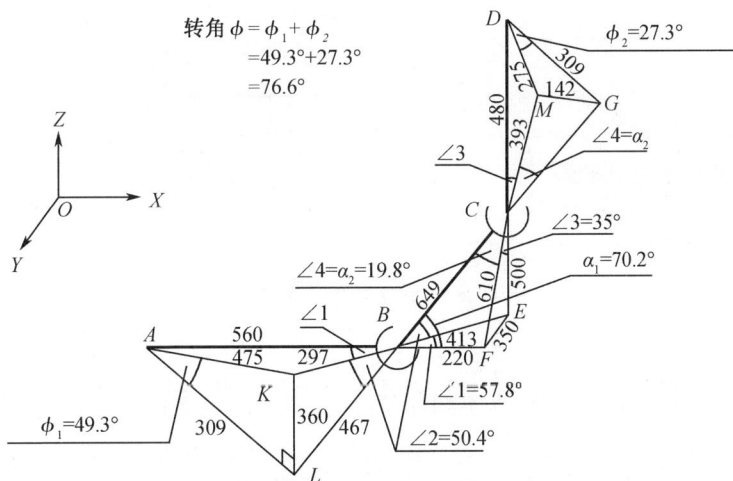

图 2 – 11　计算相应管段长、角度和转角

2.4.2　弯管参数计算

有了上述的详细的投影数值,就可以进一步进行弯管参数的计算。

1. 求管段实长 L

$L_1 = 560$ mm

$$L_2 = \sqrt{220^2 + 350^2 + 500^2} = 649(\text{mm})$$

$$L_3 = 480 \text{ mm}$$

2. 求弯曲角 α

$$\alpha_1 = \cos^{-1}\frac{BF}{BC} = \cos^{-1}\frac{220}{649} = 70.2°$$

$$\alpha_1 = \sin^{-1}\frac{BF}{BC} = \cos^{-1}\frac{350}{649} = 57.4°$$

3. 求转角 ϕ 值

$$\phi_1 = \sin^{-1}\frac{KL}{KA} = \sin^{-1}\frac{360}{475} = 49.3°$$

$$\phi_2 = \tan^{-1}\frac{MG}{MD} = \tan^{-1}\frac{142}{275} = 27.3°$$

$$\phi = \phi_1 + \phi_2 = 49.3° + 27.3° = 76.6°$$

4. 求转角 ϕ 旋转方向

从图 2-12 可以看出，ϕ 是顺时针旋转，所以转角是正值，取值范围：$0 < \phi < 90°$。

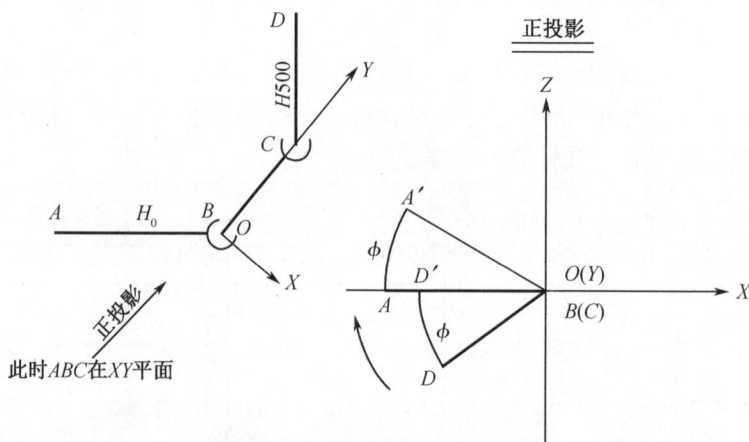

图 2-12 管件转角 ϕ 旋转方向

2.5 应用矢量代数的公式法计算管子曲形参数

通过图 2-10 的图形为例来解决弯曲角 α、管段 L、转角 ϕ 的实例计算，应该感觉到：用几何、三角函数法来计算管子曲形参数的过程较为复杂，特别是遇到曲形复杂的管子，计算曲角、管段身长、转角要经过投影转换、解三角形、求中间参数等一系列过程，不仅耗时多，且投影绘图过程复杂，很容易因中间绘图或计算的一步失误，导致全盘错误。即便是将各种弯曲形状归纳整理，导出相应计算公式，有时图形对应不好，也容易出错。应该说，投影转换必须具备很好的空间概念和熟练画图功底，同时需要清醒的立体空间概念和细致的分析辨别能力以及耐心仔细的计算手法。

应用矢量代数公式法可以避免上述复杂的投影过程和烦琐的公式计算，提高弯曲管件

36

曲形参数求解计算的速度和质量。矢量代数法是把一根曲形管件的每一段看作一个矢量，并根据各管段的坐标值，运用矢量代数、数量积、矢量积推导出来的一组完整、通用的管子曲形求解公式。应用这组公式进行曲形管子参数计算，无须对管件图形作投影变换，反复解三角形和求中间参数，可以大大减轻计算工作量。

2.5.1　任意空间管段实长 L、弯曲角 α、转角 ϕ 的求解公式

1. 首先设定管段原点及确定管段各个点的空间坐标，然后得出各管段的矢量

以图 $2-10(a)$ 为例，设点 A 为原点，则管段 A、B、C、D 四个点相对原点的坐标值见表 $2-1$。

表 2 - 1

坐标点	坐标值		
	X	Y	Z
A	X_A	Y_A	Z_A
B	X_B	Y_B	Z_B
C	X_C	Y_C	Z_C
D	X_D	Y_D	Z_D

有了各点的坐标，就可以进一步得到各管段的矢量：

$X_1 = X_B - X_A \quad Y_1 = Y_B - Y_A \quad Z_1 = Z_B - Z_A$

$X_2 = X_C - X_B \quad Y_2 = Y_C - Y_B \quad Z_2 = Z_C - Z_B$

$X_3 = X_D - X_C \quad Y_3 = Y_D - Y_C \quad Z_3 = Z_D - Z_C$

2. 管段实长 L 的求解公式

$$L_1 = |AB| = \sqrt{X_1{}^2 + Y_1{}^2 + Z_1{}^2}$$

$$L_2 = |BC| = \sqrt{X_2{}^2 + Y_2{}^2 + Z_2{}^2}$$

$$L_3 = |CD| = \sqrt{X_3{}^2 + Y_3{}^2 + Z_3{}^2}$$

3. 弯曲角 α 的求解公式

$$\alpha_1 = \cos^{-1} \frac{X_1 X_2 + Y_1 Y_2 + Z_1 Z_2}{L_1 L_2}$$

$$\alpha_2 = \cos^{-1} \frac{X_2 X_3 + Y_2 Y_3 + Z_2 Z_3}{L_2 L_3}$$

4. 转角 ϕ 的求解公式

$$\phi = \cos^{-1} \left(\cot \alpha_1 \cot \alpha_1 - \frac{X_1 X_3 + Y_1 Y_3 + Z_1 Z_3}{L_1 L_3 \sin \alpha_1 \sin \alpha_2} \right)$$

5. 转角 ϕ 的正负判定

用矢量法判定转角 ϕ 的旋转方向，用以下行列式进行计算判别。

如果：$\begin{vmatrix} X_1 & Y_1 & Z_1 \\ X_2 & Y_2 & Z_2 \\ X_3 & Y_3 & Z_3 \end{vmatrix} > 0$ 则 ϕ 为负值，转角逆时针方向旋转。

如果：$\begin{vmatrix} X_1 & Y_1 & Z_1 \\ X_2 & Y_2 & Z_2 \\ X_3 & Y_3 & Z_3 \end{vmatrix} < 0$ 则 ϕ 为正值，转角顺时针方向旋转。

*行列式的计算方法见附录 A。

2.5.2 举例求解管子曲形参数

带入图 2-10(a)数值,用矢量代数法求解计算管子曲形参数如图 2-13 所示。

1. 首先设定原点及确定管段各个点的空间

设点 A 为原点,则管段 A、B、C、D 四个点相对原点的坐标值见表 2-2。

表 2-2　管段 A、B、C、D 四个点相对原点的坐标值

坐标点	坐标值		
	X	Y	Z
A	0	0	0
B	560	0	0
C	780	350	500
D	780	830	500

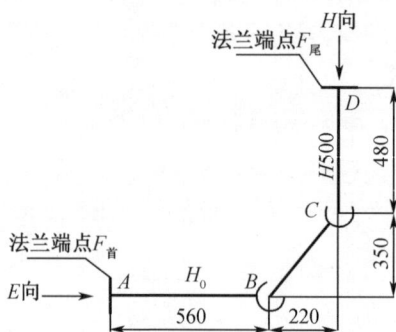

图 2-13

有了各点的坐标,就可以进一步得到各管段的矢量:

$X_1 = X_B - X_A = 560$　$Y_1 = Y_B - Y_A = 0$　$Z_1 = Z_B - Z_A = 0$

$X_2 = X_C - X_B = 220$　$Y_2 = Y_C - Y_B = 350$　$Z_2 = Z_C - Z_B = 500$

$X_3 = X_D - X_C = 0$　$Y_3 = Y_D - Y_C = 480$　$Z_3 = Z_D - Z_C = 0$

2. 求管段实长 L

$L_1 = |AB| = \sqrt{X_1^2 + Y_1^2 + Z_1^2} = \sqrt{560^2 + 0^2 + 0^2} = 560(\text{mm})$

$$L_2 = |BC| = \sqrt{X_2{}^2 + Y_2{}^2 + Z_2{}^2} = \sqrt{220^2 + 350^2 + 500^2} = 649 \text{（mm）}$$

$$L_3 = |CD| = \sqrt{X_3{}^2 + Y_3{}^2 + Z_3{}^2} = \sqrt{0^2 + 480^2 + 0^2} = 480 \text{（mm）}$$

3. 求弯曲角 α

$$\alpha_1 = \cos^{-1}\frac{X_1 X_2 + Y_1 Y_2 + Z_1 Z_2}{L_1 L_2} = \cos^{-1}\frac{560 \times 220 + 0 + 0}{560 \times 649} = 70.2°$$

$$\alpha_1 = \cos^{-1}\frac{X_2 X_3 + Y_2 Y_3 + Z_2 Z_3}{L_2 L_3} = \cos^{-1}\frac{0 + 350 \times 480 + 0}{649 \times 480} = 57.4°$$

4. 求转角 ϕ 值

$$\phi = \cos^{-1}\left(\cot\alpha_1 \cot\alpha_1 - \frac{X_1 X_3 + Y_1 Y_3 + Z_1 Z_3}{L_1 L_3 \sin\alpha_1 \sin\alpha_2} \right)$$

$$= \cos^{-1}\left[\tan(90° - 70.2°)\tan(90° - 57.4°) - \frac{0 + 0 + 0}{560 \times 480\sin 70.2\sin 57.4} \right]$$

$$= 76.6°$$

$$\begin{vmatrix} X_1 & Y_1 & Z_1 \\ X_2 & Y_2 & Z_2 \\ X_3 & Y_3 & Z_3 \end{vmatrix} = \begin{vmatrix} 560 & 0 & 0 \\ 220 & 350 & 500 \\ 0 & 480 & 0 \end{vmatrix} = (0 + 0 + 220 \times 480) - (0 + 560 \times 480 \times 500 + 0) < 0$$

所以，ϕ 为正值，转角为顺时针方向旋转76.6°。

通过投影画图法计算弯曲角 α、管段 L、转角 ϕ 和矢量代数法求解计算管子曲形参数，可以比较一下两种方法的难易程度。应该说，投影转换计算法必须具备很好的空间概念和熟练画图功底，逐一计算也是需要清醒的头脑和细致的分析辨别能力。矢量代数公式法要比投影画图法方便快捷许多。而且，应用矢量代数的推导公式编写管段实长 L、弯曲角 α、转角 ϕ 的求解应用程序，应用计算也十分方便。

＊用公式计算法求管子弯曲的各项参数已经比几何投影法大大减轻计算的工作量，但用手工计算来完成上述计算，还是麻烦，也容易出错。利用曲形求解公式编写的相关程序，进一步把烦琐的计算在电脑上通过简单操作，稳稳搞定。在本书第6章讲到的"管子放样长、起弯点、进给量、转角、曲角、下料长"计算程序中，我们将举几个实例操作演示一下，去展示这个程序的方便、快捷和准确。

2.6　思　考　题

1. 弯曲管件的三个重要参数是什么？
2. 弯曲角和成形角的关系是什么？为什么要在管子零件图中标注弯曲角而非成形角？简述原因。
3. 转角的概念是什么？用样棒模拟转角 ϕ 从 α_1 平面到 α_2 的变化过程。
4. 如何确定转角 ϕ 的旋转方向，如何旋转？简述过程。
5. 举例绘制转角 $\phi = 0°$，$\phi = 180°$，$\phi = \pm90°$ 的管子零件图。
6. 拿出样杆，用"右手判断法"举例说明 $\phi = +90°$ 和 $\phi = -90°$ 时管子形状的区别。
7. 根据相关图形，试用几何投影法求解管段 L、曲角 α、转角 ϕ。
8. 根据相关图形，试用数学公式法求解管段 L、曲角 α、转角 ϕ。

第3章 管子弯曲无余量下料

管子弯曲无余量下料,就是要精确地计算出需要弯曲的管件下料总长度以及各个弯曲角的起弯点(线),使弯曲管件一次完成,满足图纸的各项尺寸要求,并保证弯曲质量达到规定要求。精确的无余量下料,使成型管件不需要二次切割,不需要余量处理,不仅方便设计套料、节省管材,还可以提高装配进度和装配质量。为了进行无余量下料,首先需要确定的是弯曲管件与哪些计算要素有关。

3.1 管子弯曲无余量下料的推导计算

3.1.1 无余量下料计算的基本要素

从图 3 – 1 中可以看到:弯曲管件的弯曲半径 R 是必须要确定的;弯曲管件是由直管段和弯曲角弧长组成的,因此管子下料长度计算必然与弯曲角的弧长相关;而管段长又包含切线长度,所以又必然与弯曲角的切线相关;切线与弧长之间的余量差值似乎也互相关联。金属材料所具有的塑性,会使管子弯曲过程产生延伸和回弹,这也是管子弯曲无余量下料计算的一个重要因素。然而,这些要素是怎样相互关联,又是怎样参加弯曲管子无余量计算的呢?

3.1.2 无余量下料计算推导过程

结合图 3 –1 来分析"管子弯曲无余量计算表"中各项计算要素的推导过程。

图 3 –1(a)是由管段 $L_1 = 500$ mm,管段 $L_2 = 470$ mm,管段 $L_3 = 500$ mm,一个 90°弯曲角,一个 30°弯曲角组成的一个弯曲管件。管件的管子直径 ϕ 为 60 mm,取 3 倍管子直径为管子弯曲半径,$R = 3D = 180$ mm。图 3 –1(a)是管件图,图 3 –1(b)是将管件伸直的无余量下料示意图。结合图 5 –1,首先分析无余量下料的起弯点是怎样确定的,然后分析理论下料长度和无余量下料长度的差别。

1. 起弯点 $L_{无余量1} = L_{AB} = 320$ mm(曲角 1 起始点)

即 $L_{AB} = L_{1实长} - (\alpha_1 .. 90°切线) = 500$ mm $- 180$ mm $= 320$ mm(无余量下料首段长度)

式中 90°切线 $= R \times \tan[\alpha/2(弧度)] = 180$ mm $\times \tan(90°/2) = 180 \times 1 = 180$ mm

2. 起弯点 $_{无余量2} = L_{BD} = (\alpha_1 .. 90°弧长) + L_{AB} = 283$ mm $+ 242$ mm $= 515$ mm(曲角 2 起始点)

即 $L_{BD} = L_{2实长} + [(\alpha_1 .. 90°弧长) - (\alpha_1 .. 90°切线) - (\alpha_1 .. 90°延伸)] -$

$(\alpha_1 .. 30°切线) = 470$ mm $+ 283$ mm $- 180$ mm $- 10$ mm $- 48$ mm $= 515$ mm(无余量下料中间段长度)

式中 $90°$弧长 $= 90 \times \pi R/180 = 90 \times \pi = 283$（mm）

$30°$切线 $= R \times \tan[\alpha/2（弧度）] = 180 \times \tan(30°/2) = 180 \times 0.267\,9 \approx 48$（mm）

*为了方便，可以把式中$[(\alpha_1..90°弧长) - (\alpha_1..90°切线) - (\alpha_1..90°延伸)]$这一组计算的固定过程"（弧长－切线－延伸）"简化为相应角度的一个计算要素，并定义为相应角度的"加量"。

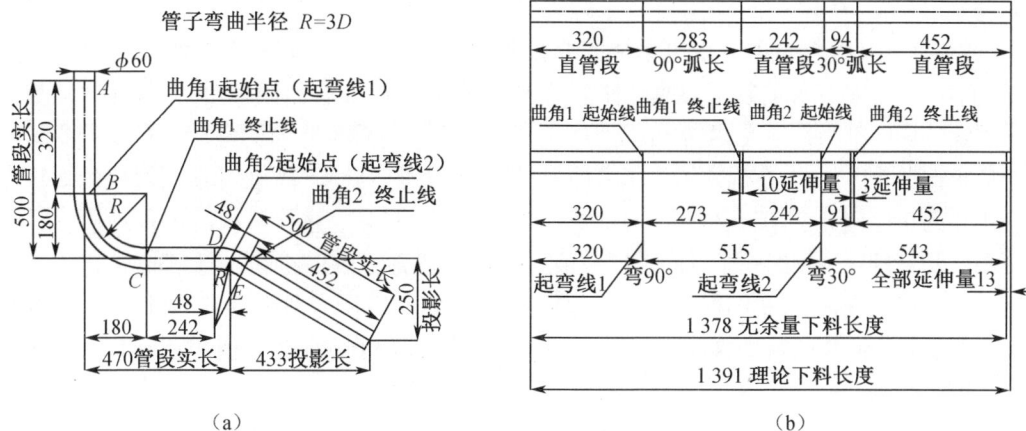

图3-1 "管子弯曲无余量计算表"各项计算要素的推导过程

3. 起弯点 $L_{无余量3} = L_{DF} = (\alpha_2..30°弧长) + L_{EF} = 91 + 452 = 543$（mm）（尾段终点）

也即是：$L_{起尾段} = L_{3实长} + [(\alpha_1..30°弧长) - (\alpha_1..30°切线) - (\alpha_1..30°延伸)]$
$= 500 + (94 - 48 - 3) = 543$（mm）（无余量下料尾段长度）

式中，$30°$弧长 $= 30 \times \pi R/180 = 30 \times \pi = 94$（mm）

*同上，为了方便，可以把式中$[(\alpha_1..30°弧长) - (\alpha_1..30°切线) - (\alpha_1..30°延伸)]$这一组计算的固定过程"（弧长－切线－延伸）"，简化为相应角度的一个计算要素，并定义为相应角度的"加量"。

4. $L_{理论下料总长} =$ 直管段 $L_{AB} + (\alpha_1..90°弧长) +$ 直管段 $L_{CD} + (\alpha_1..30°弧长) +$
直管段 $L_{CD} = 320 + 283 + 242 + 94 + 452 = 1\,391$（mm）

$L_{无余量下料总长} = [$直管段 $L_{AB} + (\alpha_1..90°弧长) +$ 直管段 $L_{CD} + (\alpha_1..30°弧长) +$
直管段 $L_{CD}] - (\alpha_1..90°延伸值 + \alpha_1..30°延伸值)$
$= (320 + 283 + 242 + 94 + 452) - (10 + 3) = 1\,391 - 13 = 1\,378$（mm）

即 $L_{无余量下料总长} = ($管段 $L_{1实长} +$ 管段 $L_{2实长} +$ 管段 $L_{2实长}) - [2(\alpha_1..90°切线) - (\alpha_1..90°弧长) + (\alpha_1..90°延伸)] - [2(\alpha_1..30°切线) - (\alpha_1..30°弧长) + (\alpha_2..30°延伸)]$

$= (500 + 470 + 500) - (2 \times 180 - 283 + 10) - (2 \times 48 - 94 + 10) = 1\,500 - 87$
$= 1\,470 - (2 \times 180 - 283 + 10) - (2 \times 48 - 94 + 3)$
$= 1\,470 - 87 - 5 = 1\,378$（mm）

*为了方便，可以把式中$[2(\alpha_1..30°切线) - (\alpha_1..30°弧长) + (\alpha_2..30°延伸)]$这一组计算的固定过程"（2切线－弧长＋延伸）"简化为一个相应角度的计算要素，并定义为相应角度的"减量"。

同时，可以把式中$[2(\alpha_1..30°切线) - (\alpha_1..30°弧长)]$这一组计算的固定过程"（2切线－弧长＋延伸)"，简化为一个相应角度的计算要素，并定义为相应角度的"余量"。

5. 从图 3－1 还可以看出：90°延伸值＝10 mm，30°延伸值＝3 mm。

6. 关于延伸值

在管子弯曲无余量下料计算的各项要素中，影响无余量下料准确度十分重要的参数是"延伸值"。理论上管子弯曲延伸值的计算公式比较复杂，特别是有关金属的特性值查找起来是特别麻烦的，所以我们利用公式来计算延伸值基本是无法进行的。在生产实践探索中，一般都采用反复测试的方法来掌握其变化规律。通过理论研究和生产实践中的反复试验，我们认识到：虽然影响管子弯曲延伸值的因素很多，但诸如弯曲回弹角、管材的外径和壁厚等因素的影响都不是很大，基本可以忽略。延伸量主要与管子弯曲的弯模半径及弯曲角度大小成正比关系。由此，在确定了管子弯曲半径以后，其延伸量就与弯曲角度所对应的弧长形成最主要的正比例关系。"延伸值＝(0.030～0.050)弧长"是经过无数次的各种规格管子的反复测试测算推导得到的一个区间范围数值，在许多船舶管工的培训教材上都有论述。经过多年来的生产实践检验，我们取"延伸＝0.035弧长"来进行管子弯曲无余量下料计算，基本能够满足船舶管件制作的精度要求。对于个别特殊的管材，管子弯曲延伸值应在 0.030～0.050 这个范围内慎重选取，可以通过实际测试测算来进一步确定。

所以，当 $\phi = 60$ mm，$R = 3D = 180$ mm 时，有

90°延伸量 $= 0.035 \times 90°弧长 = 0.035 \times (180/2 \times \pi) = 9.95 \approx 10$（mm）

30°延伸量 $= 0.035 \times 30°弧长 = 0.035 \times (180/6 \times \pi) = 3.30 \approx 3$（mm）

通过以上推导分析，管子弯曲无余量下料的相关"计算要素"不仅十分清楚，而且可以取值，可以计算。

3.2 管子弯曲无余量下料建表

3.2.1 各项要素的计算公式

《管子弯曲无余量计算表》的计算要素及各项要素的计算公式如图 3－2 所示。

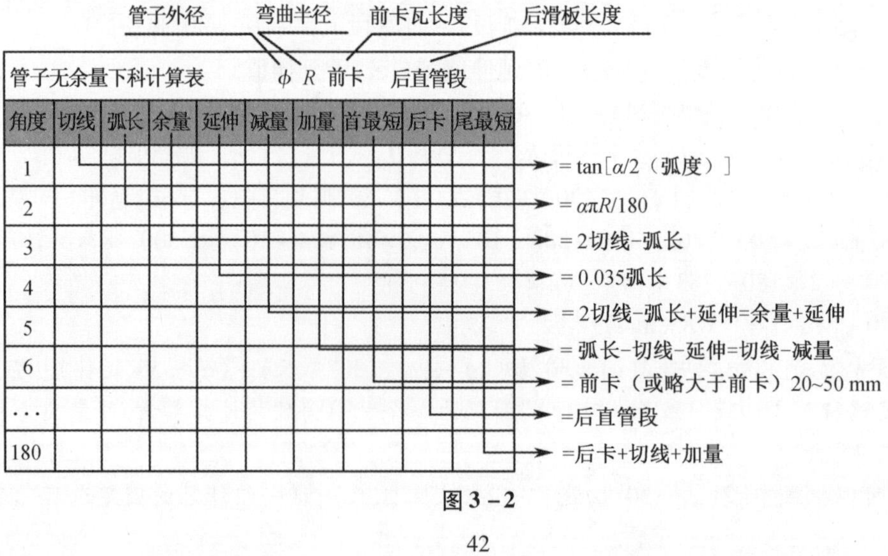

	管子外径	弯曲半径	前卡瓦长度	后滑板长度				
管子无余量下料计算表			ϕ R 前卡	后直管段				
角度	切线	弧长	余量	延伸	减量	加量	首最短	后卡	尾最短
1									$= \tan[\alpha/2（弧度）]$
2									$= \alpha\pi R/180$
3									＝2切线-弧长
4									＝0.035弧长
5									＝2切线-弧长+延伸＝余量+延伸
6									＝弧长-切线-延伸＝切线-减量
									＝前卡（或略大于前卡）20～50 mm
…									＝后直管段
180									＝后卡+切线+加量

图 3－2

图 3-2 中的 φ、R、前卡、后直管段：

φ——管子外径。

R——管件的弯曲半径。大部分船厂的弯管一般都取三倍的管子外径为管件的弯曲半径。特殊要求如军舰等舱室狭小的有时取 2.5 倍的管子弯曲半径,但因弯曲半径较小,管子的弯曲难度比较大。

前卡——管子弯曲无余量下料首段最短量,一般要求首段最短的长度不得短于弯管机的前卡夹紧模的长度,为了防止弯管机跑车,最好略长于前卡瓦 20~50 mm。

后直管段——指最后一段管子的实际长度减掉弯曲角切线后的直管段。一般要求后直管段的长度不要短于弯管机的后滑板压紧模的长度。

依据以上的推导公式和各项计算要素,在计算管子起弯点时,还要考虑弯管机弯管胎具的前卡夹紧模、后滑板压紧模长度、机身高度等因素。现有设备弯管机参数见表 3-1。

表 3-1　现有设备弯管机参数一览表

序号	管径 φ	弯模 R	前卡	后直管段	曲管机离地高度
1	18	60	55	100	1 100
2	22	66	55	100	1 100
3	24	70	70	200	1 100
4	25	75	70	200	1 100
5	27	80	70	200	1 100
6	30	90	70	200	1 100
7	32	100	85	200	1 100
8	34	100	85	200	1 100
9	36	110	90	300	1 100
10	38	110	100	300	1 100
11	42	130	105	300	1 100
12	45	135	110	300	1 100
13	48	145	120	350	1 100
14	55	165	135	350	1 100
15	60	180	150	400	1 100
16	70	210	165	400	1 200
17	76	230	190	400	1 200
18	89	270	220	400	1 200
19	114	340	260	400	1 200
20	140	420	330	500	1 200
21	168	500	350	500	1 300

3.2.2　建立"管子弯曲无余量计算表"

　　删除或隐藏与无余量下料计算无关的要素,保留与无余量下料计算有关的要素,建立最简易清晰的"管子弯曲无余量计算表",见表3-3。

　　创建"管子弯曲无余量计算表"时,表3-1中的计算要素是都需要参加计算的。然而,计算管子弯曲无余量下料却只需要表3-3中的要素就足够了。所以,删除表3-1中与"无余量下料计算"无关的要素,留下与"无余量下料计算"有关的要素。最简单快捷的"管子弯曲无余量计算表"查起来更方便。

　　例:计算 ϕ60 管子的"管子弯曲无余量计算表"见表3-2(1°~90°)。

表3-2　ϕ60 管子的"管子弯曲无余量计算表"

角度	切线	减量	加量	尾最短	角度	切线	减量	加量	尾最短
1	2	0	1	403	46	76	13	63	539
2	3	0	3	406	47	78	14	64	542
3	5	0	4	409	48	80	15	65	546
4	6	0	6	412	49	82	16	67	549
5	8	1	7	415	50	84	16	68	552
6	9	1	9	418	51	86	17	69	555
7	11	1	10	421	52	88	18	70	558
8	13	1	12	424	53	90	19	71	561
9	14	1	13	427	54	92	20	72	564
10	16	1	15	430	55	94	21	73	567
11	17	1	16	433	56	96	22	74	570
12	19	1	17	436	57	98	23	75	573
13	21	2	19	439	58	100	24	76	576
14	22	2	20	442	59	102	25	77	579
15	24	2	22	445	60	104	26	78	582
16	25	2	23	449	61	106	27	79	585
17	27	2	25	452	62	108	28	80	588
18	29	2	26	455	63	110	30	81	591
19	30	3	27	458	64	112	31	82	594
20	32	3	29	461	65	115	32	82	597
21	33	3	30	464	66	117	34	83	600
22	35	3	32	467	67	119	35	84	603
23	37	4	33	470	68	121	37	85	606

表 3-2（续）

角度	切线	减量	加量	尾最短	角度	切线	减量	加量	尾最短
24	38	4	34	473	69	124	38	85	609
25	40	4	36	476	70	126	40	86	612
26	42	4	37	479	71	128	42	87	615
27	43	5	39	482	72	131	43	88	618
28	45	5	40	485	73	133	45	88	621
29	47	5	41	488	74	136	47	89	624
30	48	6	43	491	75	138	49	89	627
31	50	6	44	494	76	141	51	90	630
32	52	6	45	497	77	143	53	90	633
33	53	7	47	500	78	146	55	91	636
34	55	7	48	503	79	148	57	91	639
35	57	7	49	506	80	151	60	91	643
36	58	8	51	509	81	154	62	92	646
37	60	8	52	512	82	156	64	92	649
38	62	9	53	515	83	159	67	92	652
39	64	9	54	518	84	162	69	93	655
40	66	10	56	521	85	165	72	93	658
41	67	10	57	524	86	168	75	93	661
42	69	11	58	527	87	171	78	93	664
43	71	11	59	530	88	174	81	93	667
44	73	12	61	533	89	177	84	93	670
45	75	13	62	536	90	180	87	93	673

* 各种规格的"管子弯曲无余量计算表"，详见附录 B。

3.3　管子下料无余量计算方法和具体要求

3.3.1　查表计算管子弯曲无余量下料起弯点

（1）无余量首段长（起始点到起弯点1）：（≥前卡量）

$L_{起1段} = (L_{实1} - \alpha_1 切线) - 首段附件减量$

(2)无余量中间段长(起弯点1到起弯点2):(≥前卡量)

当 $\alpha_1 \neq \alpha_2$ 时,$L_{起2段} = L_{实2} + \alpha_{1加量} - \alpha_2$ 切线

当 $\alpha_1 = \alpha_2$ 时,$L_{起2段} = L_{实2} - \alpha_{减量}$

(3)无余量尾段长(起弯点2到管子末端):(≥尾最短)

$$L_{起3段} = (L_{实3} + \alpha_{2加量}) - 尾端附件减量$$

(4)下料总长:$L_{下料总长} = L_{起1段} + L_{起2段} + L_{起3段3}$

(5)验算公式:$L_{下料总长} = (L_{实1} + L_{实2} + L_{实3}) - \alpha_{1减量} - \alpha_{2减量} - 首尾附件减量$

3.3.2 检查确定管子实际长度是否满足计算条件

要根据"管子弯曲无余量计算表"中弯曲半径所确定的前卡量,后直管段来考虑各段管子实际长度是否满足管子弯曲条件。

(1)要求首段起弯点大于或等于前卡量,即首段实际长度减掉第一个弯曲角切线及首端附件减量后,要大于或等于前卡量。判断公式:$L_{起首段} = L_{首实} - \alpha_1$ 切线 - 首段附件减量 ≥ 前卡量。如果首段起弯点小于前卡量,就要加一段工艺管,保证管子起弯时,有足够的前卡量(此时不必考虑附件的增减),管子曲弯成型后,再切掉工艺管。实际上,加工工艺管保证前卡量,已经失去了无余量下料的意义,所以管子在设计阶段就要充分考虑要有足够的前卡量。

(2)要求中间段实际长度减掉两个弯曲角切线要大于或等于前卡量,判断公式:$L_{起中段} = L_{实2} - (\alpha_1$ 切线 $+ \alpha_2$ 切线$)$ ≥ 前卡量。如果小于前卡量,中间段不满足弯曲条件,必须及时与工艺和技术部门联系,重新修改图纸。

(3)要求尾段实际长度减掉最后一个弯曲角切线及尾端附件减量要大于或等于后直管段,判断公式:$L_{起尾段} = L_{尾实} - \alpha_2$(最后曲角)切线 - 尾端附件减量 ≥ 后直管段。如果小于后直管段,即直管段小于滑板长度,我们常说的弯曲容易形成"老婆脚",所以就要增加一段工艺管,保证弯曲结束时有足够的直管段(此时不必考虑附件的增减)。管子弯曲后,再切掉工艺管。实际上,加工工艺管保证后直管段,也失去了无余量下料的意义,所以管子在设计阶段就要充分考虑要有足够的后直管段。

(4)要求首段起弯点选择首尾相对短的一端,因为前卡量要小于后直管段,计算时能够相对节省管材。

3.4 管子弯曲无余量下料计算过程操作实例

3.4.1 无余量下料计算实例一

图3-3所示为管子弯曲无余量下料计算实例一。

如图:已知管子 $\phi 48 \times 3.5$,三段管长,管段实长 $L_1 = 456$ mm,$L_2 = 330$ mm,$L_3 = 531$ mm;两个曲角,$\alpha_1 = 90°$,$\alpha_2 = 25°$;一个转角为 $-90°$;两端法兰 16040GB/T 2506—2005,法兰减量4 mm。无余量下料计算过程如下。

1. 在"管子无余量计算表"中选择确定管子弯曲无余量计算表

$\phi 48$ 的管子,弯曲半径 $R = 145$ mm,前卡 $= 120$ mm,后卡 $= 350$ mm。

管号	M3A-L053-S4	管径	φ48×3.5	质量	8 kg	车间试验压力	1.125 MPa

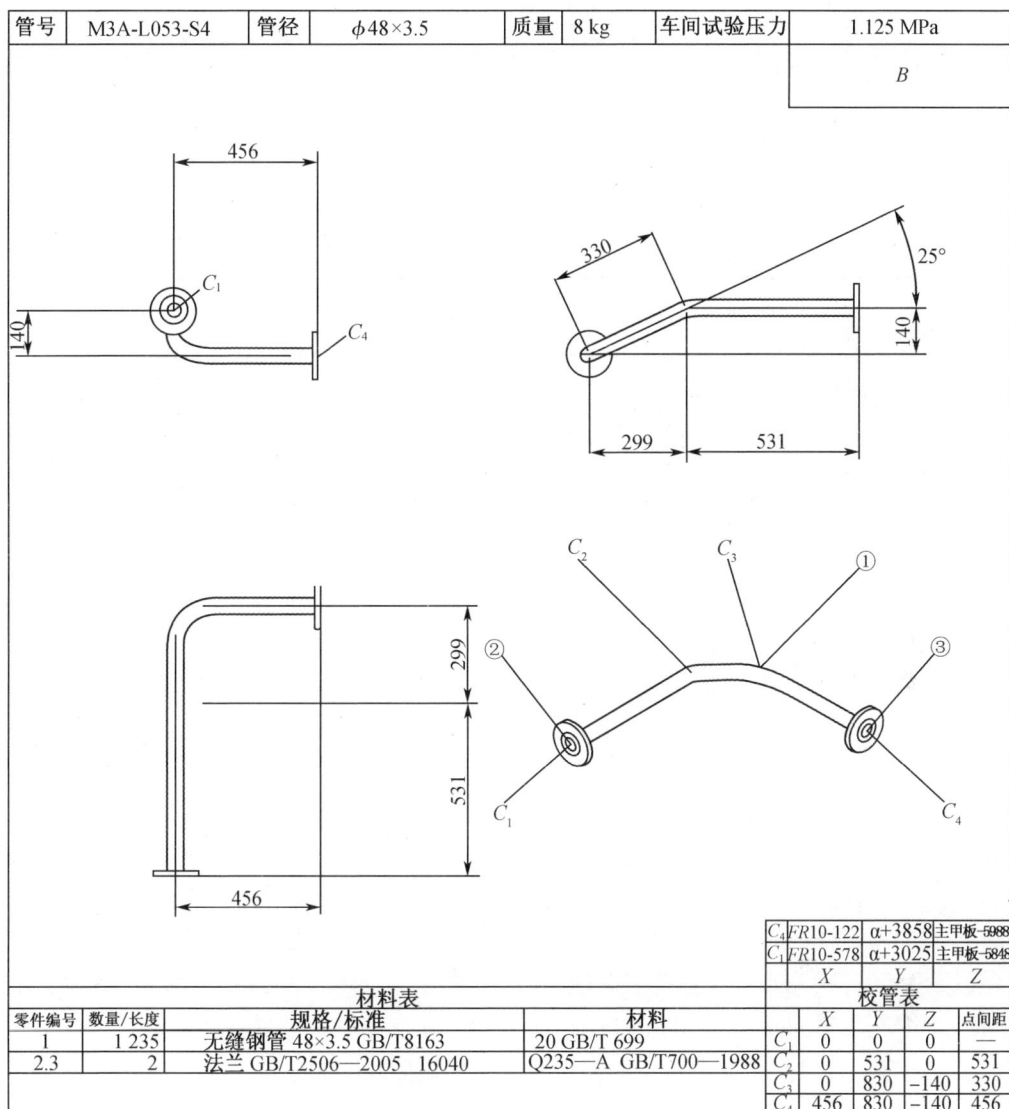

C_4	FR10-122	α+3858	主甲板-5988
C_1	FR10-578	α+3025	主甲板-5848

校管表

	X	Y	Z	点间距
C_1	0	0	0	—
C_2	0	531	0	531
C_3	0	830	-140	330
C_4	456	830	-140	456

材料表

零件编号	数量/长度	规格/标准	材料
1	1 235	无缝钢管 48×3.5 GB/T8163	20 GB/T 699
2.3	2	法兰 GB/T2506—2005　16040	Q235—A GB/T700—1988

图 3-3　管子弯曲无余量下料计算实例一

表 3-3　管子弯曲无余量计算表(部分角度)

角度	切线	减量	加量	尾最短	角度	切线	减量	加量	尾最短
1	1	0	1	352	46	61	11	50	462
…	…	…	…	…	…	…	…	…	…
20	25	2	23	399	65	92	26	66	508
21	27	2	24	401	66	94	27	67	510
22	28	3	25	403	67	95	28	67	512
23	29	3	26	406	68	97	29	68	515
24	31	3	28	408	69	99	31	68	517
25	32	3	29	411	70	101	32	69	520

表 3-3（续）

角度	切线	减量	加量	尾最短	角度	切线	减量	加量	尾最短
26	33	3	30	413	71	103	33	69	522
27	35	4	31	415	72	105	35	70	525
…	…	…	…	…	…	…	…	…	…
44	58	10	49	457	89	142	67	74	566
45	60	10	49	459	90	144	70	74	568

2. 在表（3-3）中查得

90°切线长 = 144 mm，90°加量 = 74 mm，90°减量 = 70 mm，90°尾最短 = 568 mm。

25°切线长 = 32 mm，25°加量 = 29 mm，25°减量 = 3 mm，25°尾最短 = 411 mm。

3. 判断

$L_{起首段} = L_{首实} - \alpha_1$ 切线 - 首段附件减量 = 456 mm - 144 mm - 4 mm = 308 mm ≥ 前卡量 120 mm，满足首段管长要求。

$L_{起中段} = L_{实2} - (\alpha_1$ 切线 + α_2 切线) = 330 mm + 74 mm - 32 mm = 372 mm ≥ 前卡量 120 mm，满足中段管长要求。

$L_{起尾段} = L_{尾实} - \alpha_2$（最后曲角）切线 - 尾端附件减量 = 531 mm - 32 mm - 4 mm = 495 mm ≥ 后直管段 350 mm，满足尾段管长要求。

4. 计算

无余量首段长（起始点到起弯点 1）= L_1 实长 - α_1 切线 - 首端法兰减量 = 456 mm - 144 mm - 4 mm = 308 mm。

无余量中间段长（起弯点 1 到起弯点 2）= L_2 实长 + α_1 加量 - α_2 切线 = 330 mm + 74 mm - 32 mm = 372 mm。

无余量尾段长（起弯点 2 到管子末端）= L_3 实长 + α_2 加量 - 末端法兰减量 = 531 mm + 29 mm - 4 mm = 556 mm >（尾最短 411 mm）。

$L_{总}$ = 无余量首段长 + 无余量中间段长 + 无余量尾段长 = 308 mm + 372 mm + 556 mm = 1 236 mm

5. 验算

$L_{总} = (L_1 + L_2 + L_3) - (\alpha_1$ 减量 + α_2 减量) - （首端法兰减量 - 末端法兰减量）= (456 + 330 + 531) mm - (70 + 3) mm - (4 + 4) mm = 1 236 mm。

6. 无余量下料按图 3-4 所示表达各项参数

按照图示的管段总长和起弯点 1、起弯点 2 在管子上划线后，就可以按弯管顺序进行弯管操作了。

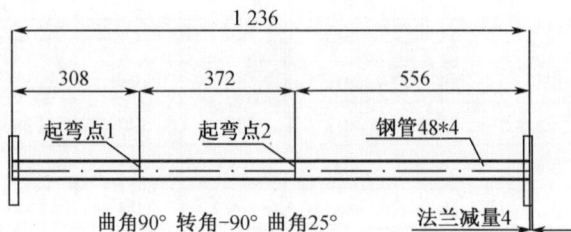

图 3-4 管子弯曲无余量下料总长和起弯点实例一

7. 无余量下料按表格输入各项参数

按照表3-3弯管参数将起弯点1、起弯点2在管子上画线后,就可以按弯管顺序进行弯管操作了。

表3-4

$\phi48,R144,$前卡120,后卡350

顺号	实际长度	起弯点	转角	曲角
1	456	312-4=308	—	90°
2	330	372	-90°	25°
3	531	560-4=556	—	—

下料总长:1 236 mm

值得注意的是:

我们要求首段起弯点计算要选择首尾相对短的一端,因为前卡量要小于后直管段,计算时能够相对节省材料。就上面这根管子来说:选择短头456 mm,从90°开始弯曲计算,两端都满足弯曲要求,不需要加工工艺管;如果选择长头531 mm,从25°角开始弯曲计算(弯管参数见表3-5),则L_3即456 mm减去90°切线144 mm,剩下312 mm,然而后直管段要求是350 mm,显然要短38 mm,加上法兰量,要短42 mm,必须加上42 mm的工艺管,才能满足尾段管子的弯曲要求。这样,不仅料长增加42 mm,而且弯曲后还要切断42 mm。

表3-5

$\phi48,R144$前卡120,后卡350

顺号	实际长度	起弯点	转角	曲角
1	531	531-32-4=495	—	25°
2	330	330+29-144=215	-90°	90°
3	456	530-4+42=568	最少90°,尾最短568	

下料总长:1 236+42=1 278(mm),弯曲后切去首端42 mm工艺管

3.4.2　无余量下料计算实例二

图3-5所示为管子弯曲无余量下料计算实例二。

如图:已知 管子$\phi76\times5$,三段管长,管段实长$L_1=200$ mm,$L_2=620$ mm,$L_3=715$ mm;两个曲角,$\alpha_1=35°$,$\alpha_2=90°$;一个转角,$\phi=-90°$;两端法兰16065 GB/T 2506—2005,法兰减量6 mm。无余量下料计算过程如下。

1. 在"管子无余量计算表"中选择确定管子弯曲无余量计算表

$\phi76$的管子,弯曲半径$R=228$ mm,前卡=190 mm,后卡=400 mm。

管号	E31SA-ST04-S6	管径	φ76×5	类型	内场管	船上试验压力	1.155 MPa

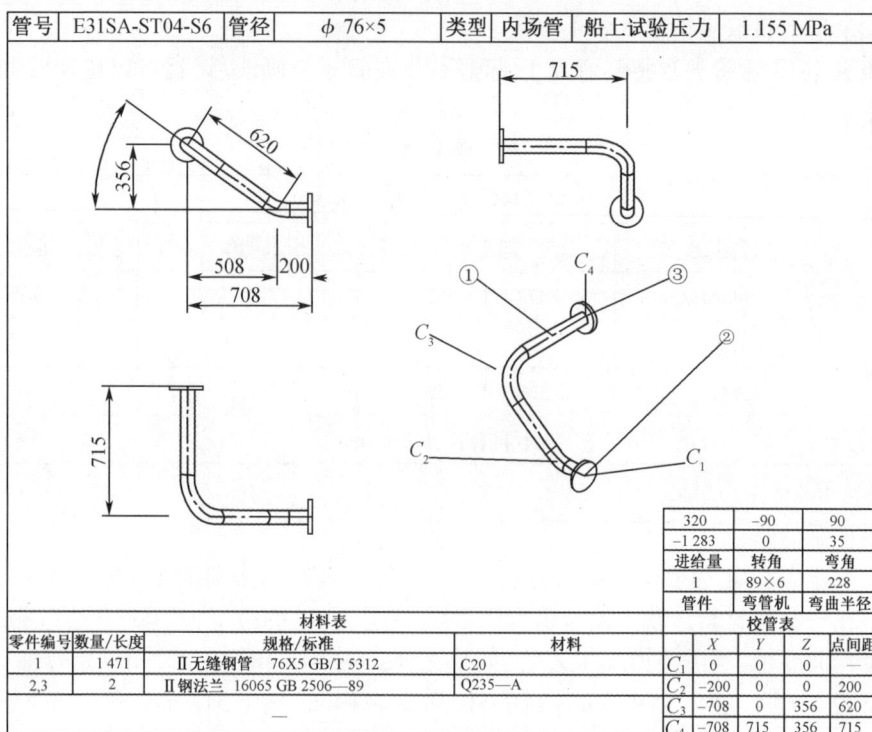

320	−90	90
−1 283	0	35
进给量	转角	弯角
1	89×6	228
管件	弯管机	弯曲半径

校管表

	X	Y	Z	点间距
C_1	0	0	0	—
C_2	−200	0	0	200
C_3	−708	0	356	620
C_4	−708	715	356	715

材料表

零件编号	数量/长度	规格/标准		材料
1	1 471	Ⅱ无缝钢管	76X5 GB/T 5312	C20
2,3	2	Ⅱ钢法兰	16065 GB 2506—89	Q235—A

图3−5　管子弯曲无余量下料计算实例二

表3−6　管子弯曲无余量计算表(部分)

φ76,R228,前卡190,后直管段400

角度	切线	减量	加量	尾最短	角度	切线	减量	加量	尾最短
1	2	0	2	404	46	97	17	80	577
2	4	0	4	408	47	99	18	81	580
…	…	…	…	…	…	…	…	…	…
29	59	7	52	511	74	172	59	112	684
30	61	7	54	515	75	175	62	113	688
31	63	7	56	519	76	178	64	114	692
…	…	…	…	…	…	…	…	…	…
34	82	10	71	553	79	220	85	135	755
35	84	11	73	557	80	224	88	136	760
36	87	12	75	562	81	228	92	136	764
…	…	…	…	…	…	…	…	…	…
44	92	15	77	569	89	224	106	118	742
45	94	16	78	573	90	228	110	118	746

在表 3 - 6 中查得

35°切线长 = 84 mm,35°加量 = 73 mm,35°减量 = 11 mm,35°尾最短 = 557 mm

90°切线长 = 228 mm,90°加量 = 118 mm,90°减量 = 110 mm,90°尾最短 = 746 mm

2. 判断

$L_{起首段}$ = $L_{首实}$ - α_1 切线 - 首段附件减量

= 200 mm - 84 mm - 6 mm = 110 mm < 前卡量 190 mm,不满足首段管长要求,需要增加工艺管满足前卡量。

$L_{起中段}$ = $L_{实2}$ - (α_1 切线长 + α_2 切线长) = 620 mm - 84 mm - 228 mm = 308 mm ≥ 前卡量 190 mm,满足中段管长要求。

$L_{起尾段}$ = $L_{尾实}$ - α_2(最后曲角)切线 - 尾端附件减量 = 715 mm - 228 mm - 6 mm = 481 mm ≥ 后直管段 400 mm,满足尾段管长要求。

3. 计算

无余量首段长(起始点到起弯点 1)= $L_{1实长}$ - α_1 切线 - 首端法兰减量 = 200 mm - 84 mm - 6 mm = 110 mm + 80 mm(增加的工艺管,曲弯结束后切掉)= 190 mm。

无余量中间段长(起弯点 1 到起弯点 2)= $L_{2实长}$ + α_1 加量 - α_2 切线 = 620 mm + 73 mm - 228 mm = 465 mm。

无余量尾段长(起弯点 2 到管子末端)= $L_{3实长}$ + α_2 加量 - 末端法兰减量 = 715 mm + 118 mm - 6 mm = 827 mm > 尾最短 746 mm。

$L_{总}$ = 无余量首段长 + 无余量中间段长 + 无余量尾段长 = 190 mm + 465 mm + 827 mm = 1 482 mm

4. 验算

$L_{总}$ = (L_1 + L_2 + L_3) - (α_1 减量 + α_2 减量) - (首端法兰减量 - 末端法兰减量) + 工艺管

= (200 + 620 + 715) mm - (110 + 11) mm - (6 + 6) mm + 80 mm = 1 402 mm + 80 mm = 1 482 mm。

5. 无余量下料按图 3 - 6 表达各项参数

按照图 3 - 6 的管段总长和起弯点 1、起弯点 2 在管子上画线后,就可以按弯管顺序进行弯管操作了。

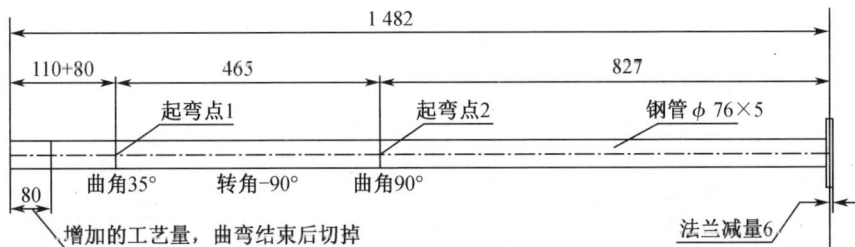

图 3 - 6　管子弯曲无余量下料总长和起弯点实例二

6. 无余量下料按表格输入各项参数

按照表 3 - 7 弯管参数将起弯点 1、起弯点 2 在管子上画线后,就可以按弯管顺序进行弯管操作了。但增加的工艺管 80 在曲弯结束后切掉,然后焊接法兰。

表 3 – 7

$\phi 76, R228,$ 前卡 190，后卡 400

顺号	实际长度	起弯点	转角	曲角
1	200	116 – 6 + 80	—	35
2	620	465	– 90	90
3	715	833 – 6	—	—

下料总长：1 402 + 80 = 1 482（mm），弯曲后切去首端 80 mm 工艺管

3.4.3 无余量下料计算实例三

图 3 – 7 所示为管子弯曲无余量下料计算实例三。

管号	B433-ST112-S30	管径	$\phi 60 \times 5.5$	质量	18 kg	车间试验压力	0 MPa

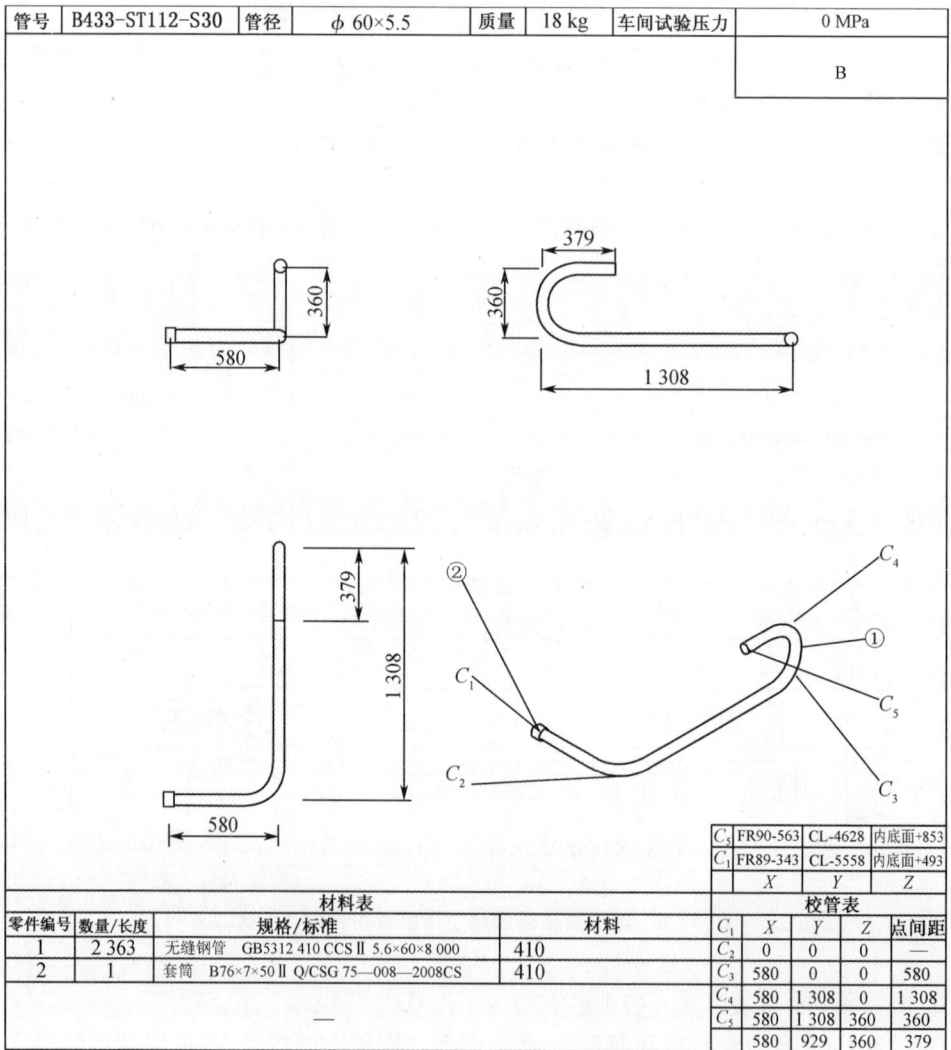

材料表 / 校管表

零件编号	数量/长度	规格/标准		材料		X	Y	Z	点间距
1	2 363	无缝钢管 GB5312 410 CCSⅡ 5.6×60×8 000		410	C_1	0	0	0	
2	1	套筒 B76×7×50Ⅱ Q/CSG 75—008—2008CS		410	C_2	0	0	0	
		—			C_3	580	0	0	580
					C_4	580	1 308	0	1 308
					C_5	580	1 308	360	360
						580	929	360	379

C_5 FR90-563 CL-4628 内底面+853
C_1 FR89-343 CL-5558 内底面+493

图 3 – 7 管子弯曲无余量下料计算实例三

如图:已知管子 $\phi60 \times 5.5$,四段管长:管段实长 $L_1 = 379$ mm, $L_2 = 360$ mm, $L_3 = 1\,308$ mm, $L_4 = 580$ mm;三个曲角: $\alpha_1 + \alpha_2 = 180°$ ($180°$ 实际是没有中间管段的两个 $90°$ 弯), $\alpha_3 = 90°$;一个转角, $\phi = -90°$;一端套筒 B76 $\times$ 7 $\times$ 50 II Q/CSG 75 - 008 - 2008。无余量下料计算过程如下。

1. 在"管子无余量计算表"中选择确定管子弯曲无余量计算表

$\phi60$ 的管子,弯曲半径 $R = 180$ mm,前卡 $= 150$ mm,后卡 $= 400$ mm。

表 3 - 8　管子弯曲无余量计算表(部分)

$\phi60$, $R180$, 前卡 150, 后直管段 400

角度	切线	减量	加量	尾最短	角度	切线	减量	加量	尾最短
1	2	0	1	403	46	76	13	63	539
2	3	0	3	406	47	78	14	64	542
…	…	…	…	…	…	…	…	…	…
23	37	4	33	470	68	121	37	85	606
24	38	4	34	473	69	124	38	85	609
25	40	4	36	476	70	126	40	86	612
…	…	…	…	…	…	…	…	…	…
33	53	7	47	500	78	146	55	91	636
34	55	7	48	503	79	148	57	91	639
35	57	7	49	506	80	151	60	91	643
…	…	…	…	…	…	…	…	…	…
44	73	12	61	533	89	177	84	93	670
45	75	13	62	536	90	180	87	93	673

在表(3 - 8)中查得

$90°$ 切线长 $= 180$ mm, $90°$ 加量 $= 93$ mm, $90°$ 减量 $= 87$ mm, $90°$ 尾最短 $= 673$ mm。

2. 判断

$L_{起首段} = L_{首实} - \alpha_1$ 切线 - 首段附件减量

$= 379 - 180 - 199 = 110$ mm $\geqslant$ 前卡量 150 mm,满足首段管长要求。

$L_{起中1段} = L_{实2} - (\alpha_1$ 切线 $+ \alpha_2$ 切线$) = 360$ mm $- 180$ mm $- 180$ mm $= 0$。(两个 $90°$ 平弯,在中间管段等于 0 时,就是一个 $180°$ 弯)。

$L_{起中2段} = L_{实3} - (\alpha_1$ 切线 $+ \alpha_2$ 切线$) = 1\,308$ mm $- (180 + 180)$ mm $= 948$ mm $\geqslant$ 前卡量 190 mm,满足中段管长要求。

$L_{起尾段} = L_{尾实} - \alpha_3$ (最后曲角)切线 - 尾端附件减量 $= 580$ mm $- 180$ mm $= 400$ mm $\geqslant$ 后直管段 400 mm,满足尾段管长要求。

3. 计算

无余量首段长(起始点到起弯点1)

$= L_1$ 实长 $- \alpha_1$ 切线 $-$ 首端附件减量 $= 379$ mm $- 180$ mm $-$ mm0 $= 199$(mm)。

无余量中间段长(起弯点 1 到起弯点 2)$= (L_2$ 实长 $+ \alpha_1$ 加量 $- \alpha_2$ 切线)$+ (L_3$ 实长 $+ \alpha_2$ 加量 $- \alpha_3$ 切线)$= (360 + 93 - 180)$ mm $+ (1\ 308 + 93 - 180)$ mm $= 1\ 494$ mm。

无余量尾段长(起弯点 2 到管子末端)$= L_4$ 实长 $+ \alpha_3$ 加量 $-$ 末端附件减量 $= 580$ mm $+ 93$ mm $- 0$ mm $= 673$ mm $=$(尾最短 673 mm)。

$L_总 =$ 无余量首段长 $+$ 无余量中间段长 $+$ 无余量尾段长 $= 199$ mm $+ 1\ 494$ mm $+ 673$ mm $= 2\ 366$ mm。

4. 验算

$L_总 = (L_1 + L_2 + L_3) - (\alpha_1$ 减量 $+ \alpha_2$ 减量 $+ \alpha_3$ 减量)$- ($首端附件减量 $+$ 末端附件减量)$= (379 + 360 + 1\ 308 + 580)$ mm $- (87 + 87 + 87)$ mm $- (0 + 0)$ mm $= 2\ 627$ mm $- 261$ mm $= 2\ 366$ mm。

5. 无余量下料按图 3 - 8 表达各项参数

按照图 3 - 8 所示的管段总长和起弯点 1、起弯点 2 在管子上画线后,就可以按弯管顺序进行弯管操作了。

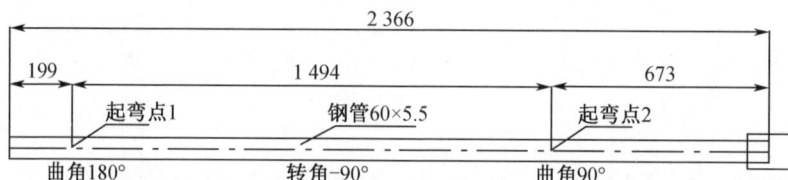

图 3 - 8　管子弯曲无余量下料总长和起弯点实例三

6. 无余量下料按表格输入各项参数

按照表 3 - 9 弯管参数将起弯点 1、起弯点 2 在管子上画线后,就可以按弯管顺序进行弯管操作了。

表 3 - 9

$\phi 60, R180$,前卡 150,后卡 400

顺号	实际长度	起弯点	转角	曲角
1	379	199	—	180°
2	360	1 494	$-90°$	
3	1 308	—	—	90
4	580	673	—	—

下料总长:2 366 mm

3.4.4　无余量下料计算实例四

图 3 - 9 所示为管子弯曲无余量下料计算实例四。用小半径胎具(车间现有的胎具)弯曲大半径(车间没有胎具)管子的近似计算方法。

问题的提出(图 3-9):某船测深系统 $\phi76 \times 7$ 管子要求弯曲半径 $R=1\,500$ mm,没有这么大的转胎,车间不具备弯管条件。采用小胎具多点弯曲的办法来完成 $R=1\,500$ mm 的半径要求,将 $R=1\,500$ mm 时,曲角15°所对应的弧长进行分段,用 $R=230$ mm 的胎具进行分段弯曲。

船名	92500DWT	C_1	无	等级	III	内表面处理	G
船号	N238	C_3	423-SD141-S1	绝缘	—	外表面处理	G
托盘	423	油漆	—	重量	41 kg	车间试验压力	0 MPa
管号	423-SD141-S4	管径	$\phi76\times7$	类型	F	船上试验压力	—
							B

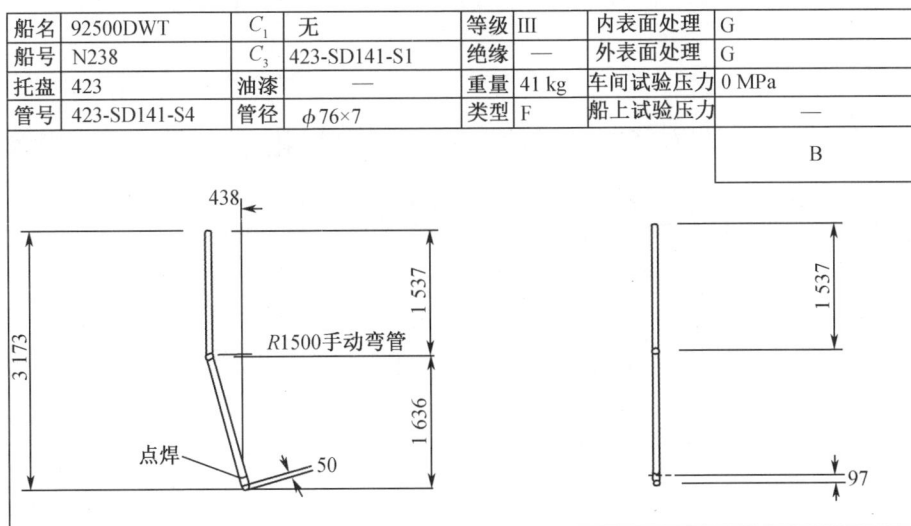

图 3-9 $R=1\,500$ mm 弯曲半径

计算操作方法如下。

(1)取 $R1\,500$ 为弯曲半径,计算 15°弧长为 393 mm,切线长为 197 mm。

(2)将 15°弧长 393 mm 分段。分段的原则是每段最好接近前卡量,分段越多,弯曲的圆弧越圆顺,但每段又不能小于小弯曲半径胎具的前卡量,所以,将 393 mm 分为两段,每段 197 mm,十分接近 $\phi76$ 管子的前卡量 190 mm。

(3)把 15°分成三个小角度(4°、7°、4°),将大半径一点弯曲变为小半径三点弯曲。

(4)计算起弯点(用管子弯曲无余量计算表 $\phi76$ $R230$ 前卡 190 后卡 400)

起弯点 1 = 1 537 - 15°切线($R1\,500$) = 1 537 - 197 = 1 340(mm),

起弯点 2 = 197 + 4°加量($R230$) - 8°切线($R230$) = 197 + 8 - 16 = 189(mm),

起弯点 3 = 197 + 8°加量($R230$) - 4°切线($R230$) = 197 + 15 - 8 = 204(mm),

起弯点 4 = 1 694 - 15°切线($R1\,500$) = 1 694 - 197 = 1 497(mm),

$L_{下料总长}$ = 1 340 + 189 + 204 + 1 497 = 3 230(mm),

验算:$L_{下料总长} = (L_{实1} + L_{实2})$ - 小角度减量(此项可以忽略不计)

$= 1\,694 + 1\,537 = 3\,231$(mm)。

(5)用 $R=230$ mm 的小胎具进行弯曲,弯曲结果满足 $R=1\,500$ mm 的图纸要求,如图 3-10所示。

总结计算公式如下。

$L_{首}$ = 首段实际长度 - 大角度切线($R=$大半径) - 小角度 1 切线(此项可以忽略不计),

$L_{中1}$ = 1/2 弧长注 + 小角度 1 加量($R=$小半径) - 小角度 2 切线($R=$小半径),

$L_{中2}$ = 1/2 弧长 + 小角度 2 加量($R=$小半径) - 小角度 3 切线($R=$小半径),

$L_{尾}$ = 尾段实际长度 - 大角度切线($R=$大半径) + 小角度 3 加量(此项可以忽略不计),

$L_{下料总长} = L_{首} + L_{中1} + L_{中2} + L_{尾}$,

验算公式：$L_{下料总长} = (L_{实1} + L_{实2}) -$ 小角度减量（此项可以忽略不计）。

注： 将弧长分为 2 段，就是 1/2 弧长；如果将弧长分为 N 段，就是就是 1/N 弧长。

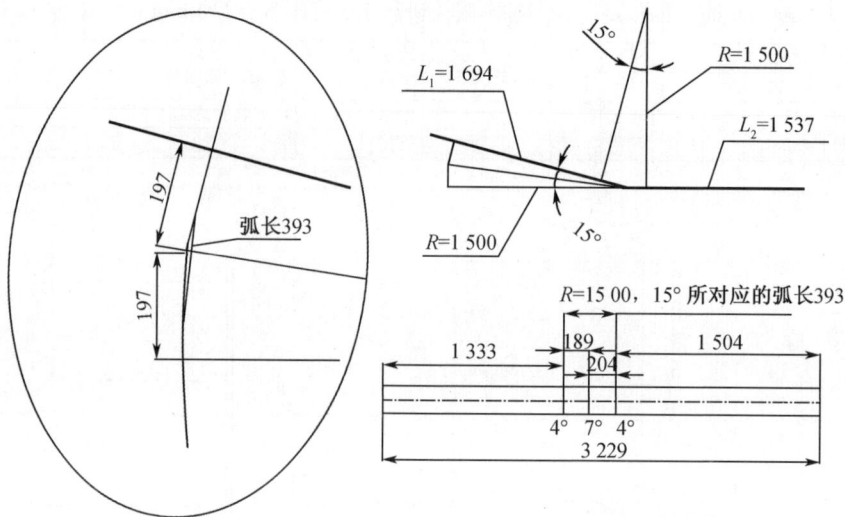

图 3 – 10　用小胎具弯曲大半径的弯曲操作

3.4.5　无余量下料计算实例五

管子弯曲无余量下料计算实例五为用小半径转胎弯曲大半径管件，如图 3 – 11 所示。

用小半径胎具（车间现有的胎具）弯曲大半径（车间没有胎具）管子的近似计算方法仅供参考。

问题的提出：$\phi27$ 钢管，需要弯曲一个 $R = 215$ mm 的 90°弯，现场没有这样 8 倍弯曲半径的转胎。想办法用 $R = 80$ mm 的转胎来操作。

（1）图 3 – 11 中，由多个小半径 $R = 80$ mm 的小角度弯，组成大半径 $R = 215$ mm 的 90°弯。$R = 215$ mm 时，90°弧长 337 mm，可分为 3 段弯 4 个弯（可以是 15°、30°、30°、15°）每段长 112 mm，大于小半径转胎的前卡量 70 mm，可以操作。

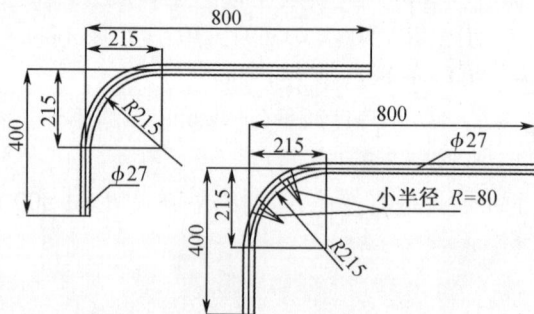

图 3 – 11　用小半径转胎弯曲大半径管件

（2）用管子下料无余量计算表，计算起弯点及下料总长度，见表 3 – 10。计算方法前面已经讲过。

表 3 - 10　无余量计算表

φ27,R81,前卡70,后直管段200

角度	切线	减量	加量	尾最短	角度	切线	减量	加量	尾最短
1	1	0	1	201	46	34	6	28	263
…	…	…	…	…	…	…	…	…	…
15	11	1	10	220	60	47	12	35	282
…	…	…	…	…	…	…	…	…	…
30	22	2	19	241	75	62	22	40	302
…	…	…	…	…	…	…	…	…	…
45	34	6	28	261	90	81	39	42	323

（3）计算结果,如图 3 - 12所示。

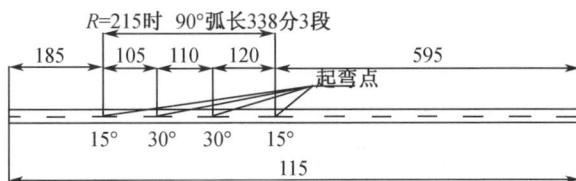

图 3 - 12　下料长度及起弯点示意图

　　也可以分为 4 段弯 5 个弯(可以是 15°、20°、20°、20°、15°),每段 84 mm,也大于小半径转胎的前卡量 70 mm,可以操作。分段越多,角度越小,弯曲的就越圆滑光顺,但是,分段的原则是,小管段减掉两个相邻的曲角切线后,必须有足够的直管段大于小半径转胎的前卡量。

3.5　管子中频弯管(热弯)无余量下料的计算方法

　　中频弯管机弯管(热弯),有推弯和拉弯两种,中频拉弯无余量下料的计算方法与机械冷弯一样,延伸值是正值;而中频推弯无余量下料的计算方法需要注意的是,其延伸值是负值,也就是说,在中频弯管机推弯的过程中,不仅没有延伸值,而且要有一部分推进值,所以在进行无余量下料计算时,要认真测量计算好各种规格管子及其弯曲半径的推进值,做好"管子弯曲无余量计算表",其计算方法同管子冷弯是一样的,只是推进值要比延伸值略小一点,要经过试验具体测量。

3.6　思　考　题

1. 什么是管子无余量下料? 为什么要进行管子无余量下料? 举例说明。

2. 举例计算弯曲管子首端身长、中间身长和末端身长的起弯点。

3. "加量"和"减量"的区别是什么？简述它们在无余量下料计算中的应用。

4. 根据实例练习计算一根带有一个曲角的管子的无余量下料长度。

5. 根据实例练习计算一根带有两个曲角的管子的无余量下料长度。

6. 根据实例练习计算一根带有 180°曲角管子的无余量下料长度。

7. 根据实例练习计算弯曲半径 R 1 500 mm 要求 15°曲角管子的无余量下料长度。

第4章 管子法兰先焊后弯

管子自动加工流水线是近年来国内、外管子加工行业积极探索、苦苦追求、不断发展和逐步完善的全新技术。管子法兰先焊后弯则是实现管子加工流水线的重要环节。为了提高弯曲管子制作的工作效率及质量,实现管子制作流水线自动化作业,国内外船厂都在积极探索改进工艺,充分利用机械化流水作业和全自动焊接机直管定位焊接优势,将传统的管子法兰先弯后焊工艺改为管子先焊后弯工艺,以提高焊接质量和生产进度。所谓管子先焊后弯,就是指两端带法兰的弯曲管件,在管子弯曲前须进行无余量下料,然后在直管状态下将两端法兰进行定位焊接,最后再进行管子弯曲,弯曲后即为成品。不需要管子弯曲后再进行二次画线、二次切割和法兰平台装配、手工焊接等作业。

4.1 法兰先弯后焊和法兰先焊后弯的工艺流程比较

4.1.1 管子先弯后焊工艺流程及其特点

管材有余量下料→人工搬运→人工分段划线→弯管机手动弯管→平台切割余量→校对管件尺寸→手工装焊法兰→成品交工。

传统的管子先弯后焊,即先弯管,后焊法兰,缺点是完全的手工作业,管子单件生产。

4.1.2 管子先焊后弯工艺流程及其特点

管材无余量下料→直管流水线自动到位→焊接机自动焊接法兰→弯管机读取数据自动弯管→成品交工。

先进的管子先焊后弯,即先焊法兰,后弯管,优点是机械化流水作业,管子批量生产。

法兰先焊后弯新工艺虽然有着不可比拟的先进性,但从20世纪70年代至今,管子加工流水线仍然没有完全推进,成为典范,可见难度之大。但是,管子加工流水线是目前提高管子加工效率的主要途径之一,是几代造船人努力的方向和目标,必须通过各方的不断努力,去加以研究和实现。

4.2 法兰先焊后弯所需要具备的充分条件

4.2.1 先进精良的设备

实现管子法兰先焊后弯是实现管子加工流水线的重要环节。自动流水线是应用电子技术和数控技术使管子加工从备料、下料切割、法兰焊接、数控弯管,以及管子输送、完工装卸、分拣到位等全部实现自动化。所以,流水线必须有自动精良的设备。

(1)管材理料架要有全方位的集约功能,能够准确无误地投放所需管材的规格。

(2)下料切割设备,要能精确读取下料尺寸,保证管材下料长度的精准,端口垂直度的精确。

(3)自动焊接机能自动安装法兰,按下料尺寸准确定位管子长度,并能准确旋转两端法兰的焊接相对转角,然后实现全自动焊接,并保证法兰焊接后的垂直度和清洁度。

(4)弯管机在机械手的协助下,能自动上管、准确定位;能自动旋转法兰初始角度;能自动对准每一个起弯点;能自动及时上紧或松开前卡、后滑板;能自动准确弯曲每一个角度;能自动准确旋转每一个转角;能自动抽进推出所需管段身长;能自动控制掌握各种角度的回弹角;等等。也就是说,弯管机必须具备拷贝储存一定弯管数据的功能,并能按照弯管指令准确操作,使整个弯管过程一气呵成。

4.2.2 全新的设计理念

管子先焊后弯的设计,相较于先前的管子先弯后焊,需要考虑的因素要增多、要详细、要准确。

1. 管子无余量下料

管子先焊后弯,必须是无余量下料。在第三章,已经专门介绍了管子无余量下料的推导过程,建立了无余量下料计算表,并详细介绍了手工计算无余量下料的计算方法。在此基础上,因为先焊后弯,管件设计时,无余量下料要求更精确,需要进一步掌握各种规格、各种材质管子的变化规律。无余量下料比较关键的因素是管子弯曲延伸值和回弹角的变化,这方面,至今已有许多理论公式和理论数据可以应用,但影响延伸值和回弹角的因素是方方面面的,各种因素之间的变化又是错综复杂的,不仅与管子的材质、壁厚等因素有关,而且与弯管设备的性能、液压系统稳定状况、弯管胎具精准度、弯模半径大小以及操作人员操作水平都有很大关系。因此,理论数据必须到生产实践中进行检验和修正,必须通过大量的试验建立数据库和应用程序,以方便计算机准确选用。

2. 管件的设计应满足现场弯管设备及周边环境要求

在设计先焊后弯的法兰管件时,首先要考虑生产的适应能力,充分了解现场状况。

对现场设备的高度、周边避免旋转碰撞的宽度等要有参考数据。先焊后弯的管件不宜太复杂,转角曲角不宜太多。设计和现场施工要互相照应。

要保证弯曲管件的每个管段都有足够的直管段,其管件的首段、中段的直管段长度要大于弯模的前卡量,尾段的直管段长度要大于弯模的后卡量。具体可参考表4-1。

表4-1 弯曲管件的首、中、尾段直管段长度要求

通径	首、中段直管段长度	尾段直管段长度	备注
15~40	L_1+35	L_2+50	L_1——弯模的前卡量 L_2——弯模的后卡量
50~100	L_1+40	L_2+60	
125~200	L_1+60	L_2+80	

3. 弯管参数须增加法兰焊接相对角及管子弯曲初始角

先焊后弯的管件,设计图纸的弯曲信息除了管子的身长 L、弯曲角 α、转角 ϕ、还须增加直管两端法兰的相对转角 ω,以及管子弯曲预转角 β。只要这些参数不出问题,管子先焊后弯才有保证。

4.2.3　合理可行的生产流程

管子先焊后弯的工艺将取代传统的操作方式,不仅生产工艺流程要更加合理可行,且要求操作者改变笨重的体力劳动,去适应机械化操作的每一个环节。先焊后弯的工艺技术,关键是要解决法兰螺孔在直管段的定位和管子弯曲时法兰旋转的正确性。在这一章里,重点介绍的就是下面的内容:如何解决管子先焊后弯法兰孔旋转的计算及其操作方法。

4.3　法兰孔旋转的计算及其操作方法

法兰孔旋转要分两步,第一步是管子弯曲前如何确定首端(尾端)法兰螺栓孔双眼正与第一个(最后一个)曲角 α 之间的法兰预转角 $\beta_{首}(\beta_{尾})$;第二步是直管法兰焊接前怎样确定首端法兰与尾端法兰螺栓孔双眼正的相对转角,即首尾法兰螺栓孔相对转角 ω。也就是说:第一步是弯管前法兰的旋转方向和旋转角度,第二步是直管焊接前法兰旋转方向和旋转角度。为了将这两步法兰孔的计算和操作分清楚,我们把 β 称为法兰弯曲预转角,把 ω 称为法兰焊接转角。

4.3.1　法兰螺栓孔在管子弯曲前确定法兰弯曲预转角 β

1. 法兰螺栓孔双眼正

船舶管路系统在管子安装过程中使用法兰连接管子时,为了保证管子与管子、管子与设备连接时螺栓孔一致,通常在管子制作的时候,管子制作零件图中根据管件实际连接的摆放位置,管子两端法兰都采取"法兰螺栓孔双眼正",以保证与之相连接管件的两个法兰螺栓孔一致。所谓"法兰双眼正",就是按照管子制作图纸标注的习惯方法,保证法兰最上端两个螺栓孔中心连线 ab 保持水平,就称为法兰螺栓孔双眼正,如图 $4-1$ 所示。法兰螺栓孔双眼正的水平连线 ab 平行于管子中心线 $a'b'$。

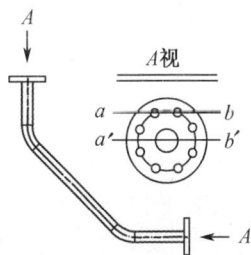

图 $4-1$　法兰螺栓孔双眼正

2. 法兰弯曲预转角 β

通常,法兰螺栓孔双眼正与第一个弯曲角面临两种情况:第一,如图 $4-2$(a)所示,其上为主视图,下为俯视图。$A(B)C(D)$ 在一个平面,法兰螺栓孔双眼正的水平连线 ab 平行于 ABC、DCB 平面,法兰螺栓孔双眼正不需要旋转就可以开始曲弯,弯曲后,法兰与管段就是图 $4-2$(a)主视图的状况。第二,如图 $4-2$(b)所示,其上为主视图,下为俯视图,$A(B)$、$C(D)$ 不在一个平面,法兰螺栓孔双眼正的水平连线 ab 与 ABC、DCB 平面有一个角度 β,在管子曲弯前,首端法兰螺栓孔双眼正的水平连线 ab 需要旋转这个角度,才可以开始曲弯,弯曲后,法兰与管段就是图 4-2(b)主视图的状况。这个角度,就称为法兰弯曲预转角 β。

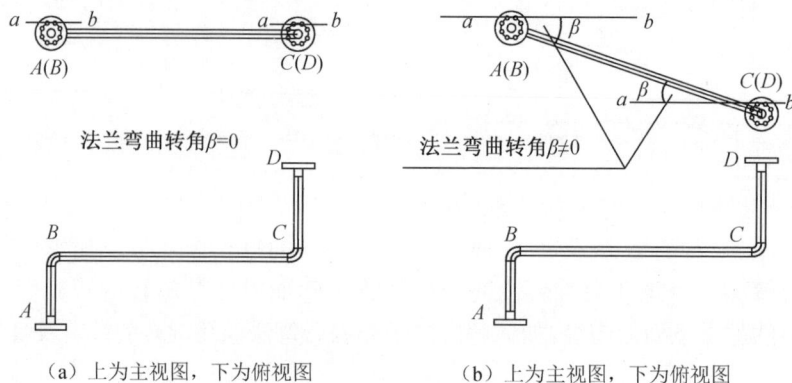

（a）上为主视图,下为俯视图 （b）上为主视图,下为俯视图

图 4-2　管子法兰螺栓孔旋转的两种情况

定义法兰弯曲预转角,如图 4-3 所示,法兰弯曲转角就是法兰螺栓孔双眼正水平连线 ab 的平行线 $a'b'$（通过法兰中心 P_1 点）与第一个曲角 $P_1P_2P_3$ 所在平面之间的相对夹角 β,称为法兰弯曲预转角 β。$\beta_{首}$ 为首端法兰弯曲转角,$\beta_{尾}$ 为尾端法兰弯曲转角。通俗地讲,法兰弯曲预转角 β 就是管子弯曲前法兰螺栓孔需要旋转的角度。

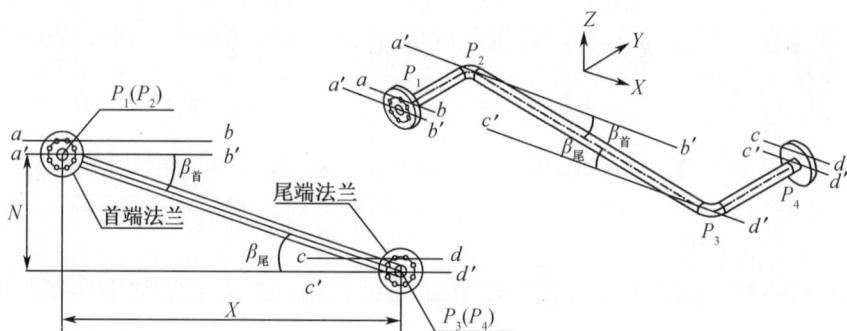

图 4-3　法兰弯曲预转角 β

如图 4-4 所示为法兰弯曲预转角 $\beta_{首}$ 与 $\beta_{尾}$,制作管件要求管段 P_1P_2 在 Z 的高度时,首端法兰保持双眼正。当 P_2P_3 放平,$Z=0$ 时,管件弯曲角 α_1 水平放置在 XY 平面,首端法兰双眼正连线 ab 及其平行线 $a'b'$ 与 $P_1P_2P_3$ 平面倾斜一个角度 β,这就是首端法兰弯曲预转角 $\beta_{首}$;尾端法兰双眼正连线 cd 及其平行线 $c'd'$ 与 $P_4P_3P_2$ 平面倾斜一个角度 β,这就是尾端法兰弯曲预转角 $\beta_{尾}$。$\beta_{首}$ 就是第一个弯曲角弯曲之前法兰孔双眼正首先要旋转的角度;如果管子曲弯从尾端开始,$\beta_{尾}$ 就是末端弯曲角弯曲之前法兰孔双眼正首先要旋转的角度。

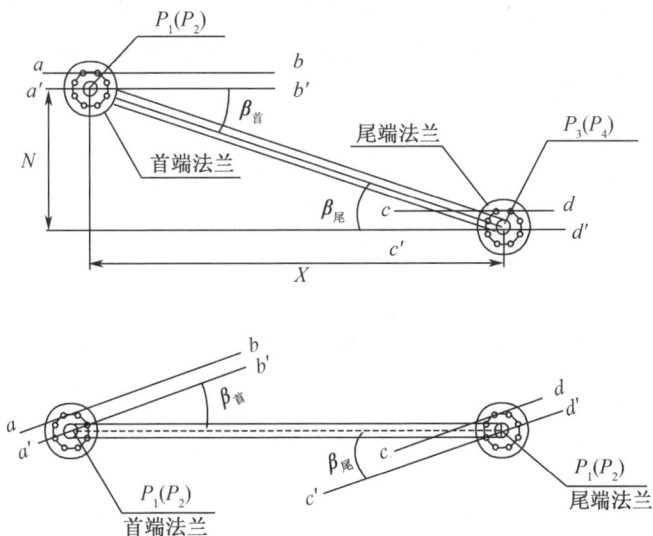

图4-4　法兰弯曲预转角 $\beta_{首}$ 与 $\beta_{尾}$

3. 法兰弯曲预转角 β 的计算方法

由此说来，法兰弯曲预转角 β 就是管子弯曲前，法兰首先要旋转的螺栓孔角度。$\beta_{首}=0°$ 时，就是法兰双眼正不旋转就开始曲弯。一般来讲，法兰初始角 $\beta=0°$ 的情况是比较普遍的，也就是法兰孔在保持双眼正的情况下，开始弯曲 α_1。如图4-5所示的几种管子曲形，$P_1P_2P_3$ 都在一个平面，法兰螺栓孔双眼正的连线与第一个曲角所在的平面平行，即法兰双眼正水平连线与平面 $P_1P_2P_3$ 平行，所以 $\beta=0°$。在法兰弯曲转角等于零时开始曲弯，只要保证法兰双眼正就可以了。

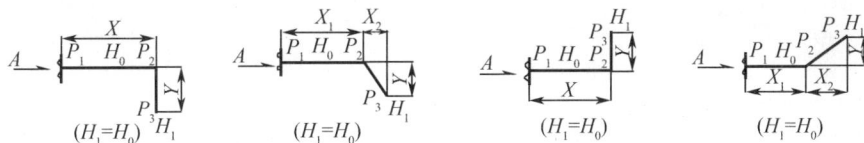

图4-5　法兰弯曲预转角 $\beta=0°$

然而，法兰弯曲预转角 $\beta\neq0°$ 的情况也是常见的，典型的如图4-6所示的几种管子曲形，P_1P_2 水平在 Z 方向 H_0，P_3 在 Z 方向抬高 H_1，法兰螺孔双眼正的连线与第一个曲角所在的平面不平行，即法兰双眼正连线与平面 $P_1P_2P_3$ 不平行，所以 $\beta\neq0°$。此时，在开始曲弯时，必须旋转初始角 β 后，再开始曲弯。

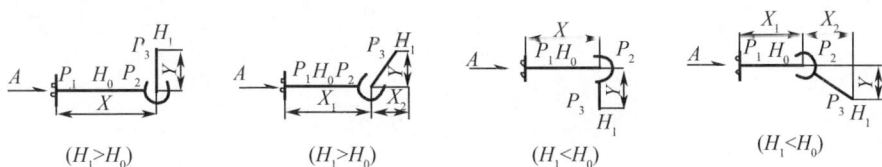

图4-6　法兰弯曲预转角 $\beta\neq0°$

在生产实践中，大家把管子制作零件图的各种类型进行分类，一是根据预制管件的图形特点及其求解公式应用图形与计算公式的方法求解法兰弯曲预转角 β。二是应用矢量代数法求解法兰弯曲预转角 β。下面就分别介绍这两种求解法兰弯曲预转角 β 的方法。

4. 图形法求解法兰弯曲预转角 β

由图 4−5 与图 4−6 中 $\beta = 0°$ 和 $\beta \neq 0°$ 的两种情况进一步分析，不难看出，每个管件中 P_3 所在位置决定角度 β 的大小和旋转方向。通过整理归类，法兰弯曲预转角 β 的图形与计算公式可详见表 4−2，取值范围和旋转方向见图 4−8。

（1）根据管件制作图在表 4−2 中找出相应的图形及求解公式，即可以求出法兰弯曲预转角 β。

表 4−2　法兰弯曲转角的管件图形所对应的计算公式

序号	β 的计算公式和取值范围	1	2	3	4	5	6
A	$\beta = 0°$	(图形)	(图形)	(图形)	(图形)	—	—
B	采用非标准法兰，法兰不是 4 孔或 4 孔的倍数时，$\beta = 90°$，即法兰单眼正。常规情况下，采用标准法兰。法兰是 4 孔或 4 孔的倍数时，$\beta = 0°$，即法兰双眼正。	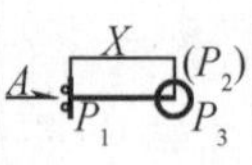 (图形) P_1	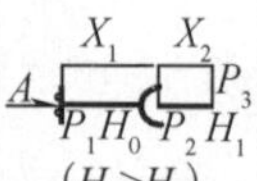 (图形) $(H_1 > H_0)$	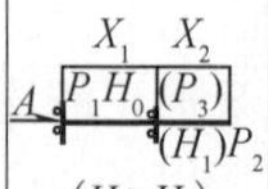 (图形) $(H_1 > H_0)$	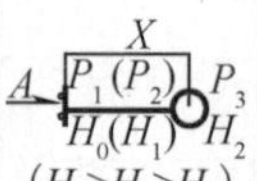 (图形) $(H_2 > H_1 > H_0)$	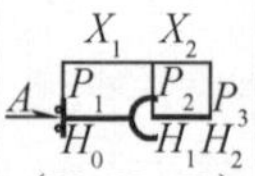 (图形) $(H_2 = H_1 > H_0)$	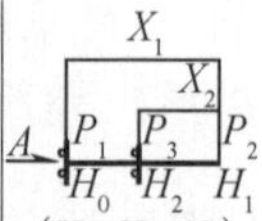 (图形) $(H_2 = H_1 > H_0)$
C	采用非标准法兰，法兰不是 4 孔或 4 孔的倍数时，$\beta = 90°$，即法兰单眼正。常规情况下，采用标准法兰。法兰是 4 孔或 4 孔的倍数时，$\beta = 0°$，即法兰双眼正。	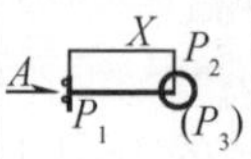 (图形)	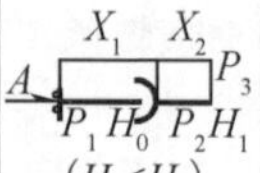 (图形) $(H_1 < H_0)$	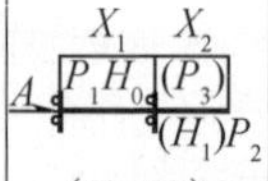 (图形) $(H_1 < H_0)$	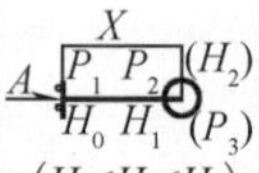 (图形) $(H_2 < H_1 < H_0)$	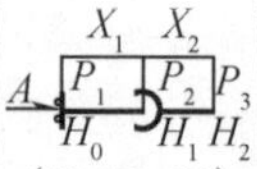 (图形) $(H_2 = H_1 < H_0)$	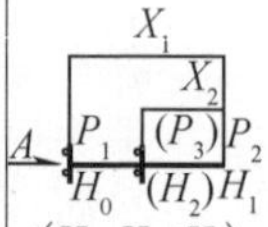 (图形) $(H_2 = H_1 < H_0)$
D	$\beta = \tan^{-1}\dfrac{H_1}{Y}$ （正）	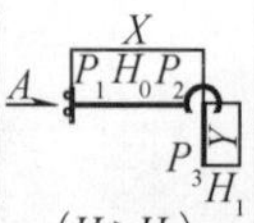 (图形) $(H_1 > H_0)$	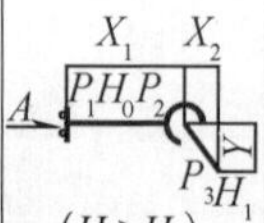 (图形) $(H_1 > H_0)$	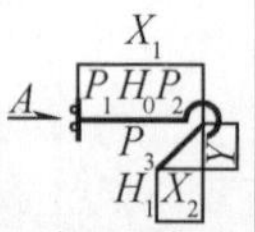 (图形) $(H_1 > H_0)$	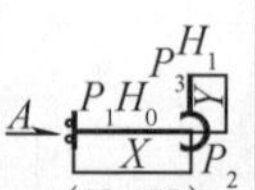 (图形) $(H_1 < H_0)$	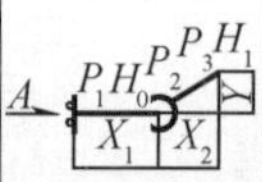 (图形) $(H_1 < H_0)$	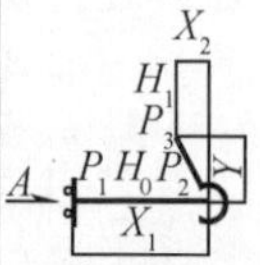 (图形) $(H_1 < H_0)$
E	$\beta = \tan^{-1}\dfrac{H_1}{Y}$ （负）	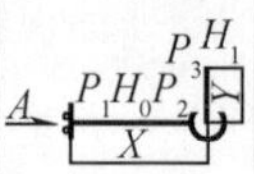 (图形) $(H_1 > H_0)$	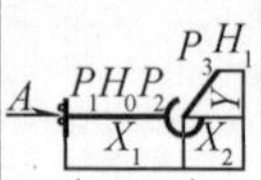 (图形) $(H_1 > H_0)$	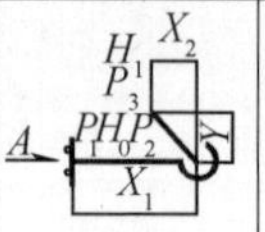 (图形) $(H_1 > H_0)$	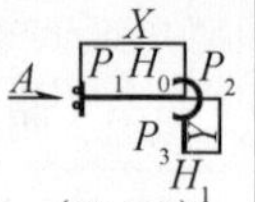 (图形) $(H_1 < H_0)$	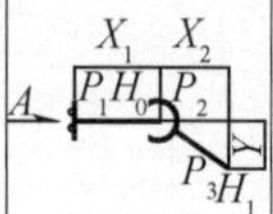 (图形) $(H_1 < H_0)$	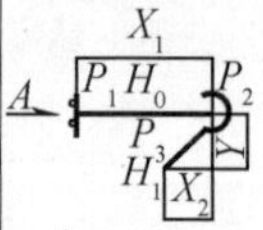 (图形) $(H_1 < H_0)$

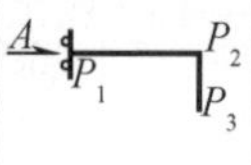

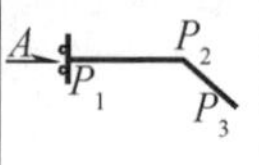

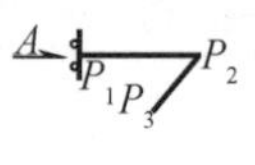

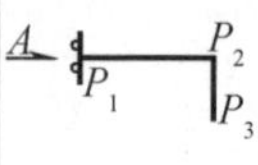

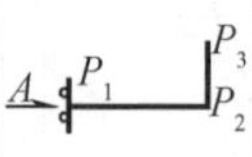

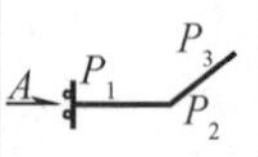

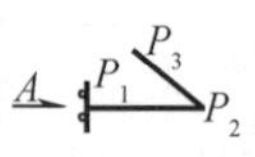

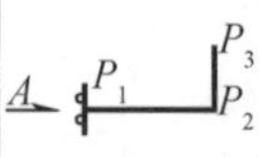

表 4-2(续)

序号	β 的计算公式和取值范围	1	2	3	4	5	6
F	$\beta = \tan^{-1}\left[1/Y \sqrt{(H_g - H_1)^2 + X_2^2}\ \sin\left(\tan^{-1}\dfrac{H_g - H_1}{X_2} - \tan^{-1}\dfrac{H_1 - H_g}{X_1}\right)\right]$ （正）	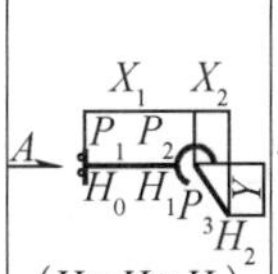 $(H_2 > H_1 > H_0)$	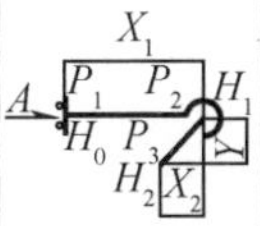 $(H_2 > H_1 > H_0)$	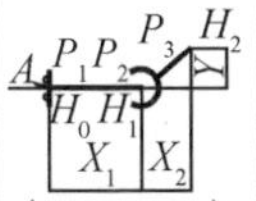 $(H_2 < H_1 < H_0)$	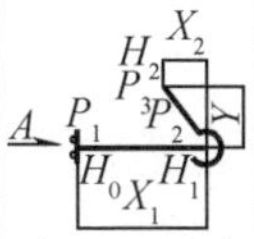 $(H_2 < H_1 < H_0)$	—	—
G	$\beta = \tan^{-1}\left[1/Y \sqrt{(H_g - H_1)^2 + X_2^2}\ \sin\left(\tan^{-1}\dfrac{H_g - H_1}{X_2} - \tan^{-1}\dfrac{H_1 - H_g}{X_1}\right)\right]$ （负）	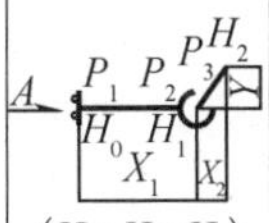 $(H_2 > H_1 > H_0)$	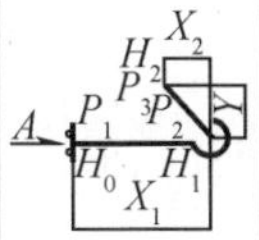 $(H_2 > H_1 > H_0)$	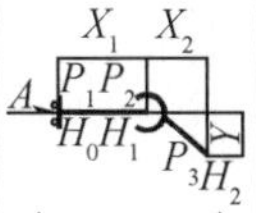 $(H_2 < H_1 < H_0)$	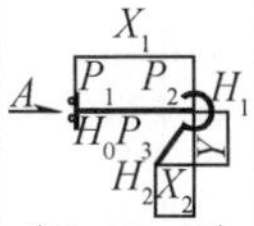 $(H_2 < H_1 < H_0)$	—	—
H	$\beta = \tan^{-1}\left[\dfrac{X_2}{Y}\ \sin\left(\tan^{-1}\dfrac{H_1 - H_g}{X_1}\right)\right]$ （正）	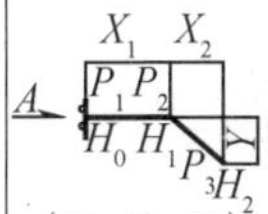 $(H_2 = H_1 > H_0)$	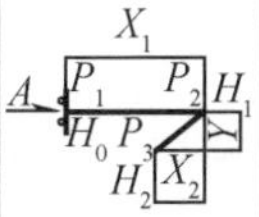 $(H_2 = H_1 > H_0)$	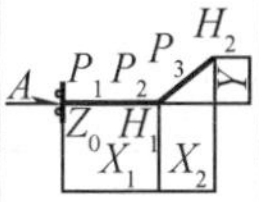 $(H_2 = H_1 < H_0)$	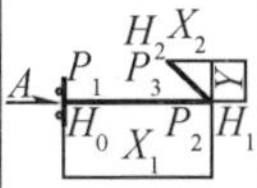 $(H_2 = H_1 < H_0)$	—	—
L	$\beta = \tan^{-1}\left[\dfrac{X_2}{Y}\ \sin\left(\tan^{-1}\dfrac{H_1 - H_g}{X_1}\right)\right]$ （负）	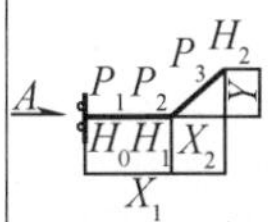 $(H_2 = H_1 > H_0)$	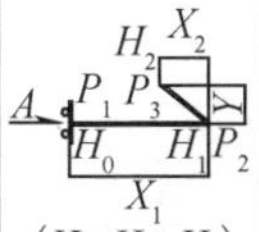 $(H_2 = H_1 > H_0)$	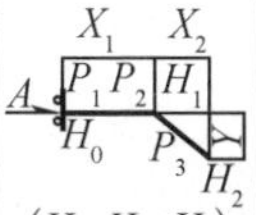 $(H_2 = H_1 < H_0)$	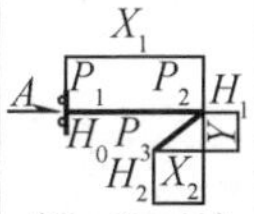 $(H_2 = H_1 < H_0)$	—	—
K	$\beta = \tan^{-1}\dfrac{H_2 - H_1}{Y}$ （正）	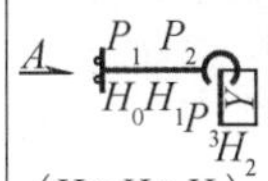 $(H_2 > H_1 > H_0)$	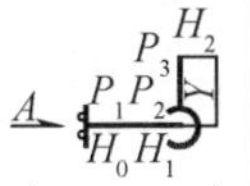 $(H_2 < H_1 < H_0)$	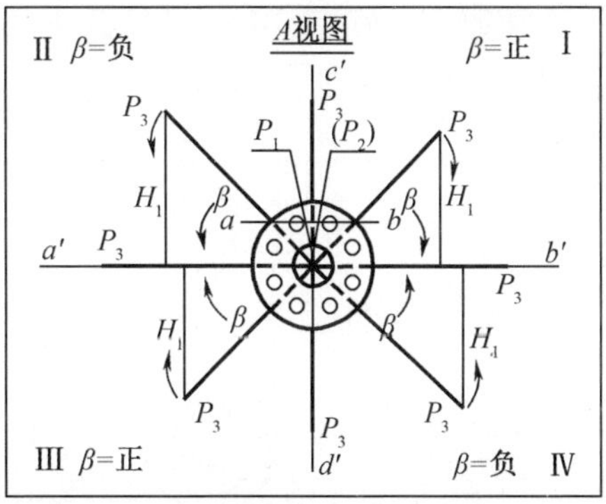			
I	$\beta = \tan^{-1}\dfrac{H_2 - H_1}{Y}$ （负）	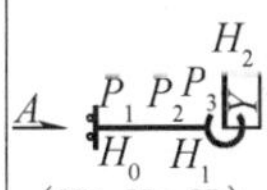 $(H_2 > H_1 > H_0)$	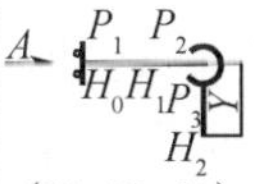 $(H_2 < H_1 < H_0)$				

（K、I 行右侧为 A 视图象限图：Ⅱ β=负，Ⅰ β=正，Ⅲ β=正，Ⅳ β=负）

（2）根据 P_3 所在位置决定法兰弯曲预转角 β 的取值范围和旋转方向

如图 4-7 所示,所有图形在 A 视图中:法兰中心与首段管子的管端垂直相交于 P_1;首段管的末端为 P_2（A 视图中与 P_1 重合）;P_3 则可以分别落在 Ⅰ、Ⅱ、Ⅲ、Ⅳ 四个象限内的 $P_1P_2P_3$ 平面上,或者分别落在 $a'b'P_1P_2P_3$ 平面上和 $c'd'P_1P_2P_3$ 平面上。

即:当 $P_1P_2 \perp a'b'$,$ab /\!/ a'b'$,$a'b'P_1P_2$ 平面与 $P_1P_2P_3$ 平面相交时,法兰双眼正的水平连线 ab 与经过法兰与管子中心线的 $a'b'$ 平行,$a'b'P_1P_2$ 平面为基本平面（这个平面与法兰平面垂直）。

①P_3 在 $a'b'P_1P_2$ 平面上，$\beta=0°$。

②P_3 在 $c'd'P_1P_2$ 平面上，P_2P_3 上正时，$\beta=90°$。P_2P_3 下正时，$\beta=-90°$。需要说明的是，在采用标准的 4 进位 4,8,12,16,20……孔法兰时，法兰孔双眼正的情况下，无论怎样旋转 90°，都还是双眼正，所以在使用标准的 4 进位法兰时，$\beta=90°$ 或 $\beta=-90°$，β 可视为 0°。

③P_3 在 Ⅰ、Ⅲ 象限时，$P_1P_2P_3$ 平面顺时针到达基准面 $a'b'P_1P_2$ 平面，β 为正，且 $0°<\beta<90°$。反之，P_3 在 Ⅱ、Ⅳ 象限时，$P_1P_2P_3$ 平面逆时针到达基准面 $a'b'P_1P_2$ 平面，β 为负，且 $-90°<\beta<0°$。

④最终，$-90°<\beta<90°$。

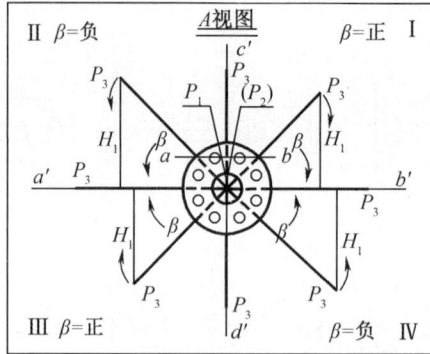

图 4-7 法兰弯曲预转角 β 的取值范围和旋转方向

5. 矢量代数法求解法兰弯曲预转角 β

(1)分析法兰弯曲预转角 β 的相关要素

前面(第二章——管子弯曲参数的概念及计算)在应用矢量代数计算管子曲形参数中已经介绍了管段实长 L 的求解公式、弯曲角 α 的求解公式、转角 ϕ 的求解公式以及转角 ϕ 的正负判定方法，为了应用矢量代数法进一步求解法兰弯曲预转角 β，需要把图 2-9 管件两端加上法兰，成为图 4-8，通过图 4-8，将带法兰的管件来做进一步的分析。

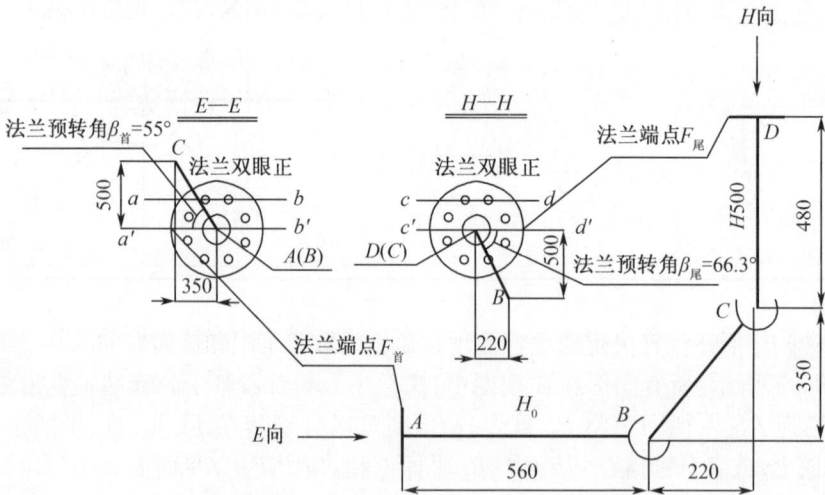

图 4-8 法兰弯曲预转角 β 的相关要素

管件加上法兰后,就要考虑管子进行先焊后弯时,管子弯曲无余量下料长度的精确计算和管子弯曲前法兰孔双眼正相对曲角所在平面的旋转角度的计算,所以对任意空间管件,不仅要求出管段实长 L、弯曲角 α、转角 ϕ,还要求出法兰弯曲预转角 β。从图 4-8 可以看出:管件图中除了 A、B、C、D 四个坐标点以外,还增加了法兰端点 $F_{首}$ 和法兰端点 $F_{尾}$。这两点坐标的确定,需要遵循以下原则。

①由于 $F_{首}A$ 是法兰的半径,$F_{首}$ 有两个点可取,到底应该取法兰哪一端?

在求转角 ϕ 时已经讲到:把相邻三段管子作为一个单元管件,并依次称单元管件的三段管子为首段、中段、尾段。单元管件的转角是通过中间管段 BC 为轴旋转,从 ABC 平面到达 BCD 平面,两平面就形成转角 ϕ。同理,在求法兰弯曲预转角 β 时,把单元管件 $F_{首}AB$ 的 $F_{首}A$ 作为管件首段,AB 作为管件中段,BC 作为管件尾段;单元管件首端法兰孔双眼正的转角是通过中间管段 AB 为轴旋转,从 $F_{首}AB$ 平面到达 ABC 平面,两平面之间就形成法兰弯曲预转角 β(见图 4-8)。又因为:两个平面相交,除了互相垂直以外,相交的角度会在 360° 之间,有两个大于 90° 和两个小于 90° 的夹角。那么,在一个单元管件中,首管段与尾管段在中间管段的同侧时,$-90 < \beta < 90°$;首管段与尾管段分别在中间管段的两侧时,$-180° < \beta < 180°$。为了实际操作起来比较简单并避免操作错误,法兰孔旋转角度就要小于 90°。所以,为了计算、弯管操作方便和统一性,我们规定:点 $F_{首}$ 作为单元管件首段,必须与尾段 BC 在中间管段 AB 的同侧,才可以保证法兰弯曲预转角 $\beta < 90°$。

②确定了法兰端点,那么,这个端点 $F_{首}(XF_{首}, YF_{首}, ZF_{首})$ 就是管件的起始原点($X=0$,$Y=0$,$Z=0$)。然后,管件 A、B、C、D……直到端点 $F_{尾}$,就要在三维坐标中相对原点取各点的三维坐标值,即 $A(X_A, Y_A, Z_A)$、$B(X_B, Y_B, Z_B)$、$C(X_C, Y_C, Z_C)$、$D(X_D, Y_D, Z_D)$……直到端点 $F_{尾}(X_{F_{尾}}, Y_{F_{尾}}, Z_{F_{尾}})$。

③$F_{首}A$ 是法兰的半径,不管法兰有多大,半径有多长,取 $F_{首}A$ 作为一个常量($=1$),就可以满足法兰初始角 β 的各项计算要求。

在 $F_{首}A$ 取坐标值的时候,会遇到两种情况:

一是,当法兰双眼正连线在三维坐标中与 X、Y、Z 平行或垂直时,$F_{首}A$ 只会有一个坐标值等于 1 或 -1,见图 4-8(用矢量代数法求解法兰弯曲预转角 β)。

二是,当法兰双眼正与 X、Y、Z 不平行或不垂直时,$F_{首}A$ 会有两个坐标值不等于 1 或 -1,这时就要取 $F_{首}A$ 在 X 或在 Y 或在 Z 上的投影,两个方向的投影是常量 $=1 \times \sin(\ )$;常量 $=1 \times \cos(\ )$;是正值还是负值,就要在三维坐标中,看点 A 相对 $F_{首}$ 的坐标位置,见图 4-8(用矢量代数法求解法兰弯曲预转角 β)。

(2)任意空间管段实长 L、弯曲角 α、转角 ϕ、法兰弯曲预转角 β 的求解公式

①管段实长 L 的求解公式

$L_1 = |AF_{首}| = \sqrt{X_1^2 + Y_1^2 + Z_1^2}$(求法兰弯曲预转角 β,必须加此项,计算结果必然 -1)

$L_2 = |AB| = \sqrt{X_2^2 + Y_2^2 + Z_2^2}$(管件第 1 段管子)

$L_3 = |BC| = \sqrt{X_3^2 + Y_3^2 + Z_3^2}$(管件第 2 段管子)

$L_4 = |CD| = \sqrt{X_4^2 + Y_4^2 + Z_4^2}$(管件第 3 段管子)

$L_5 = |DF_{尾}| = \sqrt{X_5^2 + Y_5^2 + Z_5^2}$(求法兰弯曲预转角 β,必须加此项,计算结果必然 =1)

②弯曲角 α 的求解公式

$$\alpha_{首} = \cos^{-1} \frac{X_1 X_2 + Y_1 Y_2 + Z_1 Z_2}{L_1 L_2}（首端法兰垂直于首段管子）$$

$$\alpha_1 = \cos^{-1} \frac{X_1 X_2 + Y_1 Y_2 + Z_1 Z_2}{L_1 L_2}（管件曲角1）$$

$$\alpha_1 = \cos^{-1} \frac{X_2 X_3 + Y_2 Y_3 + Z_2 Z_3}{L_2 L_3}（管件曲角2）$$

$$\alpha_{尾} = \cos^{-1} \frac{X_4 X_5 + Y_4 Y_5 + Z_4 Z_5}{L_4 L_5}（末端法兰垂直于末段管子）$$

③转角 ϕ 的求解公式

$$\phi = \cos^{-1} \left(\cot \alpha_1 \cot \alpha_2 - \frac{X_1 X_3 + Y_1 Y_3 + Z_1 Z_3}{L_1 L_3 \sin \alpha_1 \sin \alpha_2} \right)$$

④转角 ϕ 的正负判定

用矢量法判定转角 ϕ 的旋转方向，用行列式进行计算判别。

如果：$\begin{vmatrix} X_1 & Y_1 & Z_1 \\ X_2 & Y_2 & Z_2 \\ X_3 & Y_3 & Z_3 \end{vmatrix} > 0$ 则 ϕ 为负值，转角逆时针方向旋转。

如果：$\begin{vmatrix} X_1 & Y_1 & Z_1 \\ X_2 & Y_2 & Z_2 \\ X_3 & Y_3 & Z_3 \end{vmatrix} < 0$ 则 ϕ 为正值，转角顺时针方向旋转。

⑤法兰弯曲预转角 β 的求解公式：

法兰弯曲预转角 β 的求解公式与转角 ϕ 的求解公式是一样的。

$$\beta = \cos^{-1} \left(\cot \alpha_1 \cot \alpha_2 - \frac{X_1 X_3 + Y_1 Y_3 + Z_1 Z_3}{L_1 L_3 \sin \alpha_1 \sin \alpha_2} \right)$$

⑥法兰弯曲预转角 β 的正负判定同转角 ϕ 的正负判定也是一样的。

如果：$\begin{vmatrix} X_{首} & Y_{首} & Z_{首} \\ X_1 & Y_1 & Z_1 \\ X_2 & Y_2 & Z_2 \end{vmatrix} > 0$ 则 β 为负值，法兰初始角逆时针方向旋转。

如果：$\begin{vmatrix} X_{尾} & Y_{尾} & Z_{尾} \\ X_2 & Y_2 & Z_2 \\ X_3 & Y_3 & Z_3 \end{vmatrix} < 0$ 则 β 为正值，法兰初始角顺时针方向旋转。

(3)用矢量代数法求解法兰弯曲预转角 β

例1：

管件如图4-9所示，求法兰弯曲预转角 β。

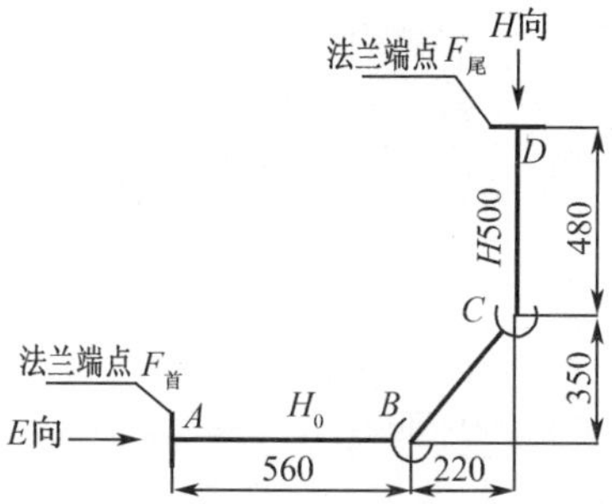

图 4 - 9 管件

设管件起始点 $F_首$ 为原点，则 $F_首$、A、B、C、D、$F_尾$ 六个点相对原点的坐标值见表 4 - 3。

表 4 - 3

坐标点	坐标值		
	X	Y	Z
$F_首$	0	0	0
A	0	-1	0
B	560	-1	0
C	780	349	500
D	780	829	500
$F_尾$	779	829	500

有了各点的坐标值，就可以进一步得到相应的两点之间距离：

$X_1 = X_A - X_{F_首} = 0$　　$Y_1 = Y_A - Y_{F_首} = -1$　　$Z_1 = Z_A - Z_{F_首} = 0$

$X_2 = X_B - X_A = 560$　　$Y_2 = Y_B - Y_A = 0$　　$Z_2 = Z_B - Z_A = 0$

$X_3 = X_C - X_B = 220$　　$Y_3 = Y_C - Y_B = 350$　　$Z_3 = Z_C - Z_B = 500$

$X_4 = X_D - X_C = 0$　　$Y_4 = Y_D - Y_C = 480$　　$Z_4 = Z_D - Z_C = 0$

$X_5 = X_{F_尾} - X_D = -1$　　$Y_5 = Y_{F_尾} - Y_D = 0$　　$Z_5 = Z_{F_尾} - Z_D = 0$

①求管段实长

$L_1 = |F_首A| = \sqrt{X_1^2 + Y_1^2 + Z_1^2} = \sqrt{0^2 + (-1)^2 + 0^2} = 1$

$L_2 = |AB| = \sqrt{X_2^2 + Y_2^2 + Z_2^2} = \sqrt{560^2 + 0^2 + 0^2} = 560$

$L_3 = |BC| = \sqrt{X_3^2 + Y_3^2 + Z_3^2} = \sqrt{220^2 + 350^2 + 500^2} = 649$

$L_4 = |CD| = \sqrt{X_4^2 + Y_4^2 + Z_4^2} = \sqrt{0^2 + 480^2 + 0^2} = 480$

$L_5 = |F_尾A| = \sqrt{X_5^2 + Y_5^2 + Z_5^2} = \sqrt{(-1)^2 + 0^2 + 0^2} = 1$

②求弯曲角 α

$\alpha_首 = \cos^{-1} \dfrac{X_1 X_2 + Y_1 Y_2 + Z_1 Z_2}{L_1 L_2} = \cos^{-1} \dfrac{0 + 0 + 0}{1 \times 560} = 90°$（首端法兰垂直于首段 AB）

$\alpha_1 = \cos^{-1} \dfrac{X_2 X_3 + Y_2 Y_3 + Z_2 Z_3}{L_3 L_4} = \cos^{-1} \dfrac{560 \times 220 + 0 + 0}{560 \times 549} = 70.2°$（管件曲角 1）

$$\alpha_1 = \cos^{-1}\frac{X_3 X_4 + Y_3 Y_4 + Z_3 Z_4}{L_3 L_4} = \cos^{-1}\frac{560 \times 220 + 0 + 0}{649 \times 480} = 57.4°(管件曲角2)$$

$$\alpha_尾 = \cos^{-1}\frac{X_4 X_5 + Y_4 Y_5 + Z_4 Z_5}{L_4 L_5} = \cos^{-1}\frac{0 + 0 + 0}{480 \times 1} = 90°(末端法兰垂直于尾段 CD)$$

③求弯曲转角 ϕ 值

$$\phi = \cos^{-1}\left(\cot\alpha_1 \cot\alpha_2 \frac{X_2 X_4 + Y_2 Y_4 + Z_2 Z_4}{L_2 L_4 \sin\alpha_1 \sin\alpha_2}\right)$$

$$= \cos^{-1}\left[\tan(90° - 70.2°)\tan(90° - 57.4°) - \frac{0 + 0 + 0}{560 * 480 \sin 70.2° \sin 57.4°}\right] = 76.6°$$

因为:

$$\begin{vmatrix} X_1 & Y_1 & Z_1 \\ X_2 & Y_2 & Z_2 \\ X_3 & Y_3 & Z_3 \end{vmatrix} = \begin{vmatrix} 560 & 0 & 0 \\ 220 & 350 & 500 \\ 0 & 480 & 0 \end{vmatrix} = (0 + 0 + 220 \times 480) - (0 + 560 \times 480 \times 500 + 0) < 0$$

所以, ϕ 为正值, 转角为顺时针方向旋转76.6°。

④求法兰转角 β 值

$$\beta_首 = \cos^{-1}\left(\cot\alpha_首 \cot\alpha_1 - \frac{X_1 X_3 + Y_1 Y_3 + Z_1 Z_3}{L_1 L_3 \sin\alpha_首 \sin\alpha_1}\right)$$

$$= \cos^{-1}\left[\tan(90° - 90°)\tan(90° - 70.2°) - \frac{0 \times 220 + (-1) \times 350 + 0 \times 500}{1 \times 649 \sin 90° \sin 70.2°}\right]$$

$$= 55°(首端法兰转角)$$

⑤求首端法兰转角 ϕ 旋转方向

按行列式计算结果大于0, 则 β 为负值, 逆时针旋转; 按行列式计算结果小于0, β 为正值, 顺时针旋转。

因为:

$$\begin{vmatrix} X_1 & Y_1 & Z_1 \\ X_2 & Y_2 & Z_2 \\ X_3 & Y_3 & Z_3 \end{vmatrix} = \begin{vmatrix} 0 & -1 & 0 \\ 560 & 0 & 0 \\ 220 & 350 & 500 \end{vmatrix} = (0 + 0 + 560 \times 350) - (0 + 560 \times (-1) + 0) > 0$$

所以, $\beta_首$ 为负值。首端法兰弯曲转角为逆时针方向旋转, $\beta_首 = -55°$

$$\beta_尾 = \cos^{-1}\left(\cot\alpha_1 \cot\alpha_尾 - \frac{X_3 X_5 + Y_3 Y_5 + Z_3 Z_5}{L_3 L_5 \sin\alpha_2 \sin\alpha_尾}\right)$$

$$= \cos^{-1}\left[\tan(90° - 57.4°)\tan(90° - 90°) - \frac{220 \times (-1) + 350 \times 0 + 500 \times 0}{649 \times 1 \sin 57.4° \sin 90°}\right]$$

$$= 66.3°(尾端法兰转角)$$

⑥求尾端法兰转角 β 旋转方向

因为:

$$\begin{vmatrix} X_3 & Y_3 & Z_3 \\ X_4 & Y_4 & Z_4 \\ X_5 & Y_5 & Z_5 \end{vmatrix} = \begin{vmatrix} 220 & 350 & 500 \\ 0 & 480 & 0 \\ -1 & 0 & 0 \end{vmatrix} = (0 + 0 + 0) - (-1 \times 480 \times 500) + 0 + 0) > 0$$

所以, $\beta_尾$ 为负值。尾端法兰弯曲转角为逆时针方向旋转, $\beta_尾 = -66.3°$

例2：

管子施工原图如图4-10(a)所示，管子施工单线图如图4-10(b)所示，求法兰弯曲预转角β。

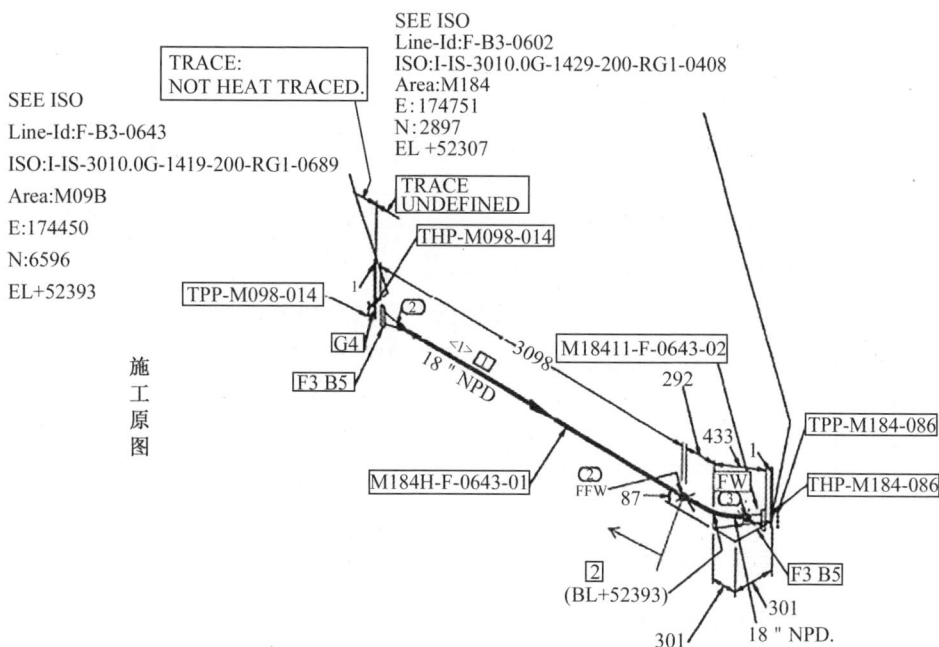

图4-10(a)　管子施工原图

管件图4-10(a)是管子施工原图，为了计算取值方便，把三维立体图转换成管子施工单线图4-10(b)，看起来比较直观。

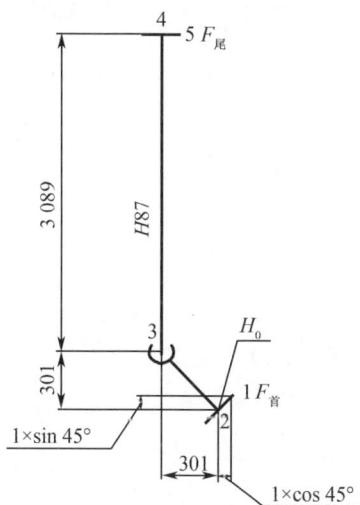

图4-10(b)　管子施工单线图

设管件起始点$F_{首}$为原点，则管段1($F_{首}$)、2、3、4、5($F_{尾}$)五个点相对原点的坐标值见表4-4。

表 4 - 4

坐标点	坐标值		
	X	Y	Z
1($F_{首}$)	0	0	0
2	- 0.707	- 0.707	0
3	- 301.707	300.293	87
4	- 301.707	3 389.293	87
5($F_{尾}$)	- 300.707	3 389.293	87

有了各点的坐标值,就可以进一步得到相应的两点之间距离:

$X_1 = X_2 - X_{F_首} = -0.707$ $Y_1 = Y_2 - Y_{F_首} = -0.707$ $Z_1 = Z_2 - Z_{F_首} = 0$

$X_2 = X_3 - X_2 = 301$ $Y_2 = Y_3 - Y_2 = 301$ $Z_2 = Z_3 - Z_2 = 87$

$X_3 = X_4 - X_3 = 0$ $Y_3 = Y_4 - Y_3 = 3\ 089$ $Z_3 = Z_4 - Z_3 = 0$

$X_4 = X_{F_尾} - X_4 = 1$ $Y_4 = Y_{F_尾} - Y_4 = 0$ $Z_4 = Z_{F_尾} - Z_4 = 0$

①求管段实长

$$L_1 = |F_首 1| = \sqrt{X_1^2 + Y_1^2 + Z_1^2} = \sqrt{(-0.707)^2 + (-0.707)^2 + 0^2} = 1$$

$$L_2 = |23| = \sqrt{X_2^2 + Y_2^2 + Z_2^2} = \sqrt{301^2 + 301^2 + 87^2} = 435$$

$$L_3 = |34| = \sqrt{X_3^2 + Y_3^2 + Z_3^2} = \sqrt{0^2 + 3089^2 + 0^2} = 3\ 089$$

$$L_4 = |F_尾 4| = \sqrt{X_4^2 + Y_4^2 + Z_4^2} = \sqrt{(1)^2 + 0^2 + 0^2} = 1$$

②求弯曲角 α

$$\alpha_首 = \cos^{-1} \frac{X_1 X_2 + Y_1 Y_2 + Z_1 Z_2}{L_1 L_2} = \cos^{-1} \frac{0 + 0 + 0}{1 \times 435} = 90° (首端法兰垂直于首段 AB)$$

$$\alpha_1 = \cos^{-1} \frac{X_2 X_3 + Y_2 Y_3 + Z_2 Z_3}{L_2 L_3} = \cos^{-1} \frac{560 \times 220 + 0 + 0}{435 \times 3\ 089} = 46.1° (管件曲角)$$

$$\alpha_尾 = \cos^{-1} \frac{X_3 X_4 + Y_3 Y_4 + Z_3 Z_4}{L_3 L_4} = \cos^{-1} \frac{560 \times 220 + 0 + 0}{3\ 089 \times 1} = 90° (末端法兰垂直于尾段 CD)$$

③求弯曲转角 ϕ 值

因为该管件只有一个弯曲角,所以不存在弯曲转角。

④求法兰转角 β 值

$$\beta_首 = \cos^{-1} \left(\cot \alpha_首 \cot \alpha - \frac{X_1 X_3 + Y_1 Y_3 + Z_1 Z_3}{L_1 L_3 \sin\alpha_首 \sin\alpha_1} \right)$$

$$= \cos^{-1} \left[\tan(90° - 90°) \tan(90° - 46.1°) - \frac{-0.707 \times 0 + (-0.707) \times 3\ 089 + 0 \times 0}{1 \times 3\ 089 \sin 90° \sin 46.1°} \right]$$

$$= 11.3° (首端法兰转角)$$

⑤求首端法兰转角 ϕ 旋转方向

按行列式计算结果 >0,则 β 为负值,逆时针旋转;按行列式计算结果 <0,β 为正值,顺时针旋转。

因为:

$$\begin{vmatrix} X_1 & Y_1 & Z_1 \\ X_2 & Y_2 & Z_2 \\ X_3 & Y_3 & Z_3 \end{vmatrix} = \begin{vmatrix} -0.707 & -0.707 & 0 \\ 301 & 301 & 87 \\ 0 & 3\,089 & 0 \end{vmatrix}$$

$$= [0 + (-0.707 \times 87) + (301 \times 3\,089)] - [0 + (-0.707 \times 301) + (87 \times 3\,089)] > 0$$

所以 β 首为负值。首端法兰弯曲转角为逆时针方向旋转,$\beta_{首} = -11.3°$

$$\beta_{尾} = \cos^{-1} \left(\cot \alpha_1 \cot \alpha_{尾} - \frac{X_2 X_4 + Y_2 Y_4 + Z_2 Z_4}{L_2 L_4 \sin \alpha_2 \sin \alpha_{尾}} \right)$$

$$= \cos^{-1} \left[\tan(90° - 46.1°) \tan(90° - 90°) - \frac{220 \times (-1) + 350 \times 0 + 500 \times 0}{649 \times 1 \sin 57.4° \sin 90°} \right]$$

$$= 16.1° (尾端法兰转角)$$

⑥求尾端法兰转角 β 旋转方向

因为:

$$\begin{vmatrix} X_2 & Y_2 & Z_2 \\ X_3 & Y_3 & Z_3 \\ X_4 & Y_4 & Z_4 \end{vmatrix} = \begin{vmatrix} 301 & 301 & 87 \\ 0 & 3\,089 & 0 \\ 1 & 0 & 0 \end{vmatrix} = (0 + 0 + 0) - (1 \times 3\,089 \times 87) + 0 + 0 < 0$$

所以 $\beta_{尾}$ 为正值。尾端法兰弯曲转角为顺时针方向旋转,$\beta_{尾} = 16.1°$

＊用公式计算法求管子弯曲的各项参数已经比几何投影法大大减轻计算的工作量,但用手工计算来完成上述计算,还是很麻烦,也容易出错。利用曲形求解公式编写的相关程序,进一步把烦琐的计算在电脑上通过简单操作,稳稳搞定。在后面第六章讲到的"管子先焊后弯法兰孔定位"的计算程序中,我们将把上面例1、例2操作演示一下,去认识这个程序的方便、快捷和准确。

4.3.2　首尾法兰螺栓孔相对转角 ω 在直管段上的定位

1. 法兰螺栓孔焊接转角 ω

由于弯曲的管子有法兰弯曲预转角 β 首,还有转角 $\phi_1 + \phi_2 + \cdots + \phi_n$ 等,在管子弯曲的过程中,尾段管子及尾端法兰的螺栓孔将随之反复旋转,所以管子先焊后弯时,必须在管子弯曲前,确定管子两端的法兰螺栓孔相对转角,以保证在整个管子弯曲结束时,制作管件的首尾法兰螺栓孔符合图纸要求的状态。所以规定:管子两端法兰孔的相对转角为法兰焊接转角 ω。

2. 定义法兰焊接转角 ω

如图 4-11 所示,沿 A 方向垂直投影观察:在直管法兰焊接时,首先将管件尾端法兰孔双眼正定位焊接,然后首端法兰孔在双眼正的情况下(这时 ab // cd,也即两端法兰此时都是双眼正),ab 相对尾端法兰 cd 旋转法兰焊接转角 ω 到达 $a_1 b_1$ 的位置,再定位焊接首端法兰。如此,就完成了法兰螺栓孔焊接转角 ω 的旋转定位焊接。

从图 4-11 可以看出,法兰焊接转角就是:首端

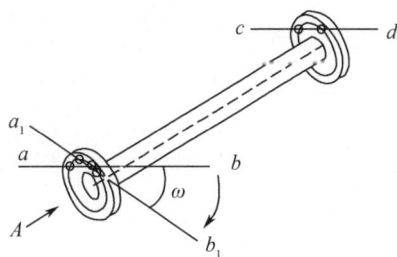

图 4-11　法兰螺栓孔焊接转角 ω

法兰双眼水平连线 a_1b_1 与尾端法兰双眼正水平连线 cd 之间的垂直投影夹角。

3. 法兰焊接转角 ω 的计算方法

前面讲过,在管子弯曲的过程中,所有的法兰初始角、转角都通过尾段管子及尾端法兰的螺栓孔顺时针或逆时针旋转,所以与法兰焊接转角 ω 有关的需要包括法兰弯曲预转角 β 和弯曲中间转角 ϕ。

(1)法兰焊接转角 ω 就是一个弯曲管件所有法兰弯曲转角、中间转角的求和,即

$$\omega = \beta_{首} + \beta_{尾} + \phi_1 + \phi_2 + \cdots + \phi_n$$

式中,转角 ϕ 的求解方法以及法兰弯曲预转角 β 的求解方法前面已经详细介绍过了,求法兰焊接转角 ω 只要做好加法就可以了。需要对尾端法兰 $\beta_{尾}$ 说明的是,为了方便尾端法兰正面操作(见图 4-10 的 $H_{向}$),与尾端法兰反面操作法兰孔的旋转方向相反,所以要加上 $(-\beta_{尾})$。

例如:图 4-8 的管子弯曲零件图,已经计算出 $\beta_{首} = -55°$,$\beta_{尾} = -66.3°$,$\phi = 76.6°$

那么,$\omega = \beta_{首} + (-\beta_{尾}) + \phi_1 = (-55°) + (-66.3°) + 76.6° = -44°$

(2)法兰焊接转角 ω 的简化计算及取值范围

法兰焊接转角 ω 的可以简化计算,可以确定法兰螺栓孔法兰焊接转角 ω 取值范围。

因为 $\omega = \beta_{首} + (-\beta_{尾}) + \phi_1 + \cdots + \phi_n$,有时数值会很大,$\omega$ 在旋转时有时会重复到达一个位置。所以在计算 ω 值时,有必要进一步简化计算,以减少不必要的旋转。

①$\beta = \pm 180° (\pm 360°)$ 和 $\phi = \pm 180° (\pm 360°)$ 时,可以将 $180° (\pm 360°)$ 视为零度进行计算。如图 4-12 所示,在首端法兰 $\omega = 0°$ 的情况下,ω 旋转 $\pm 180°$ 时,就等于法兰做了一个镜像,法兰螺栓孔双眼正的状况丝毫没有改变。可以想象,ω 旋转 $\pm 360°$ 时,就是法兰按 $a'ob'$ 旋转了一周,又回到原来的位置。

例:$\omega = \beta_{首} + (-\beta_{尾}) + \phi_1 + \phi_2 = 180° + (-180°) + 32° + (-67°)$

$= 0° + 0° + 32° - 67° = -35°$

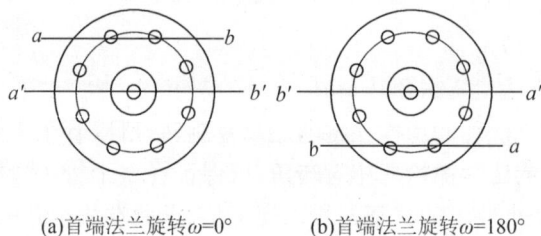

(a)首端法兰旋转ω=0°   (b)首端法兰旋转ω=180°

图 4-12　ω 旋转 $\pm 180°$

②ω 无论有多大,当 $\omega > 180°$ 时,就减掉 $180°$ 的整倍数,使 ω 的余数 $< 180°$;当 $\omega < -180°$ 时,就减掉 $(-180°)$ 的整倍数(或加上 $180°$ 的整倍数),使 ω 的余数 $> -180°$。

例1:$\omega = \beta_{首} + (-\beta_{尾}) + \phi_1 + \phi_2 = 180° + (-20°) + 52° + 160°$

$= 0° - 20° + 52° + 160°$

$= 192° > 180°$

$192° - 180° = 12°$

法兰焊接转角 ω 顺时针旋转 $12°$ 就可以了。

例2:$\omega = \beta_{首} + (-\beta_{尾}) + \phi_1 + \phi_2 = 180° + (-120°) + (-60°) + (-50°)$

$$=0° -120° -60° -50°$$
$$= -230° \omega < -180°$$

$(-230°) - (-180°) = -50°$

法兰焊接转角 ω 逆时针旋转 $50°$ 就可以了。

③ $\beta = \pm 90°$ 和 $\phi = \pm 90°$ 时(图 $4-13$)

• $4,8,12,16$(是 4 进位)孔法兰时,可以视 $\beta = 0°$、$\phi = 0°$,不会影响 ω 计算,因为法兰焊接转角 ω 多转 $90°$ 或少转 $90°$,法兰仍然是双眼正。

• $6,10,14,18$(不是 4 进位)孔法兰时,$\beta = \pm 90°$ 和 $\phi = \pm 90°$ 必须参加计算,因为法兰焊接转角 ω 多转 $90°$ 或少转 $90°$,法兰就会是单眼正。

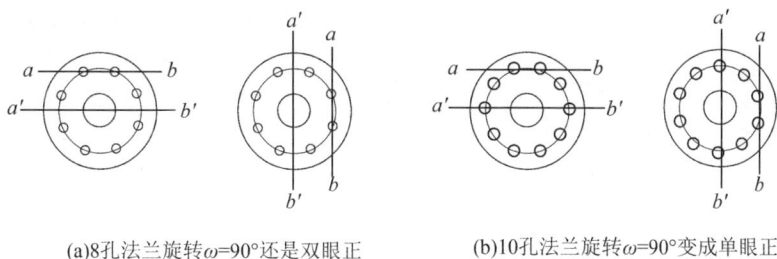

(a)8孔法兰旋转ω=90°还是双眼正　　　(b)10孔法兰旋转ω=90°变成单眼正

图 4 – 13　ω 旋转 90°

④当 $90° < \omega < 180°$ 时,可以用 $\omega - 180°$,得到等于或大于 $90°$ 的负值,即 $\omega \geq -90°$。

当 $-90° < \omega < -180°$ 时,可以用 $\omega - (-180°)$,得到等于或小于 $90°$ 的正值。即 $\omega \leq 90°$。

最终 ω 的取值范围: $-90° \leq \omega \leq 90°$

例: $\omega = \beta_{首} + (-\beta_{尾}) + \phi_1 + \phi_2 = 140°$,

当 $90° < \omega < 180°$ 时,$\omega - 180° = 140 - 180 = -40°$。

从图 $4-14$ 不难看出:在首端法兰 $\omega = 0°$ 的前提下,法兰焊接转角 ω 顺时针旋转 $140°$ 与法兰焊接转角 ω 逆时针旋转 $40°$,法兰孔的位置都是一样的。

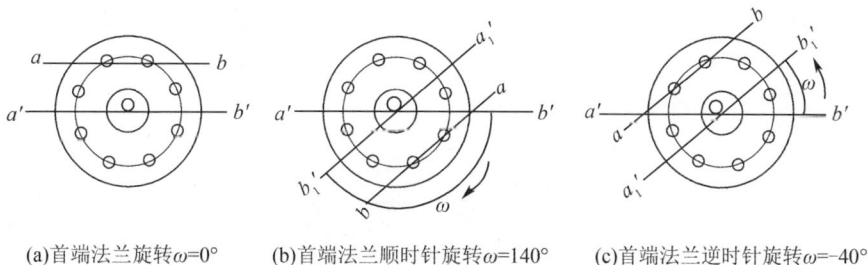

(a)首端法兰旋转ω=0°　　(b)首端法兰顺时针旋转ω=140°　　(c)首端法兰逆时针旋转ω=-40°

图 4 – 14　ω 顺时针旋转 140° 与 ω 逆时针旋转 40°

4.3.3　法兰焊接转角 ω 和法兰弯曲预转角 β 的施工方法

1. 法兰焊接转角 ω 的施工方法

法兰焊接转角 ω 是在管子弯曲前直段管子上确定的。具体的施工方法如下。

（1）尾端法兰孔双眼正：如图 4-15（a）所示，首先保持尾端法兰孔双眼正时将尾端法兰与管子焊接定位。

（2）首端法兰孔双眼正：如图 4-15（b）所示，然后首端法兰双眼正，这时首端法兰与尾端法兰同是双眼正，也就是 a、b 与 c、d 的垂直投影重合。

（3）首端法兰孔双眼正旋转 20°：如图 4-15（c）所示，将 ab 相对 cd 顺时针旋转 $\omega = 20°$（ω 正值时，ab 顺时针旋转；ω 负值时，ab 逆时针旋转），直线 ab 到达 a_1b_1，然后将首端法兰与管子垂直焊死。

（4）首尾端法兰孔的相对位置：如图 4-15（d）所示（同时可见图 4-11），因管子垂直于首尾法兰，所以当两端法兰重合时，首尾法兰孔的相对位置就十分清楚了，这样就完成了首端法兰孔预转角 ω 的焊接施工。

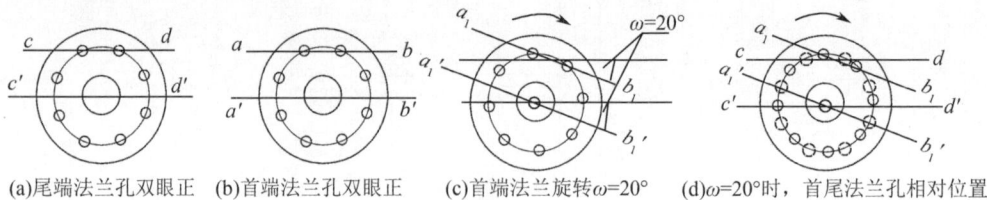

(a)尾端法兰孔双眼正　　(b)首端法兰孔双眼正　　(c)首端法兰孔旋转=20°　　(d)ω=20°时，首尾法兰孔相对位置

图 4-15　管子先焊后弯法兰预转角 ω 的施工方法

2. 法兰弯曲预转角 β 的施工方法

法兰弯曲转角 β 是在管子弯曲前旋转的，具体的施工方法如下。

（1）直管在完成了法兰焊接转角 ω 的焊接后，开始曲弯。曲弯时，如果从首端向尾端弯曲，就要考虑法兰弯曲预转角 $\beta_首$ 的旋转，如果从尾端向首端弯曲，就要考虑法兰弯曲预转角 $\beta_尾$ 的旋转。

（2）管子在弯曲前，人面对曲弯机找出法兰孔双眼正。

（3）然后首端法兰旋转 $\beta_首$ 后开始弯曲 α_1，接着按弯管顺序转角、弯曲 α_2；再转角、弯曲 α_3；直至弯管结束。

管子法兰先焊后弯，是我们多年来积极研究探索的管子加工新工艺，以上也是我们自己创造条件摸索实践的一些做法和想法，在流水线没有达到理想状态的情况下，设计没有达到完整要求的情况下，一线的生产实践一直在进行，希望我们的做法和思路能为全新的实现管子制作流水线自动化作业有一些帮助。

4.4　思　考　题

1. 简述管子采取"先焊后弯"的意义。

2. 想实现"先焊后弯"，需要解决哪些方面的问题，如何解决？

3. 什么是"法兰螺栓孔双眼正"？举例说明。

4. 什么是"法兰弯曲预转角"？计算它的意义是什么？

5. 什么是"法兰螺栓孔焊接转角"？它是如何计算的？计算它的意义是什么？

第5章 管子弯曲原理、弯管设备及其操作和弯管质量标准

在船舶管系制作和安装过程中,由于机舱设备拥挤,船体结构和空间位置的限制,管路热胀冷缩以及其他因素的影响,管系布置就需要合理顺畅又美观紧凑,因此管子相应地要弯制成各种形状。管子弯制工艺的选择主要取决于管材特性、弯曲半径、工厂设备条件等因素。原则上,需要弯曲的管子,DN150 以下的中、小直径管子采用冷弯为宜;而较大口径DN200 以上的管子多采用热弯工艺;特别是 DN10 以下小直径的管子,如一些表管,常用手动弯管来解决。弯管的方法主要分为冷弯和热弯两种。管子冷弯基本上都采用电动弯管机、液压弯管机及数控弯管机;管子热弯目前最常用的是中频弯管。

5.1 管子弯曲原理

5.1.1 管子弯曲变形的现象分析

当金属材料所受外力超过材料的屈服极限时,将产生永久的塑性变形,这就是管子弯曲的基本原理。

如图 5-1 所示为管子弯曲变形受力分析图,如图 5-1(a)所示,在一段金属直管上画几条垂直等分线,然后将这段直管弯曲成 U 形弯,可以发现:U 形弯的外侧垂直等分线的距离增大了,内侧垂直等分线的距离缩短了,而管子中心线的垂直等分线的距离基本(忽略延伸值)上没有变化,这就说明在外力作用下,受拉伸力的作用,金属材料就要伸长;受挤压力的作用金属材料就要缩短。对 U 形弯来说,中心线外侧部分是受拉伸力的作用,中心线内侧部分是受挤压力的作用,其中心线即中心层基本(忽略延伸值)上没有受到挤压力和拉伸力作用。

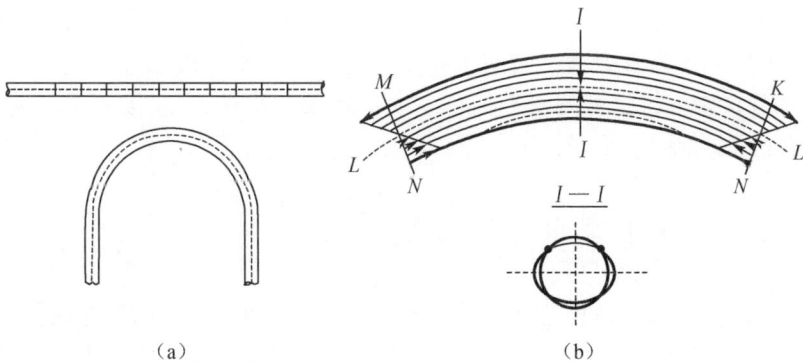

（a） （b）

图 5-1 管子弯曲变形受力分析

由图 5-1(b)进一步分析还可以发现:管子外层由于受拉力作用,管壁减薄,里层受压力作用,管壁增厚。这个形变的大小与管壁同中性层的距离成正比,即距中性层越远变形越大,越近变形越小;同时,还与管子弯曲处所受的应力大小成正比,最大的应力将集中在内、外管壁上。用与中性层垂直的两个断面 M—N 和 K—L 来分析应力影响的范围,在 M—K 层面上产生的拉力形成向下的合力,在 N—L 层面上产生的压力形成向上的合力,当然整个合力是多个层面的,相互作用的拉力和压力在中性层附近合力为零。在这些分力、合力的作用下,引起管子弯曲处的变形,从截面 I—I 上看,管子弯曲处由圆变为椭圆。

从图 5-1(b)对管子截面进行受力分析时,可以发现截面 I—I 上有四个点在变形前后的位置保持不变,由于这些点的位置不变,可以认为它们基本上没有受到弯曲应力的作用,这四个点就称为"零点"。各零点的纵向延伸线称为"安全线"。由于有缝钢管焊缝处的强度最弱,安全线上受力最小,因此,我们在弯制有缝钢管时,应把焊缝置于安全线上,防止管子弯曲时发生裂缝或断裂现象。

5.1.2 管子弯曲的四种变形现象

通常,管子在弯曲过程中,不可避免地会有各种弯曲变形的现象发生。最主要的管子弯曲变形有以下几种:外侧管壁减薄、内侧管壁增厚、管子弯曲处的截面变为椭圆和弯管产生缩径。

1. 外侧管壁减薄

管子弯曲时,外侧管壁由于受拉伸力作用,因伸长而减薄。严重的管壁减薄可能直接导致管子断裂。管壁的减薄降低了管子的承压强度,在管路承受高压的情况下,容易发生胀裂的现象。

2. 内侧管壁增厚

管子弯曲时,内侧管壁受挤压力作用,管壁因压缩而增厚,此挤压力不仅使管壁产生压缩变形,而且在很大程度上使管壁产生褶皱变形。管壁的褶皱减小了管子的流通截面,增大了流体的流动阻力系数,破坏了金属组织的稳定性,容易产生腐蚀现象。

3. 管子弯曲处的截面由圆形变成椭圆形

管子弯曲时,受弯曲应力的作用,其截面由圆形变为椭圆形。管子截面变为椭圆形后,减小了流通截面,增大了流体的压力损失。

4. 缩径现象

管子弯曲时,由于弯管设备工装有关技术参数设计计算精度和建造精度的误差,管子弯曲时弯曲部分金属材料强度的影响而产生缩径现象。这样,减小了管子的流通截面,增大了管内流体的流动阻力。

5.1.3 影响管子弯曲变形的各种因素

管子弯曲以后,要发生各种各样的管子弯曲变形,这些变形有些是在质量验收允许范围内的,有些是不可挽救的致命缺陷。所以要保证管子弯曲质量,就需要认真研究影响管子弯曲变形的各种因素,经过理论分析,从图纸设计、设备胎具订购选取、弯管操作等各个环节积极采取有效手段,全面预防和控制管子弯曲变形,以取得较好的管子弯曲质量。

1. 理论分析

从理论上讲,管子弯曲变形主要与管子直径 D、弯曲角 α 和弯曲半径 R 有关。图 5-2(a)是一根管子直径为 D 的直管。取弯曲半径为 R、弯曲角为 α(圆心角弧度等于圆切角度)弯曲后,各点的相应变化见图 5-2(b)。

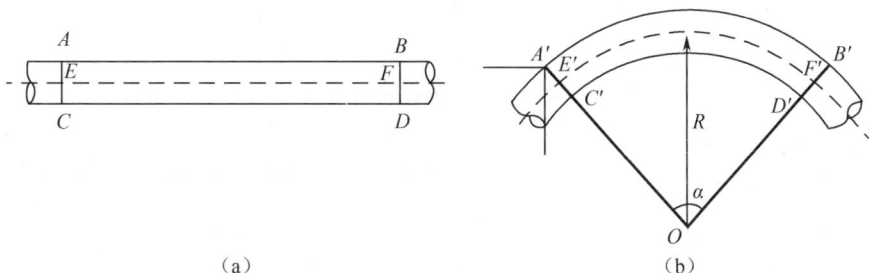

（a）　　　　　　　　　　　（b）

图 5-2　管子弯曲变形与管子直径 D、弯曲角 α 和弯曲半径 R 有关

根据弯曲变形的特点,其中性层 $E'F'$ 的长度基本(忽略延伸值)没有变化,而外侧 $A'B'$ 伸长,内侧 $C'D'$ 缩短。即

$$E'F' \approx EF = \alpha \times R \qquad A'B' = \alpha \times (R + D/2) \qquad C'D' = \alpha \times (R - D/2)$$

管子弯曲后的外侧拉伸量和内侧的压缩量相同,拉伸率与压缩率也一样。即

拉伸量 $= A'B' - E'F' = \alpha \times (R + D/2) - \alpha R = \alpha D/2$

拉伸率 $= (A'B' - E'F')/EF \times 100\% = (\alpha d/2)/\alpha R \times 100\% = D/2R \times 100\%$

管子弯曲后,如果拉伸量(压缩量)或拉伸率(压缩率)大,则说明其变形大。根据上式,可得出管子的弯曲变形与 D、α、R 之间的关系,即

(1)管子弯曲变形与管子直径 D 成正比,即用相同的弯曲半径,弯曲同样角度时,大口径管子变形大,小口径管子变形小。

(2)管子弯曲变形与弯角 α 成正比,即用相同的弯曲半径弯同一根管子时,弯曲角度大变形大,弯曲角度小变形也小。

(3)管子弯曲变形与弯曲半径 R 成反比,即相同管子弯同样角度时,弯曲半径大变形小,弯曲半径小变形大。

2. 管子弯曲变形的预防措施

(1)根据管子弯曲变形量与管子直径 D 成正比的特点,管子口径在 DN150 以下的采用管子机械冷弯,大口径的管子多采用机械热弯,如目前广泛采用的中频弯管。

(2)根据管子弯曲变形与弯角 α 成正比的特点,在弯曲管子设计阶段,就要充分考虑尽量采用小角度曲弯,特别是管皮薄、口径大的管子,弯曲角度不宜过大。

(3)根据管子弯曲变形与弯曲半径 R 成反比的特点,在弯管胎具的设计选取上,要充分考虑弯曲胎具的合理设计。一般来讲,普通民船大都采用 $R = 3D$ 的弯曲半径,军船由于机舱空间狭小,管子弯曲 $R = 2.5D$ 的比较常见。也就是说,弯曲半径 R 越大,弯曲变形越小,但是占用的船体空间越大;弯曲半径 R 越小,弯曲变形越大,但能够节省船体空间。同时,在选择弯管胎具时,还要考虑:弯曲半径大,管内流体顺畅;弯曲半径小,管内流体阻力大。例如,测深管有的弯曲半径要求 $R = 1\,500$,就是为了保证管系流体顺畅。

5.2 弯管设备及其操作

随着造船技术的发展,现代化的造船厂里已经很难见到在平台人工进行管子热弯的操作了。如今"大炉烧、水壶浇、灌砂推拉铁锤敲、烟熏火燎烤眉毛"的人工弯管已经成为历史。弯曲管件除了采用预制弯头焊接,国内外造船普遍采用弯管机械设备来完成弯管工艺。目前,船舶建造中,80%以上管子材料为Ⅰ、Ⅱ、Ⅲ级碳钢管,少量使用铜管、不锈钢管、铜镍合金管子等,很少使用塑料管。所以弯管机床主要解决的是钢管及有色金属管的弯制。

购置弯管设备,要选取质量信得过的厂家;验收弯管设备,要认真进行各项弯曲性能试验。弯管机的灵敏度、胎具的精准度等对弯管质量的影响是很关键的。特别是对于管子无余量弯管以及管子先焊后弯工艺,具有精确数控程序的弯管机是先决条件。所以,弯管机须经过设备管理部门检查验收才能正式投入使用。

根据弯管时的温度,可把钢管的弯曲分为冷弯和热弯。所谓冷弯就是在常温条件下进行弯曲,热弯就是将须弯曲的部位加热到一定温度以后再进行弯曲。

5.2.1 管子冷弯设备及冷弯操作技术

管子冷弯不破坏金属原来的性质,弯曲后可以不用清洗氧化皮,不会发生热变形,但冷弯时金属产生硬化,所以冷弯后的金属管要比热弯后的金属管硬得多;冷弯需要消耗更多的弯管功率,回弹和残余应力都有较明显增大,而且冷弯有胎具的限制,弯曲半径不可随意调整,不能弯制曲率半径很小的急转弯头,也不能弯曲较小的弯曲半径和较大口径的管子。

1. 管子冷弯设备

(1)手动弯管机

手动弯管机、弯管钳、锛子等一般弯制直径22 mm以下的小口径薄皮管子,手工操作技术简单、易掌握。手动弯管无须管子预制,只是在船上、分段上随时弯曲一些诸如小口径仪表连接管等。

(2)电动弯管机

电动弯管机的传动部分有机械减速、电机调速两种,其弯管原理是相同的。电动机通过皮带减速装置、齿轮减速箱、蜗轮蜗杆减速装置减速后,使套在蜗轮中心的主轴顺时针旋转,带动弯管转胎进行管子弯管。

(3)液压弯管机

液压弯管机由链条、齿条、液压马达等传动。它的机械结构部分与电动弯管机相同。不同的是它有一套液压系统,相对电动弯管机,能够比较迅速地进行弯模的转动、夹头的夹紧与松开、导槽的靠紧与松开、芯棒的送进和抽出等,弯管速度比较快。

液压弯管机和电动弯管机一样,弯曲时可以采用芯棒或不采用芯棒,以实现液压有芯弯管和液压无芯弯管。液压弯管机与电动弯管机相比,具有操作可靠、稳定性好、弯曲角度准确性高等优点。这是因为电动弯管机弯管时,当电源切断后,机械传动所具有的惯性,使弯模仍然转动1°~3°;而液压弯管机弯管时,不受机械传动惯性的影响,只要不供油,弯模立即停止转动。

目前,用于冷弯的弯管设备,液压弯管机占有90%以上的比例。

(4)数控弯管机

数控弯管机采用计算机数控技术,可使弯管自动化,是生产管理水平比较高的现代化机器,可以单机使用,也可以在流水线上使用。它的机械原理是在一般电动弯管机的基础上,增加了后卡盘旋转、自动进给以及自动弯曲等功能。数控弯管机通常由弯管机本体及附属装置组成。附属装置有:前夹紧和导向装置、旋转装置、法兰螺栓孔检测装置、进给装置、测定尺寸的装置、芯棒装置、液压传动装置及电气控制装置等。数控弯管机可用穿孔纸带输入数据,也可以从控制面板直接输入数据,按照规定的程序自动进行起弯点定位、弯曲、转角,再起弯点定位、再弯曲、再转角……直到管子加工完毕,自行停车,并发出完成信号。在弯曲加工过程中,数控弯管机能自动显示各种动作信号和进给数量,在机床发生偏差时,能自动停止动作,并显示"错误"信号,引起操作者注意。由于它能按程序自动测量、自动弯曲、自动转角,能保证加工精度,自动修正弯管过程中的弯角回弹和伸长等误差因素。因此使弯出来的管子身长、曲角、转角精确度高于手工弯曲。数控弯管机的功能强大,它能满足先焊后弯的无余量下料工艺,可以进行管子先焊法兰后弯曲,即在管子弯曲前,精确进行管子弯曲无余量下料,然后将管子两端法兰自动旋转定位,再进行管子弯曲,管件弯曲一次成型。

数控弯管机可以有三种操作方式:其一,可以手动点控设备分步进行弯管;其二,可以手动设置弯管顺序自动弯管;其三,可以将弯管数据储存在控制储存器内,调出管件号自动操作。数控弯管机的存储器多可储存100余组数据。

2.管子冷弯必备条件

(1)有芯棒弯管和无芯棒弯管

管子冷弯又分无芯棒弯管和有芯棒弯管两种形式。有芯棒弯管比较广泛,无芯弯管不能达到质量要求的,采用有芯弯管才能有效防止起皱,保证弯曲处圆形截面基本不变形,这两种弯管形式的弯管机基本结构和弯管基本原理是相同的,唯一区别是有无芯棒。当然,有芯棒弯管从操作上比无芯棒弯管要费时费力,无芯棒弯管则相对比较轻松,但从弯管质量上,有芯棒弯管比无芯棒弯管要有保证。一般来讲,小口径厚皮管,例如60×5,48×4,22×3等管子,弯曲半径采用3倍管子直径以上,就可以无芯棒弯管,如果弯曲半径小于2.5倍管子直径且管皮不厚,尤其是大口径薄皮管,无芯棒弯管就很难达到弯管质量要求。另外,有芯棒弯管和无芯棒弯管,在料长计算时,延伸量也有所区别,有芯棒弯管的延伸量要比无芯棒弯管的延伸量略大一些,所以在进行无余量下料计算时,要注意测量延伸数据,才能保证无余量下料长度的准确。

①有芯棒弯管

如图5-3所示为有芯棒弯管过程示意图。用前卡夹紧模将管子夹紧在转胎弯模上,前卡夹紧模、后(滑动)压紧模与转胎弯模上均开有与管子外圆相吻合的槽,因此,在转胎弯模和前夹紧模、后压模之间形成一个圆孔,能使管子稳稳地被夹紧。在管子中放入芯棒,芯棒通过连接杆固定在最佳的切点位置,在弯管过程中,转胎弯模经过传动系统驱动做回转运动;当转胎弯模回转时带动管子缓慢地旋转,由于后卡压紧模的限制,管子只能沿着槽道被弯曲,此时,芯棒的位置始终不变,因此就能防止管子弯曲形成褶皱,使被弯管子的圆形截面达到质量要求。

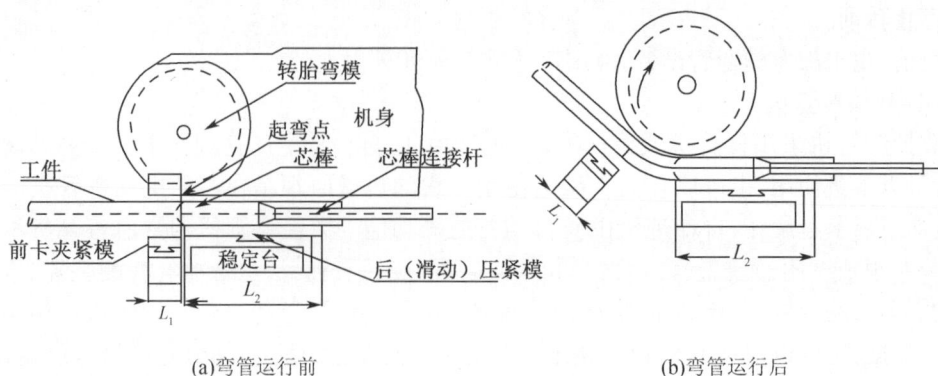

(a)弯管运行前   (b)弯管运行后

图5-3   有芯棒弯管示意图

②无芯棒弯管

无芯棒弯管的整个弯管过程和有芯棒弯管是一样的,只是不需要在管子中间夹芯棒。

(2)弯管胎具

为了保证弯管质量,除了需要弯管机设备精良,弯管胎具的设计加工也应十分注意如下环节。

①转胎弯模

从图5-3(b)弯管运行后的图示可以看出,管子弯曲后外力去除(即松开前卡夹紧模和后压紧模),这时除了回弹角以外,由于弹性变形的恢复及其他因素影响,管子弯曲成型角的半径要比弯模半径稍微增大,因此转胎弯模在设计制作时,应考虑实际半径适当缩小,一般碳素钢为0.97R,合金钢为0.94R。根据生产实践,转胎弯模设计制作成功,就可以在弯曲180°时,直径恰好等于2倍弯曲半径。例如:ϕ60钢管,弯曲半径180 mm。弯曲180°后,量取直径360 mm。这就说明转胎弯模实际是R = 174 mm左右。

一般来讲,弯模$R = 3D$(弯曲半径等于3倍管子外径);前卡夹紧模$L_1 = 2.5D$(前卡长度等于2.5倍管子外径);后(滑动)压紧模$L_2 = 5D$(后滑板长度等于5倍管子外径)。

②压模槽的截面形状(图5-4)

由于管子有一定的尺寸公差范围,为了避免超差管子超出弯模和压模所形成的圆形空间,通常槽的直径应比管子的直径大0.01ϕ。为了保证管子能够紧密地贴合在弯模和压模的槽面上,压模导向圆槽边上应切去1.5 ~ 2 mm。因为,管子在弯曲时,弯模一般是水平安装的,弯曲的管子截面往往成为一个椭圆,且椭圆的长轴在铅垂的方向,为防止管子在弯曲过程中产生过大的变形,

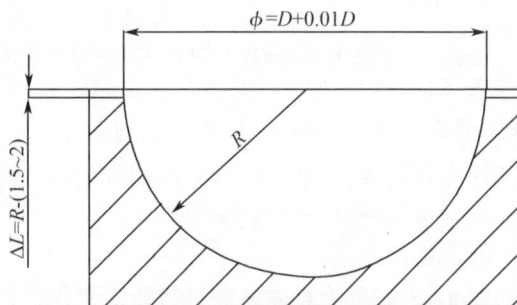

图5-4   压模槽的截面形状

尤其是在无芯棒弯管时,管内不放芯棒,完全是靠压模防止变形,就需要采用反变形的方法,在设计弯模时将槽的形状设计成类似的椭圆(很微小的曲形变化),其长轴在水平方向,这样可使弯曲的管子得到较为正确的截面形状。

③芯棒

为保证管子导向均匀,防止弯曲时芯棒偏斜,芯棒头部应有一段圆柱形倒圆,倒圆应圆滑光顺,其长度 L 和芯棒的外径 D 取决于被弯管子的内径 d,具体数值按表 5 – 1 选取。

表 5 – 1 芯棒头部的外径和长度

管子内径 d	芯棒外径 D	芯棒长度 L
$d \leq 50$	$d - (0.5 \sim 1.0)$	$5.0D$
$50 < d \leq 100$	$d - (1.0 \sim 1.5)$	$4.5D$
$100 < d \leq 200$	$d - (1.5 \sim 2.5)$	$3.5D$
$200 < d \leq 300$	$d - (2.5 \sim 5.0)$	$3.0D$

有芯弯管时,芯棒的端头圆柱截面位置应超过与其垂直的胎具中心线,其超前值一般根据多次试验的结果来决定,掌握了这个超前值,就要用扁铲在胎具中心线超前点砸一条固定线,弯管时起弯点就对准这个固定线。

新安装的弯管机调试时可以参照表 5 – 2 确定其超前值。

表 5 – 2 芯棒圆柱端距离胎具中心线的超前值

弯曲半径	超前值
$2.5D$	$0.28d$
$3D$	$0.33d$
$4D$	$0.41d$
D 及 d 分别代表管子的外径和内径	

3. 管子冷弯操作技术

管子冷弯比管子热弯操作方便,劳动强度低,生产效率高,弯曲质量好,所以,目前大多数船厂90%以上的弯管采用冷弯方法进行加工。精湛的弯管技术和长期积累的弯管经验是弯管质量的重要保证。

(1)熟练掌握设备性能:弯管操作者,应熟悉弯管设备的结构、性能及其操作程序和规则,以调整设备各项功能达到最佳状态。

(2)正确选取工装胎具:根据加工管件的规格材质,选取合适的弯管胎模、滑板、卡瓦及芯棒等胎具。

(3)找准起弯点:弯管前,要准确地确定起弯点,如果起弯点不准确,就会影响管子各段身长的误差。起弯点须经过多次试验确定准确位置。

(4)固定芯棒位置:有芯弯管,芯棒端头要参照起弯点对准芯棒位置;芯棒前端倒圆应圆滑光顺,芯棒后端与芯杆须固定牢靠,以避免转角过多时,造成芯棒松动而影响弯曲质量。

(5)芯棒与管子配合间隙:芯棒与管子内径间隙通常为 0.5 ~ 1.5 mm,但管材壁较薄时,间隙应适量减小,管材壁较厚时,间隙可适当加大。管材壁薄厚不均匀或管材内部粗糙等原因造成芯棒插入不顺畅,应适量涂润滑油。

(6)掌握回弹角度:当管子弯曲到一定角度,松开前卡夹紧模和后滑板压紧模时,解除了外力的束缚,原先弯曲的管子,就会产生一定的回弹,只有准确掌握好回弹角度,才能完成图纸要求的曲角角度。

（7）转角：手动弯管时，要正确使用角度尺、水平仪等测量工具确定转角的位置。同时，要锻炼目测水平，借助厂房内部垂直及水平钢架、门窗框等参照物来确定转角的水平、垂直位置。

（8）设备性能调整：前卡、后滑板、助推速度、芯杆位置等，都需要在实际生产中不断摸索，积累经验，曲管机的操作人员要互相探讨、互相借鉴、互相学习，共同提高设备操作水平。

（9）弯曲各类管子时应当注意以下问题。

①无缝钢管弯曲：弯曲前要清除管子内部的锈和杂质以及管子表面的灰尘。

②焊接钢管、镀锌焊接钢管弯曲：弯曲前要清除管子内部的锈和杂质以及管子表面的灰尘；弯曲时焊缝应安置在变形量最小的位置上，当弯管有转角时，应特别注意管材焊缝位置摆放。

③铜管弯曲：铜管弯曲前，必须小心清除管材内外表面以及机械设备与管子接触面处所黏附的硬质杂物（如铁销、砂土等），且不允许用硬笔在管子表面画线。管子弯曲时应在弯曲部位加少量润滑油，以防止管材内外表面受拉伤。冷弯弯曲铜和铜合金管前，管材应进行退火处理，温度一般为 500～700 ℃，应缓慢均匀加热以防止管材烧伤。

④不锈钢管：为避免渗碳，应有专用镀铬胎具。不锈钢管宜冷弯，弯曲不锈钢管时，应采取防滑防皱措施，特别是弯曲大口径不锈钢管，必要时要加防皱板，以避免跑车造成管子变形。

⑤针对先焊后弯的管子，应特别注意弯曲时会产生的法兰转角，因此要准确设定法兰预转角方向。另外，由于先焊后弯的局限性，弯曲过程中易产生碰撞，因此施工前应认真检查弯曲障碍，确认无误后方可进行操作。

5.2.2　管子热弯设备及其功能

管子热弯具有冷弯不能比拟的适应性，热弯能将冷延性很差的钢管加工成弯头，能加工冷弯时要消耗较大机械能的弯头，能将冷弯时容易破裂的脆性材料弯曲成形，而且弯曲半径可以随意调整，还可以加工大口径的各种管子。但热弯设备复杂，加工成本较高，生产效率低，管子弯曲加工表面相对粗糙。因此在一般情况下，管子加工应首先考虑采用冷弯形式。在部颁《船用弯管技术条件》（CB/Z97—68）中有明确规定，即各种管子在可能情况下，应尽量采用冷弯，如发生如下情况：管子弯曲半径小于冷弯所规定的弯曲半径，或小于现有模子的弯曲半径；管子形状复杂或弯头间无直线管段，不能在弯管机上固紧；管壁过薄，冷弯后容易产生较大瘪陷和褶皱；直径较大或不常用的管子，目前尚无该种模子的管子；管壁太厚无法冷弯的管子；才允许采用热弯。

1. 火焰弯管机及其工作原理和性能

火焰弯管机属于热弯机械设备。其传动部分有机械传动也有液压传动。火焰弯管机在管件弯曲处有一只火焰加热圈，加热圈按前后分隔为冷却水腔和火焰加热腔，两腔互不相同。在两腔径向分别有一排小孔，其中前排小孔通冷却水腔，喷冷却水用；后排小孔通氧－乙炔气体，用于加热管子。弯管时调整加热圈使之与管子四周保持相同的间隙，然后点燃氧－乙炔气体加热管子，等钢管温度升至 900～1 000 ℃左右时，打开液压阀，使液缸顶杆推动管子进行弯曲，同时打开水阀用冷却水冷却已经弯曲好的管段，这样待弯部分再加热,弯曲好的部分再用水冷却,如此加热、弯曲、冷却循环,直至弯管结束。

火焰弯管机的前卡瓦装在转壁上,弯曲半径是通过调整前卡瓦转壁的长度来实现的。

电动弯管机是靠旋转牵引使管子弯曲变形的,而火焰弯管机是在弯曲过程中始终只保持一段狭窄的加热带,再由推进力作用使管子弯曲成型,弯曲时管壁是受压变形,所以没有减薄现象,同时弯曲弯头表面光滑,圆度很好。

火焰弯管机一般按管子规格尺寸配置几种加热圈,用于弯制不同规格的管子。

火焰弯管机适用于弯制大口径碳钢管,但不适用于镀锌管和铜管,因为镀锌管表面镀锌层加热会被破坏;铜管传热快,不能形成一段狭窄热带,不能保证弯曲质量。

2. 中频弯管机及其工作原理和性能

中频弯管机是从中频电源引出的交变电流经缠绕在被弯管子上的感应环时,在感应环周围产生交变磁场,磁场强度随着电流的大小和方向而作周期性变化。是通过各种的交变磁通在各种表面引起感应电流,而由于涡流的作用使管子表面加热。中频弯管机与火焰弯管机的主要区别是:前者是由电磁感应加热,后者是用火焰加热。

中频弯管机是目前用得较多的一种热加工弯管机械,中频弯管机与冷弯机械弯管机相比,其优点是可弯曲大口径管子,一般可加工公称通径 100 ~ 400 mm 不同壁厚的钢管、不锈钢管和合金钢管,甚至可以加工管径达 1 m 的大口径钢管,但不能加工铜管。管子弯曲变形小、效率高,工作安全可靠;弯曲半径可随意选取,两个弯之间的直管段可以很短。设备原理结构简单、没有噪声、维护使用方便。在结构上除了不需要弯模、导槽等附属设备,最主要的是多了一个感应圈,当交流电通过感应圈时,将待弯管子放入感应圈内部,通过管子的交变磁通,将在管子表面引起感应电流,而导致管子表面加热。这一加热区是 10 ~ 15 mm 的非常狭窄的环状,由于加热区的两侧处于冷态,因此当外界给予管子弯曲力时,所造成管子的弯曲变形很小,无芯弯管也不会导致管子弯扁的情况。

中频弯管机按发生中频的设备不同,可分为中频发动机组式、电子管式、半导体式等三种。由于半导体式中频弯管机成本低、体积小,因此是目前普遍使用的一种。半导体式中频弯管机通过半导体硅整流器把工业用三相交流电变成直流电,再通过逆变器,把直流电变成中频(1 000 ~ 2 500Hz)交流电,逆变器的控制信号由半导体脉冲发生器产生,逆变器产生的中频电流通过加热变压器,变成低压大电流供给感应圈产生高温,几秒钟到几十秒钟内管壁可达 800 ~ 900 ℃,开动弯管机,管子以一定的速度通过感应圈向前移动,同时喷水冷却,以控制加热带宽度和使已经弯曲的管子定型,并使感应圈冷却,在弯制中、边加热、边弯曲、边冷却……重复上述过程直到管子弯曲成型。中频弯管机按受力方式不同可分为拉弯式、推弯式和推拉组式三种。

3. 管子热弯技术要求

采用火焰或中频机械热弯,同冷弯一样,首先应熟悉弯管设备的结构、性能及其操作程序和规则,调整设备各项功能达到最佳状态。同时,在弯曲加工过程中,应注意做好以下几点。

(1)火焰或中频机械热弯没有胎具进行弯模控制,其弯曲半径是随意的,所以机械热弯时必须严格按照图纸要求确定设备的弯曲半径。

(2)管子热弯时,须掌握好加热温度。热弯管子加热时,应缓慢均匀并热透,且应防止过烧,各种材质的管子热弯加热温度可参照表 5 - 3。

表5-3 管子热弯加工温度

管子材料	开始弯曲温度/℃	弯曲终了温度/℃
碳钢	900~1 050	700
紫铜	850~860	300
黄铜	600~700	400
铝钢、钼铬钢	900~1 000	750
双金属	850	580
不锈钢	950~1 100	850

(3)不锈钢管加热应避免渗碳,而对淬硬倾向较大的合金钢管则不得浇水冷却。

(4)合金管和外径大于120 mm的碳素钢蒸汽管经弯曲后,应进行退火处理。碳素钢管加热至600~650 ℃,壁厚小于或等于25 mm,弯曲后保持至少1小时,然后在平静空气中缓慢冷却。

(5)管子热弯后,应清除表面氧化皮。

5.2.3 其他方式的弯管方法

除此以外,在弯曲一些大口径、大半径管子时,有时也采用冲压机床、滚压机床来进行。

5.3 弯管质量检验标准,遵照 CBT 3790—1997 管子加工技术条件

5.3.1 弯曲处的外观质量

管壁不应有擦伤的沟槽和碰撞形成的明显凹陷,管子弯曲处不得有裂纹、结疤、烧伤、折叠、分层等缺陷。如有上述缺陷应完全清除,被清除部位壁厚的减薄,应在壁厚减薄率的允许范围内。

5.3.2 弯管尺寸长度和弯曲角度

弯管尺寸长度误差 ΔL、Δa、Δh,弯管角度误差 $\Delta\theta$,应按表5-4规定。

表5-4

弯管	ΔL	±4	
	Δh	±4	
	$\Delta\theta$	±1°	

表 5-4(续)

弯管	ΔL Δh $\Delta \theta$	±4 ±4 ±1°	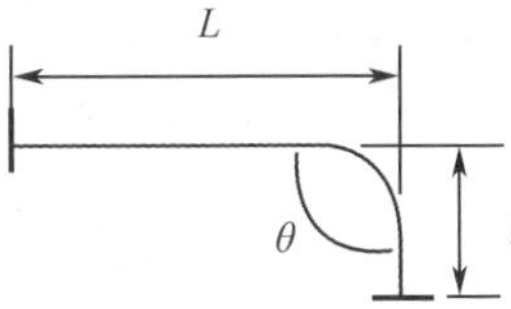
弯管	ΔL Δa Δh $\theta_1 - \theta_2$	±4 ±5 ±3 ±2°	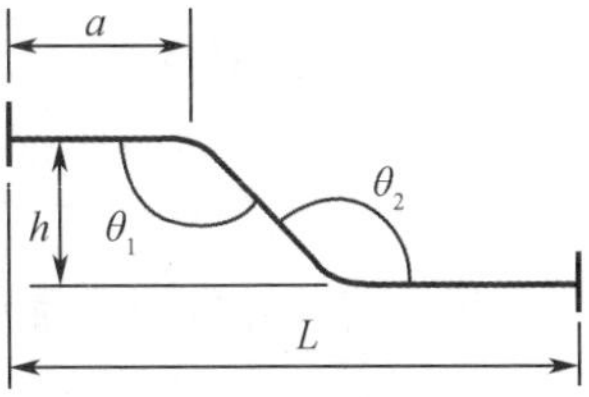
立体弯管	ΔL Δa Δh $\Delta \theta_1$ $\Delta \theta_2$	±4 ±4 ±4 ±1° ±1°	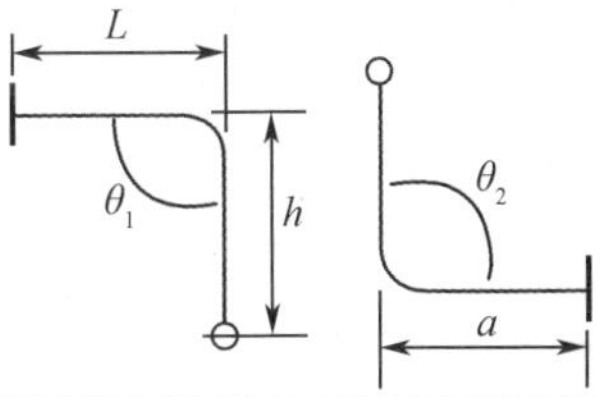

5.3.3 弯曲圆度

管子弯曲处的圆度应按表 5-5 规定。

表 5-5 管子弯曲处圆度

弯曲半径 R	$R \leqslant 2D_{\mathrm{W}}$	$2D_{\mathrm{W}} < R \leqslant 3D_{\mathrm{W}}$	$3D_w < R \leqslant 4D_{\mathrm{W}}$	$R > 4D_{\mathrm{W}}$
圆度 $O/\%$	≤10	≤9	≤7	≤5

注:D_{W} 代表管子实际外径。

圆度 O 按公式(1)计算:

$$O = \frac{A - B}{D_{\mathrm{W}}} \times 100\% \tag{1}$$

式中 O——管子弯曲处截面圆度,%;

D_{W}——管子实际外径,mm;

A——弯曲处截面最大外径,mm;

B——弯曲处截面最小外径,mm。

5.3.4 管子弯曲处的管壁减薄率

管壁减薄率 η 按公式(2)计算:

$$\eta = \frac{t - t_1}{t} \times 100\% \tag{2}$$

式中　η——弯曲处管壁减薄率,%;

　　　t——弯曲前的管壁实际平均厚度,mm;

　　　t_1——弯曲后的管壁最薄处的厚度,mm。

5.3.5　管壁减薄率

η 应符合公式(3)的要求:

$$\eta < \frac{1}{2.5} \times \frac{D_W}{R} \times 100\% \tag{3}$$

式中　η——弯曲处管壁减薄率,%;

　　　D_W——管子实际外径,mm;

　　　R——弯曲半径,mm。

一般应满足:钢管 $\eta \leqslant 16\%$,铜管 $\eta \leqslant 20\%$

5.3.6　管壁褶皱高度

管子弯曲后,允许有均匀褶皱存在,但其高度不得超过管子实际外径的 2%,对于通径 65 mm 以下的管子,应将褶皱消除。

5.3.7　缩径度

管子弯曲时,由于弯曲部分金属材料强度的影响会产生缩径现象。这样会减小管子的流通截面,增大管内流体的流动阻力。

收缩率　　　　　　　　　　$S = (A + B)/2D_W \times 100\%$

式中　A——截面处最大长轴尺寸,mm;

　　　B——截面处最小短轴尺寸,mm;

　　　D_W——管子实际外径,mm。

一般应满足:收缩率(缩径度)不小于 95%。

5.4　思　考　题

1. 管子在弯曲过程中都有哪些变化?它们的出现都会造成哪些不良影响?

2. 针对管子弯曲过程中出现的变形情况,都有哪些预防措施?

3. 举例说明冷弯弯管机的分类和功能上的区别。

4. 简述有芯弯管在防止管子弯曲形成褶皱上的作用机制。

5. 简述管子冷弯操作的步骤和注意事项。

6. 简述各类主要材质在弯曲操作中的注意事项。

7. 举例计算管子弯曲处的圆度、褶皱高度和管壁减薄率。

第六章　用 Excel 功能编写管子弯曲计算程序

Excel 表格有强大的编程功能,根据前面几章有关管子弯曲的公式推导和应用,为了免除烦琐的人工计算,我们编写了管子弯曲计算程序,建立了三个计算程序。即:

"管子弯曲无余量计算表"计算程序;

"管子放样长、起弯点、进给量、转角、曲角、下料长"计算程序;

"管子先焊后弯法兰孔定位"的计算程序。

6.1　"管子弯曲无余量计算表"计算程序

管子弯曲无余量计算表

表 6 – 1、表 6 – 2 是含有 Excel 计算公式的"管子弯曲无余量计算表"计算程序,管子弯曲无余量下料计算时需要根据管子外径,确定弯曲半径。表中"选择弯管参数"一栏,"管径"是现场可以加工的管子外径,弯模采用 $R=3D$(特殊的弯模须另做计算表),即管子的弯曲半径等于三倍的管子外径;前卡、后卡都是弯模所要求的最小直管段。

"管子弯曲无余量计算表"见表 6 – 1。这个计算程序由四部分组成。其中:

(1)"弯管参数":即现场弯管机胎具的实际状况,是各种规格"管径"所对应的胎具及所要求的这个胎具"弯模"的"前卡"长度和"后卡"长度,这是现场弯管机的生产能力数据表;

(2)"选择弯管参数":即选择待弯曲管子的"管径"及其"弯模""前卡""后卡"这一行,复制到"选择弯管参数"中;

(3)"弯模":当选择了"管径"及"弯模""前卡""后卡"这一行,立刻会在"弯模"里显示 $R=3D$ 的弯曲半径;

(4)回车,就得到了所需的"管子弯曲无余量计算表"计算表。

叮见,在这个程序中,只需在"弯管参数"中选择相应一组数据复制到"选择弯管参数"一栏,就完成计算。下面,通过例1例2介绍计算程序的操作实例。

下面举例说明"管子弯曲无余量计算表"计算程序的操作方法。

例1:

在需要弯曲外径 ϕ48 管子的时候,就将"48,144,120,350"这一行参数复制到"选择弯管参数"下,得到表 6 – 1,经过整理,就可以得到表 6 – 2,即"ϕ48 管子的管子弯曲无余量计算表(1°~90°)"。按照前面讲过的管子无余量下料的计算方法,查表计算就可以了。

表6-1 管子无余量下料计算表

计算信息													弯模		选择弯管参数				弯管参数			
角度	正切值	弧度	角度/2	切线	弧长	余量	延伸	减量	加量	首最短	后卡	尾最短	数值	R=3D	管径φ	弯模R	前卡	后卡	管径φ	弯模R=3D	前卡	后卡
1	0	0	1	1	3	0	0	0	1	120	350	352	1	144	48	144	120	350	18	54	55	100
2	0	0	1	3	5	0	0	0	2	120	350	355	2	144	—	—	—	—	22	66	55	100
3	0	0	2	4	8	0	0	0	4	120	350	357	3	144					25	75	70	200
4	0	0	2	5	10	0	0	0	5	120	350	360	4	144	—	—	—	—	27	81	70	200
5	0	0	3	6	13	0	0	0	6	120	350	362	5	144					30	90	70	200
6	0	0	3	8	15	0	1	1	7	120	350	365	6	144					34	102	85	200
7	0	0	4	9	18	0	1	1	8	120	350	367	7	144					36	108	90	300
8	0	0	4	10	20	0	1	1	9	120	350	369	8	144					42	126	105	300
9	0	0	5	11	23	0	1	1	10	120	350	372	9	144					45	135	110	300
10	0	0	5	13	25	0	1	1	12	120	350	374	10	144					48	144	120	350
11	0	0	6	14	28	0	1	1	13	120	350	377	11	144				—	55	165	135	350
12	0	0	6	15	30	0	1	1	14	120	350	379	12	144				—	60	180	150	400
13	0	0	7	16	33	0	1	1	15	120	350	382	13	144					70	210	165	400
14	0	0	7	18	35	0	1	1	16	120	350	384	14	144					73	219	170	400
15	0	0	8	19	38	0	1	2	17	120	350	386.	15	144					76	228	190	400
16	0	0	8	20	40	0	1	2	19	120	350	389	16	144					89	267	220	400

表6-2 切线表(φ48,R145,前卡121,后卡350)

角度	切线	弧长	余量	延伸	减量	加量	角度	切线	弧长	余量	延伸	减量	加量	角度	切线	弧长	余量	延伸	减量	加量
1	1	3	0	0	0	1	31	40	78	2	3	5	35	61	85	154	16	5	22	64
2	3	5	0	0	0	2	32	42	81	2	3	5	37	62	87	157	17	6	23	64
3	4	8	0	0	0	4	33	43	84	2	3	5	38	63	89	159	18	6	24	65
4	5	10	0	0	0	5	34	44	86	3	3	6	39	64	91	162	19	6	25	66
5	6	13	0	0	0	6	35	46	89	3	3	6	40	65	92	164	20	6	26	66
6	8	15	0	1	1	7	36	47	91	3	3	6	41	66	94	167	21	6	27	67
7	9	18	0	1	1	8	37	49	94	3	3	7	42	67	96	170	22	6	28	68
8	10	20	0	1	1	9	38	50	96	3	3	7	43	68	98	172	24	6	30	68
9	11	23	0	1	1	11	39	51	99	3	3	7	44	69	100	175	25	6	31	69
10	13	25	0	1	1	12	40	53	101	4	4	8	45	70	102	177	26	6	32	69
11	14	28	0	1	1	13	41	54	104	4	4	8	46	71	103	180	27	6	33	70
12	15	30	0	1	1	14	42	56	106	5	4	9	47	72	105	182	28	6	35	70
13	17	33	0	1	1	15	43	57	109	5	4	9	48	73	107	185	30	6	36	71

表 6 – 2（续）

角度	切线	弧长	余量	延伸	减量	加量	角度	切线	弧长	余量	延伸	减量	加量	角度	切线	弧长	余量	延伸	减量	加量
14	18	35	0	1	1	16	44	59	111	6	4	10	49	74	109	187	31	7	38	71
15	19	38	0	1	2	18	45	60	114	6	4	10	50	75	111	190	33	7	39	72
16	20	40	0	1	2	19	46	62	116	7	4	11	51	76	113	192	34	7	41	72
17	22	43	0	2	2	20	47	63	119	7	4	11	52	77	115	195	36	7	43	73
18	23	46	0	2	2	21	48	65	121	8	4	12	53	78	117	197	37	7	44	73
19	24	48	0	2	2	22	49	66	124	8	4	13	54	79	120	200	39	7	46	73
20	26	51	1	2	2	23	50	68	127	9	4	13	54	80	122	202	41	7	48	74
21	27	53	1	2	2	24	51	69	129	9	5	14	55	81	124	205	43	7	50	74
22	28	56	1	2	3	26	52	71	132	10	5	14	56	82	126	208	45	7	52	74
23	30	58	1	2	3	27	53	72	134	10	5	15	57	83	128	210	47	7	54	74
24	31	61	1	2	3	28	54	74	137	11	5	16	58	84	131	213	49	7	56	75
25	32	63	1	2	3	29	55	75	139	12	5	17	59	85	133	215	51	8	58	75
26	33	66	1	2	3	30	56	77	142	12	5	17	60	86	135	218	53	8	60	75
27	35	68	1	2	4	31	57	79	144	13	5	18	60	87	138	220	55	8	63	75
28	36	71	1	2	4	32	58	80	147	14	5	19	61	88	140	223	57	8	65	75
29	37	73	2	3	4	33	59	82	149	15	5	20	62	89	142	225	60	8	68	75
30	39	76	2	3	4	34	60	84	152	16	5	21	63	90	145	228	62	8	70	75

例 2：

在需要弯曲外径 ϕ60 管子的时候，就将"60,180,150,400"这一行参数复制到"选择弯管参数"一栏，回车，得到表 6 – 3，经过整理，就可以得到表 6 – 4。按照前面讲过的管子无余量下料的计算方法，查表计算就可以了。

表 6 – 3　管子无余量下料计算表

计算信息													弯模		选择弯管参数				弯管参数			
角度	正切值	弧度	角度/2	切线	弧长	余量	延伸	减量	加量	首最短	后卡	尾最短	数值	R=3D	管径φ	弯模R	前卡	后卡	管径φ	弯模R=3D	前卡	后卡
1	0	0	1	2	3	0	0	0	1	150	400	405	1	180	60	180	150	400	18	54	55	100
2	0	0	1	3	6	0	0	0	3	150	400	406	2	180	—	—	—	—	22	66	55	100
3	0	0	2	5	9	0	0	0	4	150	400	409	3	180	—	—	—	—	25	75	70	200
4	0	0	2	6	15	0	0	0	6	150	400	412	4	180	—	—	—	—	27	81	70	200
5	0	0	3	8	16	0	1	1	7	150	400	415	5	180	—	—	—	—	30	90	70	200
6	0	0	3	9	19	0	1	1	9	150	400	418	6	180	—	—	—	—	34	102	85	200
7	0	0	4	11	22	0	1	1	10	150	400	421	7	180	—	—	—	—	36	108	90	300
8	0	0	4	13	25	0	1	1	12	150	400	424	8	180	—	—	—	—	42	126	105	300

表 6-3(续)

管子无余量下料计算表													弯模		选择弯管参数				弯管参数			
角度	正切值	弧度	角度/2	切线	弧长	余量	延伸	减量	加量	首最短	后卡	尾最短	数值	R=3D	管径φ	弯模R	前卡	后卡	管径φ	弯模R=3D	前卡	后卡
9	0	0	5	14	28	0	1	1	13	150	400	427	9	180	—	—	—	—	45	135	110	300
10	0	0	5	16	31	0	1	1	15	150	400	430	10	180	—	—	—	—	48	144	120	350
11	0	0	6	17	35	0	1	1	16	150	400	433	11	180	—	—	—	—	55	165	135	350
12	0	0	6	19	38	0	1	1	17	150	400	436	12	180	—	—	—	—	60	180	150	400
13	0	0	7	21	41	0	1	2	19	150	400	439	13	180	—	—	—	—	70	210	165	400
14	0	0	7	22	44	0	2	2	20	150	400	442	14	180	—	—	—	—	73	219	170	400
15	0	0	8	24	47	0	2	2	22	150	400	445	15	180	—	—	—	—	76	228	190	400
16	0	0	8	25	50	0	2	2	23	150	400	449	16	180	—	—	—	—	89	267	220	400
17	0	0	9	27	53	0	2	2	25	150	400	452	17	180	—	—	—	—	114	342	260	400
18	0	0	9	29	57	0	2	2	26	150	400	455	18	180	—	—	—	—	140	420	280	500
19	0	0	10	30	60	1	2	3	27	150	400	458	19	180	—	—	—	—	168	504	330	500
20	0	0	10	32	63	1	2	3	29	150	400	461	20	180	—	—	—	—	24	70	70	200
21	0	0	11	33	66	1	2	3	30	150	400	464	21	180	—	—	—	—	32	96	85	200
22	0	0	11	35	69	1	2	3	32	150	400	467	22	180	—	—	—	—	38	114	100	300
23	0	0	12	37	72	1	3	4	33	150	400	470	23	180	—	—	—	—	—	—	—	—
24	0	0	12	38	75	1	3	4	34	150	400	473	24	180	—	—	—	—	—	—	—	—

表 6-4　切线表(φ60,R180,前卡150,后卡400)

角度	切线	弧长	余量	延伸	减量	加量	角度	切线	弧长	余量	延伸	减量	加量	角度	切线	弧长	余量	延伸	减量	加量
1	2	3	0	0	0	2	31	50	97	2	3	6	44	61	106	192	20	7	27	79
2	3	6	0	0	0	3	32	52	101	3	4	6	45	62	108	195	22	7	28	80
3	5	9	0	0	0	4	33	53	104	3	4	7	47	63	110	198	23	7	30	81
4	6	13	0	0	0	6	34	55	107	3	4	7	48	64	112	201	24	7	31	81
5	8	16	0	1	1	7	35	57	110	4	4	7	49	65	115	204	25	7	32	82
6	9	19	0	1	1	9	36	58	113	4	4	8	51	66	117	207	26	7	34	83
7	11	22	0	1	1	10	37	60	116	4	4	8	52	67	119	210	28	7	35	84
8	13	25	0	1	1	12	38	62	119	5	4	9	53	68	121	214	29	8	37	85
9	14	28	0	1	1	13	39	64	123	5	4	9	54	69	124	217	31	8	38	85
10	16	31	0	1	1	15	40	66	126	5	4	10	56	70	126	220	32	8	40	86
11	17	35	0	1	1	16	41	67	129	5	5	10	57	71	128	223	34	8	42	87
12	19	38	0	1	1	17	42	69	132	5	5	11	58	72	131	226	35	8	43	87
13	21	41	0	1	2	19	43	71	135	7	5	11	59	73	133	229	37	8	45	88

表 6-4(续)

角度	切线	弧长	余量	延伸	减量	加量	角度	切线	弧长	余量	延伸	减量	加量	角度	切线	弧长	余量	延伸	减量	加量
14	22	44	0	2	2	20	44	73	138	7	5	12	61	74	136	232	39	8	47	89
15	24	47	0	2	2	22	45	75	141	8	5	13	62	75	138	236	41	8	49	89
16	25	50	0	2	2	23	46	76	145	8	5	13	63	76	141	239	43	8	51	90
17	27	53	0	2	2	25	47	78	148	9	5	14	64	77	143	242	44	9	53	90
18	29	57	0	2	2	26	48	80	151	9	5	15	65	78	146	245	46	9	55	91
19	30	60	1	2	3	27	49	82	154	10	5	16	66	79	148	248	49	9	57	91
20	32	63	1	2	3	29	50	84	157	11	6	16	68	80	151	251	51	9	60	91
21	33	66	1	2	3	30	51	86	160	11	6	17	69	81	154	254	53	9	62	92
22	35	69	1	2	3	32	52	88	163	12	6	18	70	82	156	258	55	9	64	92
23	37	72	1	3	4	33	53	90	167	13	6	19	71	83	159	261	58	9	67	92
24	38	75	1	3	4	34	54	92	170	14	6	20	72	84	162	264	60	9	70	92
25	40	79	1	3	4	36	55	94	173	15	6	21	73	85	165	267	63	9	72	93
26	42	82	1	3	4	37	56	96	176	15	6	22	74	86	168	270	66	10	75	93
27	43	85	2	3	5	39	57	98	179	16	6	23	75	87	171	273	68	10	78	93
28	45	88	2	3	5	40	58	100	182	17	6	24	76	88	174	276	71	10	81	93
29	47	91	2	3	5	41	59	102	185	18	7	25	77	89	177	280	74	10	84	93
30	48	94	2	3	6	43	60	104	188	19	7	26	78	90	180	283	77	10	87	93

6.2 "管子放样长、起弯点、进给量、转角、曲角、下料长"计算程序

3D、4D 求管子弯曲
起弯点下料长及举例

表 6-5 是含有 Excel 计算公式的"管子放样长、起弯点、进给量、转角、曲角、下料长"计算程序。关于 X、Y、Z 的取值方法,须按前面"管子弯曲参数的概念及计算"中,应用矢量代数计算管子曲形参数的取值方法进行。管子制作零件图上都有图形的坐标值,直接输入即可。在参数中选取"弯模"所对应的"管径"和"延伸值"。"首端减量""末端减量"根据图纸首尾两端法兰焊接减量。

表6-5　曲转角计算器2.5

计算信息										管径	90°延伸值	弯模	前卡	后卡
序号	X	Y	Z	放样长	起弯点	进给量	转角	曲角	首端减量 =	7	22	4	66	55	100
1	0	0	0	485	334	-1 898	—	90.0	末端减量 =	7	25	4	75	70	200
2	0	485	0	499	546	328	90.0	21.2	管径	48	27	4	80	70	200
3	465	485	-180	1 335	1 352	1 162	-69.6	164.0	弯模 R =	144	30	5	90	70	200
4	1 800	485	-180	1 873	—	—	—	—	延伸值 =	8	34	5	100	85	200
5	—	—	—	0	—	—	—	—	科长 =	2 232	36	6	110	90	300
6							—	—		—	42	7	130	105	300
7			计算器用法				—	—		—	45	7	135	110	300
8	1.X、Y、Z 表中需要填写管件的坐标值(见举						—	—		—	48	8	145	120	350
9	例,此例原点1(0,0,0)其他坐标点2,3,4 相						—	—		—	55	9	165	135	350
10	对原点坐标填入"X、Y、Z"表格中)。						—	—		—	60	10	180	150	400
11	2.首端减量、末端减量需根据图纸首尾两端						—	—		—	70	12	210	165	400
12	连接件焊接减量填写(见举例,此例中法兰						—	—		—	76	13	230	190	400
13	焊接减量是7 mm,故首端减量7,末端减						—	—		—	89	15	270	220	400
14	量7)。						—	—		—	114	19	340	260	400
15	3.管径需要填写,但是必须在"管径"一列中						—	—		—	140	23	420	330	500
16	选取(见举例,此例中管径规格是48×5,故						—	—		—	168	27	500	350	500
17	管径48)。						—	—		—	—	—	—	—	—
18	4.其他表格内容是计算公式链接,已经锁定。5.计算结果一目了然						—	—		—	—	—	—	—	—

"管子放样长、起弯点、进给量、转角、曲角、下料长"计算程序使用方法如下。

(1)需要在"X、Y、Z"表中填写管件每个点的坐标值。

(2)需要填写"首端减量""末端减量"。

(3)需要填写"管径""延伸值"。

(4)其他表格内容是计算公式链接,已经锁定。

(5)就可以得到管件加工的有关数据:放样长、起弯点、进给量、转角、曲角、下料长。

(6)举例说明"管子放样长、起弯点、进给量、转角、曲角、下料长"计算程序的使用方法。

这个计算程序可以对管子制作图的图形尺寸及弯曲参数进行检查校对。

例1：

1. 根据图6-1所示管子制作零件图，操作计算程序，对图纸尺寸及各项参数进行检查。

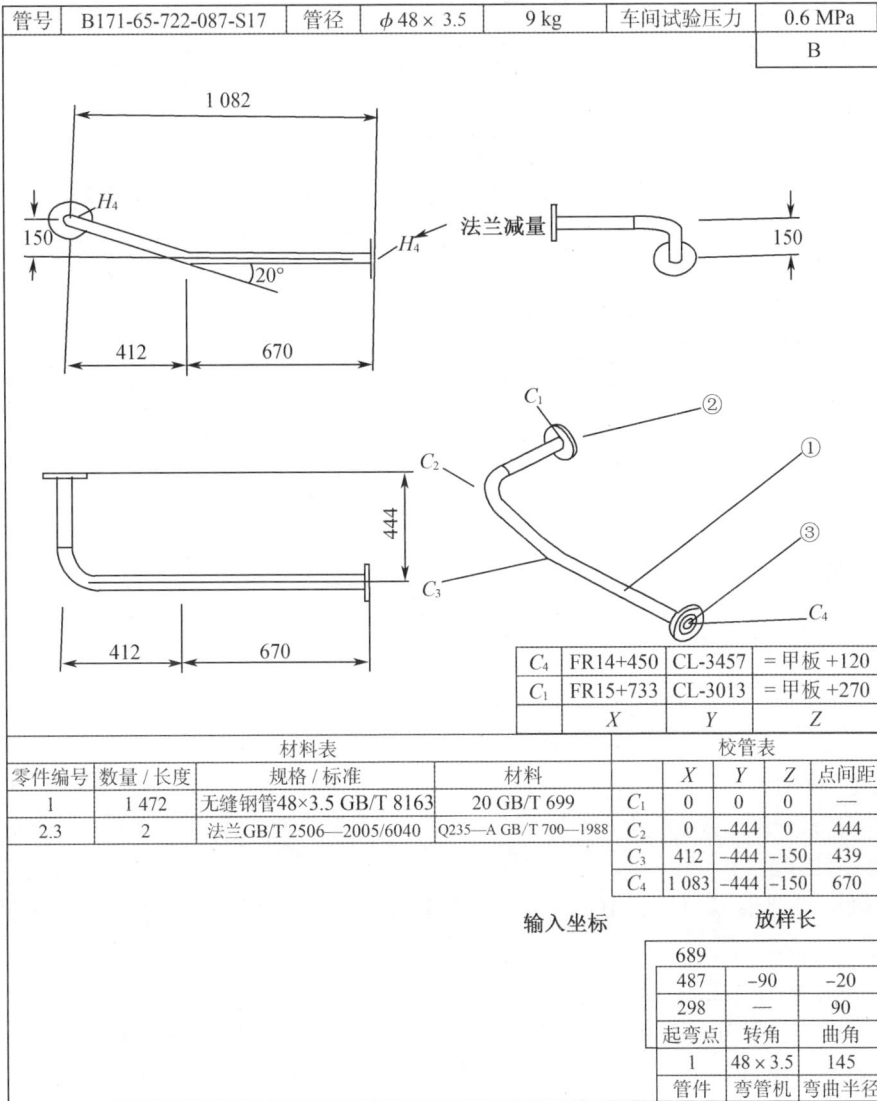

管号	B171-65-722-087-S17	管径	$\phi 48 \times 3.5$	9 kg	车间试验压力	0.6 MPa
						B

C_4	FR14+450	CL-3457	= 甲板 +120
C_1	FR15+733	CL-3013	= 甲板 +270
		X	Y	Z

材料表

零件编号	数量 / 长度	规格 / 标准	材料
1	1 472	无缝钢管48×3.5 GB/T 8163	20 GB/T 699
2.3	2	法兰GB/T 2506—2005/6040	Q235—A GB/T 700—1988

校管表

	X	Y	Z	点间距
C_1	0	0	0	—
C_2	0	−444	0	444
C_3	412	−444	−150	439
C_4	1 083	−444	−150	670

输入坐标

放样长

689		
487	−90	−20
298	—	90
起弯点	转角	曲角
1	48 × 3.5	145
管件	弯管机	弯曲半径

图6-1　管子制作零件图

2. 操作"管子放样长、起弯点、进给量、转角、曲角、下料长"计算程序。

（1）输入首端法兰减量"4"，末端法兰减量"4"，弯模"144"，延伸值"8"（管径 $\phi 48$ 所对应的弯模和延伸值）。

（2）输入坐标值：$C_1(0,0,0)$、$C_2(0,-444,0)$、$C_3(412,-444,-150)$、$C_4(1\,083,-444,-150)$，回车，计算结果见表6-6。

（3）放样长：444 mm，439 mm，670 mm，与图纸上的点间距一致。

（4）起弯点：295 mm，487 mm，689 mm，与图纸上的起弯点一致。

（5）进给量：这份图纸用起弯点，不用进给量，在此不研究。

（6）转角 −90°，与图纸上的转角一致。

（7）曲角20°、90°，与图纸上的曲角一致。

（8）下料长度1 473 mm，与图纸上的下料长度1 472 mm 基本一致。（管子下料长度允许超差 ±3 mm）

经过用"管子放样长、起弯点、进给量、转角、曲角、下料长"计算程序检查，图纸正确无问题。

表6-6　曲转角计算器2.5计算结果

序号	X	Y	Z	放样长	起弯点	进给量	转角	曲角	首端减量 =	4
1	0	0	0	444	296	−1 177	—	90.0	末端减量 =	4
2	0	−444	0	438	487	269	−90.0	20.0	管径	48
3	412	−444	−150	671	690	499	71.3	156.6	弯模 R =	144
4	1 083	−444	−150	1 180	—	—	—	—	延伸值 =	8
5	—	—	0	—	—	—	—	—	料长 =	1 473
6	—	—	0	—	—	—	—	—	—	—

例2：

1. 根据图6-2管子制作零件图，操作计算程序，对图纸尺寸及各项参数进行检查。

2. 见图6-2，按照图纸原来的坐标输入操作"管子放样长、起弯点、进给量、转角、曲角、下料长"计算程序：

（1）输入首端法兰减量"4"，末端法兰减量"4"，弯模"144"，延伸值"8"（管径 $\phi48$ 所对应的弯模和延伸值）。

（2）输入坐标值：$C_1(0,0,0)$，$C_2(0,-171,0)$，$C_3(0,-743,0)$，$C_4(0,-1393,0)$，$C_5(-343,-1393,0)$。

回车。计算结果见表6-7。

（3）放样长：393 mm、650 mm、574 mm、171 mm，与图纸上的点间距顺序不一致。

（4）起弯点：245 mm、719 mm、574 mm、310 mm，与图纸上的起弯点不一致。

（5）进给量：这份图纸用起弯点，不用进给量，在此不研究。

（6）转角：180°。

（7）曲角：90°、5°、5°。与图纸上的曲角顺序不一致。

（8）下料长度：1 848 mm，与图纸上的下料长度不一致。

3. 分析：小程序"转角计算器2.5"（请在6.2节扫码查看）所算结果与图纸上的一些参数不一致，现在还不能认为是计算机出现错误，从图6-2中的取值坐标可以看出，管件是沿着 $C_1 C_2 C_3 C_4 C_5$ 这个方向取的三维坐标值。矢量代数法是把一根曲形管子上的每一段看作一个矢量，并根据各管段的坐标值，运用矢量代数、数量积、矢量积推导出来的一组完整、通用的曲形求解公式。小程序"转角计算器2.5"就是应用这套完整的曲形求解公式建立起来的。所以按照矢量代数法的规则，可以沿着 $C_5 C_4 C_3 C_2 C_1$ 这个方向重新取三维坐标值，再次操作"管子放样长、起弯点、进给量、转角、曲角、下料长"计算程序。

COSCO SHIPYARD		管子零件图		图号	171MP201PM	第246页
				材质	20 GB/T 699	共254页
船名	PSV9000HP	C_1	B171-65-722-087-S20	等级	111	内表面处理	P
托盘	B171	C_5	阀	类型	F	外表面处理	C(E4*)
管号	B171-65-722-087-S20	管径	$\phi48\times3.5$	重量	10 kg	车间试验压力	0.6 MPa

B

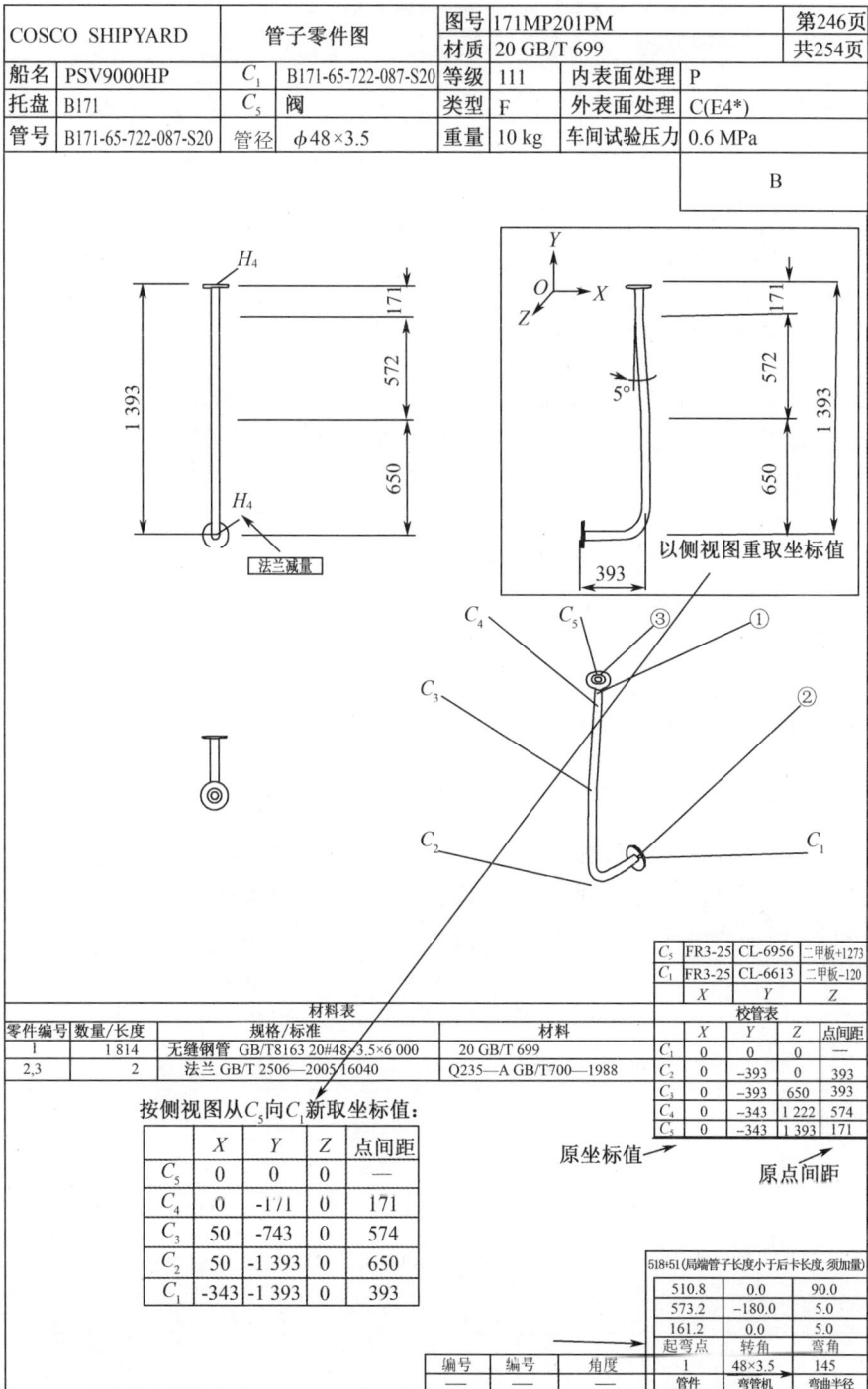

| C_5 | FR3-25 | CL-6956 | 二甲板+1273 |
| C_1 | FR3-25 | CL-6613 | 二甲板-120 |

		X	Y	Z
		校管表		

材料表				
零件编号	数量/长度	规格/标准	材料	
1	1 814	无缝钢管 GB/T8163 20#48×3.5×6 000	20 GB/T 699	
2,3	2	法兰 GB/T 2506—2005/6040	Q235—A GB/T700—1988	

	X	Y	Z	点间距
C_1	0	0	0	—
C_2	0	−393	0	393
C_3	0	−393	650	393
C_4	0	−343	1 222	574
C_5	0	−343	1 393	171

按侧视图从 C_5 向 C_1 新取坐标值：

	X	Y	Z	点间距
C_5	0	0	0	—
C_4	0	-171	0	171
C_3	50	-743	0	574
C_2	50	-1 393	0	650
C_1	-343	-1 393	0	393

518+51（局端管子长度小于后卡长度，须加量）		
510.8	0.0	90.0
573.2	−180.0	5.0
161.2	0.0	5.0
起弯点	转角	弯角

编号	编号	角度	1	48×3.5	145
—	—	—	管件	弯管机	弯曲半径

图 6-2

表6-7　曲转角计算器2.5计算结果

序号	X	Y	Z	放样长	起弯点	进给量	转角	曲角	首端减量 =	4
1	0	0	0	393	245	-1 603	—	90.0	末端减量 =	4
2	0	-393	0	650	719	501	0.0	5.0	管径	48
3	0	-393	650	574	574	564	180.0	5.0	弯模 R =	144
4	0	-343	1 222	171	310	17	180.0	166.2	延伸值 =	8
5	0	-343	1 435	—	—	—	—	料长 =	1848	—

4. 按照图的反方向取坐标重新输入,见图6-6,以侧视图重新取坐标。

(1)输入首端法兰减量"4",末端法兰减量"4",弯模"144",延伸值"8"(管径φ48 所对应的弯模和延伸值)。

(2)输入坐标值:$C_5(0,0,0)$、$C_4(0,171,0)$、$C_3(-50,743,0)$、$C_2(-50,1 393,0)$、$C_1(343,1 393,0)$,回车。计算结果见表6-8。

(3)放样长:171 mm、574 mm、650 mm、393 mm,与图纸上的点间距完全一致。

(4)起弯点:242 mm、719 mm、574 mm、310 mm,与图纸上的起弯点完全一致。

(5)进给量:这份图纸用起弯点,不用进给量,在此不研究。

(6)转角:180°,与图纸上的转角完全一致。

(7)曲角:5°、5°、90°,与图纸上的曲角完全一致。

(8)下料长度:1 814 mm,与图纸上的料长完全一致。

通过这个例子说明,坐标的取值顺序很重要,一般要求管子的短头在前面,要保证首尾两端都有足够的卡瓦量。这个管件首尾两端都不够卡瓦长度要求,因此计算出来的料长都不是实际料长,弯曲后尾端都需要切掉工艺管。

表6-8　曲转角计算器2.5计算结果

序号	X	Y	Z	放样长	起弯点	进给量	转角	曲角	首端减量 =	4
1	0	0	0	171	162	-1 652	—	5.0	末端减量 =	4
2	0	-171	0	574	574	564	180.0	5.0	管径	48
3	50	-743	0	650	511	501	0.0	90.0	弯模 R =	144
4	50	-1 393	0	393	568	100	0.0	103.8	延伸值 =	8
5	-343	-1 393	0	1 435	—	—	—	—	料长 =	1 814

例3:

1. 根据图6-3所示的管子制作零件图,操作计算程序,对图纸尺寸及各项参数进行检查。这是另一种软件生成的管件三维立体图,可以转换绘成管子单线图,看起来能够直观一些,如图6-4所示为立体图转换单线图。

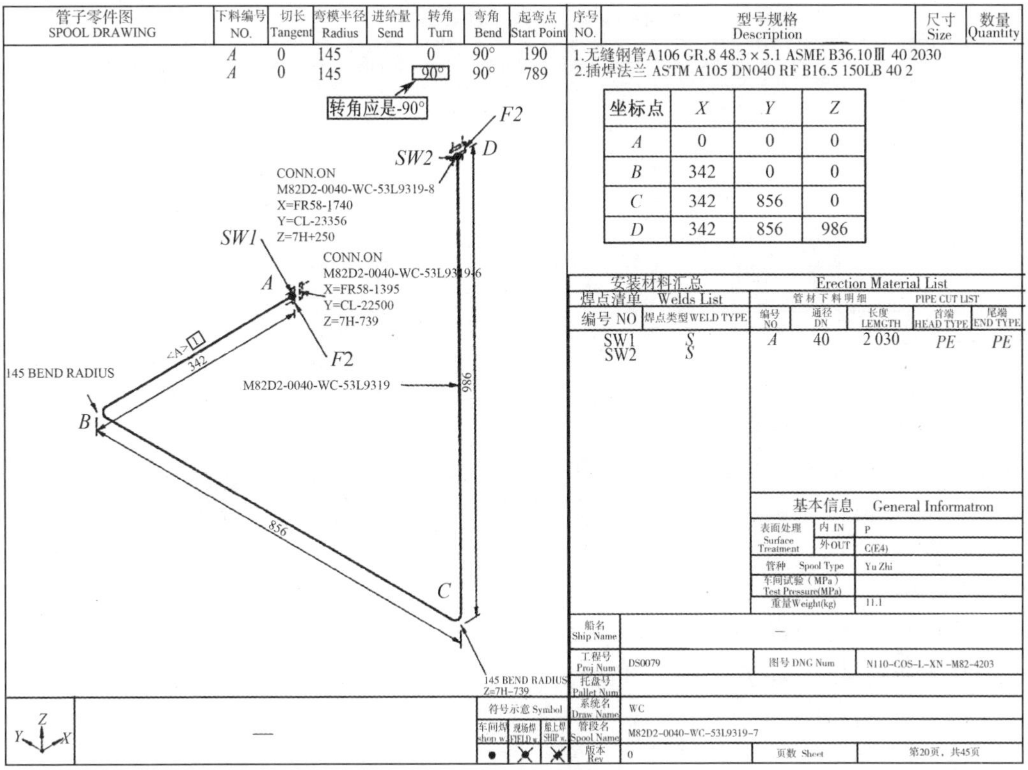

图 6-3　管子制作零件图

2. 操作"管子放样长、起弯点、进给量、转角、曲角、下料长"计算程序。

（1）输入首端法兰减量"7"，末端法兰减量"7"，弯模"144"，延伸值"8"（管径 $\phi 48$ 所对应的弯模和延伸值）。

（2）输入坐标值：$A(0,0,0)$、$B(342,0,0)$、$C(412,-444,-150)$、$D(1\,083,-444,-150)$，回车，计算结果见表 6-9。

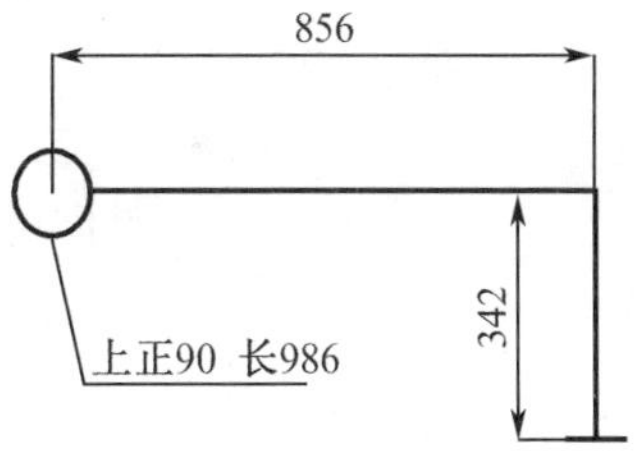

图 6-4　立体图转换单线图

（3）放样长：342 mm、856 mm、986 mm，与图纸上的尺寸一致。

（4）起弯点：191 mm、786 mm、1 053 mm，与图纸上的起弯点一致。

（5）进给量：这份图纸用起弯点，不用进给量，在此不研究。

（6）转角 -90°，与图纸上的转角方向相反。图纸所给的转角与现场施工相反，所以需要改正过来。

（7）两个曲角均为 90°，与图纸上的曲角一致。

（8）下料长度 2 031 mm，与图纸上的下料长度 2 030 mm 基本一致。（管子下料长度允许超差 ±3 mm）

经过用"管子放样长、起弯点、进给量、转角、曲角、下料长"计算程序检查，图纸上的转角方向需要改正，其他正确。

表6-9　曲转角计算器2.5

序号	X	Y	Z	放样长	起弯点	进给量	转角	曲角		
1	0	0	0	342	191	-1 840	—	90.0	首端减量 =	7
2	342	0	0	856	786	568	-90.0	90.0	末端减量 =	7
3	342	856	0	986	1 053	695	21.8	136.9	管径	48
4	342	856	986	1 350	—	—	—	—	弯模 R =	144
5	—	—	—	0	—	—	—	—	延伸值 =	8
									料长 =	2 031

例4：

也可以对手工绘制图直接计算各项参数。

根据手工制图中(图6-5)的相关内容，输入首端法兰减量"4"，末端法兰减量"4"，弯模"145"，延伸值"8"(管径 ϕ48 所对应的弯模和延伸值)，最后再输入坐标值：$A(0,0,0)$、$B(560,0,0)$、$C(780,350,500)$、$D(780,830,500)$。回车，见表6-10。所需内容就一目了然了：

(1)放样长:560 mm、649 mm、480 mm。

(2)起弯点:454 mm、639 mm、536 mm。

(3)进给量:-1 176 mm、469 mm、254 mm。

(4)转角:76.6°。

(5)曲角1°、70.2°、曲角2°、57.4°。

(6)下料长度:1 630 mm。

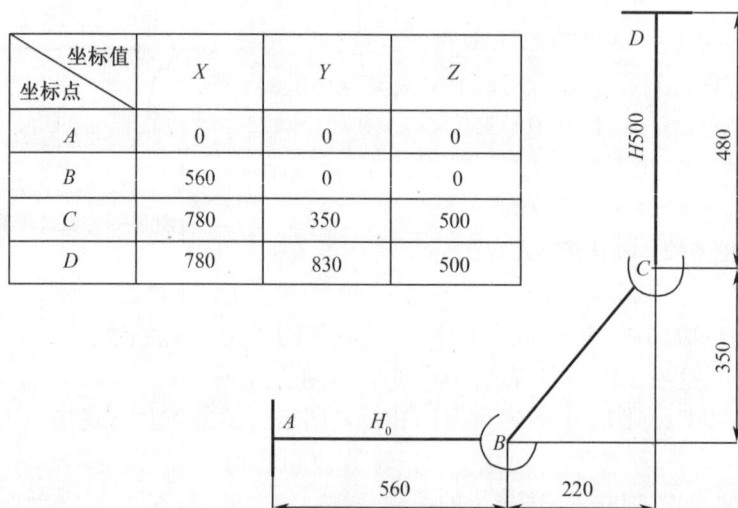

坐标值＼坐标点	X	Y	Z
A	0	0	0
B	560	0	0
C	780	350	500
D	780	830	500

图6-5

表 6 - 10　曲转角计算器 2.5

序号	X	Y	Z	放样长	起弯点	进给量	转角	曲角	参数	管径	90°延伸值	弯模	前卡	后卡	角度	切线	延伸	弧长	余量	减量	加量
									首端减量 = 4	22	3.5	66	55	100	1	1	0	3	0	0	1
1	0	0	0	560	454	-1 176	—	70.2	末端减量 = 4	25	4	75	70	200	2	3	0	5	0	0	2
2	560	0	0	649	639	469	76.6	57.4	弯模 R = 145	27	4.5	80	70	200	3	4	0	8	0	0	4
3	780	350	500	480	536	254	-33.6	131.9	延伸值 = 8	30	5	90	70	200	4	5	0	10	0	0	5
4	780	830	500	1 244	—	—	—	—	料长 = 1 630	34	6	100	85	200	5	6	0	13	0	0	6
5	—	—	—	0	—	—	—	—	—	36	6	110	90	300	6	8	1	15	0	1	7
6	—	—	—	0	—	—	—	—	—	42	7	130	105	300	7	9	1	18	0	1	8
7	—	—	—	0	—	—	—	—	—	45	7.5	135	110	300	8	10	1	20	0	1	9
8	—	—	—	0	—	—	—	—	—	48	8	145	120	350	9	11	1	23	0	1	11
9	—	—	—	0	—	—	—	—	—	55	9	165	135	350	10	13	1	25	0	1	12
10	—	—	—	0	—	—	—	—	—	60	10	180	150	400	11	14	1	28	0	1	13
11	—	—	—	0	—	—	—	—	—	70	11.5	210	165	400	12	15	1	30	0	1	14
12	—	—	—	0	—	—	—	—	—	76	11.5	230	190	400	13	17	1	33	0	1	15
13	—	—	—	0	—	—	—	—	—	89	15	270	220	400	14	18	1	35	0	1	16
14	—	—	—	0	—	—	—	—	—	114	18.5	340	260	400	15	19	1	38	0	2	18
15	—	—	—	0	—	—	—	—	—	140	23	420	330	500	16	20	1	40	0	2	19
16	—	—	—	0	—	—	—	—	—	168	27.5	500	350	500	17	22	2	43	0	2	20
17	—	—	—	0	—	—	—	—	—	—	—	—	—	—	18	23	2	46	0	2	21
18	—	—	—	0	—	—	—	—	—	—	—	—	—	—	19	24	2	48	0	2	22
19	—	—	—	0	—	—	—	—	—	—	—	—	—	—	20	26	2	51	1	2	23
20	—	—	—	0	—	—	—	—	—	—	—	—	—	—	21	27	2	53	1	2	24

（表中"曲转角计算器计算界面"包含序号、X、Y、Z、放样长、起弯点、进给量、转角、曲角及参数列；右侧含管径、90°延伸值、弯模、前卡、后卡、角度、切线、延伸、弧长、余量、减量、加量。）

6.3　"管子先焊后弯法兰孔定位"的计算程序

法兰转角计算器及举例

　　管子先焊后弯首先要解决的是法兰孔的定位,然后还要解决"管子放样长、起弯点、进给量、转角、曲角、下料长"的计算。"管子放样长、起弯点、进给量、转角、曲角、下料长"计算程序前面已经讲过并有例子说明。这里重点要介绍的是"管子先焊后弯法兰孔定位"的计算程序的应用方法。

所谓的法兰孔定位,就是法兰孔双眼正时,与管子第一个曲角所在平面之间的夹角的确定。

表6-11是含有 Excel 计算公式的"管子先焊后弯法兰孔定位"的计算程序。关于 X、Y、Z 的取值方法,除了需要按前面"管子弯曲参数的概念及计算"中应用矢量代数计算管子曲形参数的取值方法进行外,须更进一步掌握法兰加入管件坐标后,如何取值。

表6-11 法兰转角计算器2.5

序号	X	Y	Z	放样长	转角	曲角
1	0	0	0	1	—	90.0
2	-0.707 106 781	-0.707 106 781	0	434	-11.3	46.1
3	-301.707 106 8	300.292 893 2	87	3 089	16.1	90.0
4	-301.707 106 8	3 389.292 893	87	1	-1.5	84.9
5	-300.707 106 8	3 389.292 893	87	3 404	—	—
6	—	—	—	0	—	—
7	—	—	—	0	—	—
8	—	—	—	0	—	—

为了熟练掌握"管子先焊后弯法兰孔定位"的计算程序中关于 X,Y,Z 的取值方法,需要认真看一下第四章管子法兰先焊后弯部分,法兰孔旋转计算的概念和操作要领,这里强调如下。

1. 求法兰预转角 X、Y、Z 的取值时,就要加入法兰的坐标点 $F_{首}$ 及 $F_{尾}$。

2. 在例1中,见图6-6。设 $F_{首}$ 为原点,A、B、C、D、$F_{尾}$ 相对原点取值,取值结果见表6-12。

在例2中,见图6-8。设 1($F_{首}$) 为原点,点2,3,4,5($F_{尾}$) 相对原点取值,取值结果见表6-13。

3. 法兰转角是通过管段例1中 AB、例2中2,3为轴转动的,所以,在例1中,$F_{首}$ 应与管段 CD 在管段 AB 的同侧见图6-6;在例2中 1($F_{首}$) 应与管段34在管段23的同侧,见图6-8。这样计算的法兰转角才会小于90°,便于操作。

4. $F_{首}$ 是法兰的半径,不管法兰有多大,半径有多长,取 $F_{首}$ 作为一个常量 =1,就可以满足法兰转角 β 的各项计算要求。

5. 在 $F_{首}$ 取坐标值的时候,会遇到两种情况:

(1)当法兰双眼正连线在三维坐标中与 X、Y、Z 平行或垂直时,$F_{首}$ 只会有一个坐标值等于 1 或 -1。尾端法兰同理,见例1的图6-6。

(2)当法兰双眼正连线在三维坐标中与 X、Y、Z 不平行或不垂直时,$F_{首}$ 会有两个坐标值不等于 1 或 -1,这时就要取 $F_{首}$ 在 X、Y 或 Z 上的投影,两个方向的投影是常量 $=1 \times \sin(\alpha \times \mathrm{PI}(\ )/180)$;常量 $=1 \times \cos(\alpha \times \mathrm{PI}(\ )/180)$;是正值还是负值,就要在三维坐标中,看点 2 相对 1($F_{首}$) 的坐标位置,尾端法兰同理,见例2的图6-8。

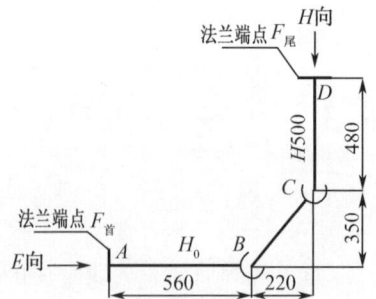

图6-6

下面做两个练习,来掌握"管子先焊后弯法兰孔定位"的计算程序的应用方法。

例1:

管件见图6-6,求法兰弯曲预转角 β。操作"管子先焊后弯法兰孔定位"的计算程序,即法兰转角计算器。

1. 设管件起始点 $F_{首}$ 为原点,按管段 $F_{首}$、A、B、C、D、$F_{尾}$ 顺序相对原点取坐标值。

2. 所取坐标值见表6-12。

表 6－12

坐标点	坐标值		
	X	Y	Z
$F_{首}$	0	0	0
A	0	-1	0
B	560	-1	0
C	780	349	500
D	780	829	500
$F_{尾}$	779	829	500

3. 在法兰转角计算器中输入坐标值,回车,见表6-13。

首端法兰转角 -55°,尾端法兰转角 -66.3°。与在第四章手工计算的结果是一样的,显然,用上"管子先焊后弯法兰孔定位"的计算程序,快捷准确很多。

例2:

管件施工原图和单线图分别见图6-7、图6-8,求法兰弯曲预转角 β,可操作"管子先焊后弯法兰孔定位"的计算程序,即法兰转角计算器。

1. 设管件起始点 $F_{首}$ 为原点,按管段 $1(F_{首})$,2,3,4,5$(F_{尾})$如顺序相对原点取坐标值。

坐标值见表6-13。

表 6－13　法兰转角计算器 2.5

序号	X	Y	Z	放样长	转角	曲角
1	0	0	0	1	—	90.0
2	0	-1	0	560	-55.0	70.2
3	560	-1	0	649	76.6	57.4
4	780	349	500	480	-66.3	90.0
5	780	829	500	1	31.1	51.2
6	779	829	500	1 243	—	—
7	—	—	—	0		
8	—	—	—	0		

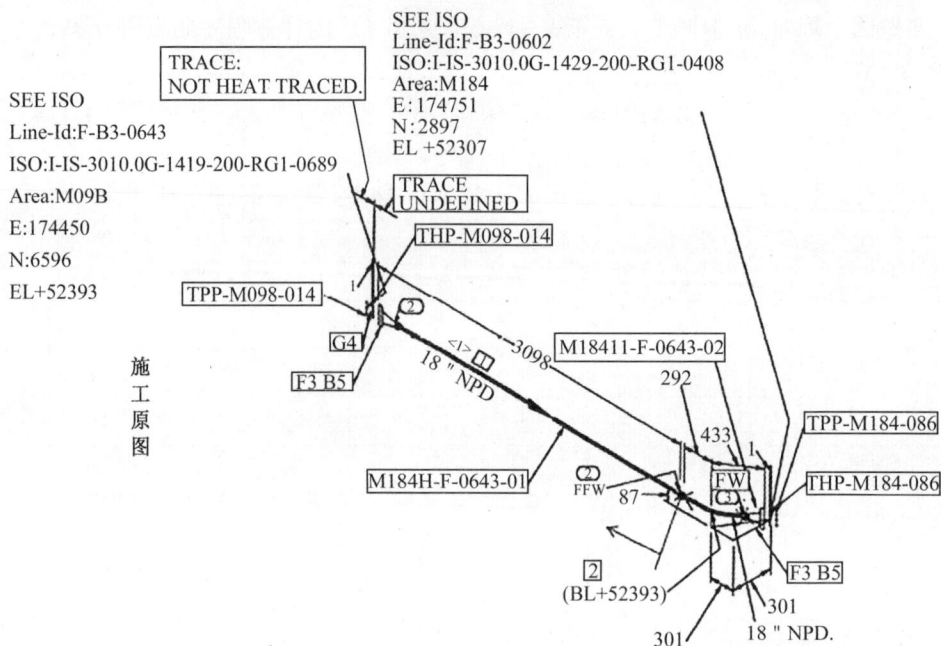

SEE ISO
Line-Id:F-B3-0602
ISO:I-IS-3010.0G-1429-200-RG1-0408
Area:M184
E: 174751
N: 2897
EL +52307

TRACE:
NOT HEAT TRACED.

SEE ISO
Line-Id:F-B3-0643
ISO:I-IS-3010.0G-1419-200-RG1-0689
Area:M09B
E:174450
N:6596
EL+52393

TRACE
UNDEFINED

THP-M098-014

TPP-M098-014

G4

F3 B5

18 " NPD

3098

M18411-F-0643-02

292

TPP-M184-086

M184H-F-0643-01

FFW

87

433

FW

THP-M184-086

F3 B5

(BL+52393)

301

301

18 " NPD.

施工原图

图 6 – 7 管子施工原图

如图 6 – 7 所示为管子施工原图,为了计算取值方便,把三维立体图转换成管子施工单线图,见图 6 – 8,看起来比较直观。

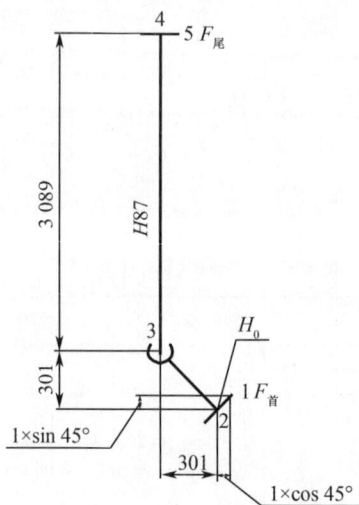

4 5 $F_{尾}$

3 089

$H87$

301

3

H_0

1 $F_{首}$

2

$1×\sin 45°$

301

$1×\cos 45°$

图 6 – 8 管子施工单线图

104

2. 所取坐标值见表 6 – 14。

表 6 – 14

坐标点	坐标值		
	X	Y	Z
1($F_{首}$)	0	0	0
2	– 0. 707	– 0. 707	0
3	– 301. 707	300. 293	87
4	– 301. 707	3 389. 293	87
5($F_{尾}$)	– 300. 707	3 389. 293	87

3. 在法兰转角计算器中输入坐标值,回车,见表 6 – 15。

首端法兰转角16. 1°,尾端法兰转角 – 11. 3°,这与在第四章手工计算的结果是一样的。显然,用上"管子先焊后弯法兰孔定位"的计算程序,快捷准确很多。

表 6 – 15　法兰转角计算器 2.5

序号	X	Y	Z	放样长	转角	曲角
1	0	0	0	1	—	90. 0
2	– 1	0	0	3 089	16. 1	46. 1
3	– 1	– 3 089	0	434	– 11. 3	90. 0
4	300	– 3 390	– 87	1	9. 6	50. 1
5	300. 707 106 8	– 3 389. 292 893	– 87	3 404	—	—
6	—	—	—	0	—	—

4. 这根管件,如果是先弯曲,后装法兰,按照图纸装配会有一定的难度。图 6 – 8 中,管件只有法兰一点着地,如果将管件弯曲平面放平使其全部着落平台(见图 6 – 9),再装配法兰,只要首端法兰双眼正顺时针旋转16. 1°,尾端法兰双眼正顺时针旋转11. 3°,找正装配焊接就可以。尾端法兰是负值,为什么要顺时针旋转?因为我们计算的转角是从首端向后面按顺序进行的,所以计算结果的转角都应该是从前向后看来操作。尾端法兰从后向前看来操作,方向就是相反的。按表 6 – 15 的计算结果,我们把管件放平,见图 6 – 9。

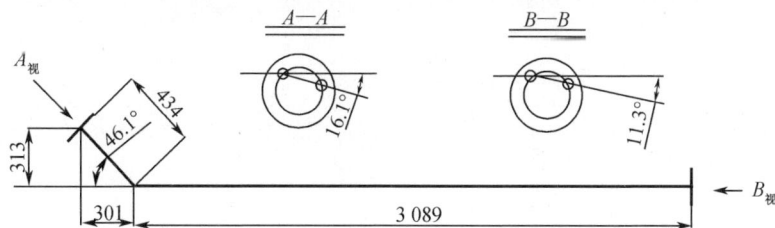

图 6 – 9

从前向后看,首端法兰顺时针旋转 16.1°,尾端法兰逆时针旋转11.3°,尾端法兰从后向前看,就是顺时针旋转11.3°。这样的装配,尺寸容易掌握,操作也很方便。

我们编写的"求法兰转角计算器并举例"的计算程序里,还有好几个例子,扫二维码打开数据,可以看得很清楚。所以,能够熟练计算法兰预转角,对于管子平台装配也是非常方便的。

附录 A:行列式的计算方法

方法一:直接计算

$$\begin{vmatrix} a & b & c \\ d & e & f \\ g & h & i \end{vmatrix}$$

$$= (aei + bfg + cdh) - (ceg + fha + ibd)$$

(这里的字母跟字母都是乘积关系)

方法二:任何一行或一列展开

$$\begin{vmatrix} a & b & c \\ d & e & f \\ g & h & i \end{vmatrix} \xrightarrow{\text{仅把第一行展开}}$$

$$= a\begin{vmatrix} e & f \\ h & i \end{vmatrix} - b\begin{vmatrix} d & f \\ g & i \end{vmatrix} + c\begin{vmatrix} d & e \\ g & h \end{vmatrix}$$

$$= a(ei - fh) - b(di - fg) + c(dh - eg)$$

$$\begin{vmatrix} a & b & c \\ d & e & f \\ g & h & i \end{vmatrix} \xrightarrow{\text{仅把第二行展开}}$$

$$= -d\begin{vmatrix} b & c \\ h & i \end{vmatrix} + e\begin{vmatrix} a & c \\ g & i \end{vmatrix} - f\begin{vmatrix} a & b \\ g & h \end{vmatrix}$$

$$= -d(bi - ch) + e(ai - cg) - f(ah - bg)$$

$$\begin{vmatrix} a & b & c \\ d & e & f \\ g & h & i \end{vmatrix} \xrightarrow{\text{仅把第三行展开}}$$

$$= c\begin{vmatrix} d & e \\ g & h \end{vmatrix} - f\begin{vmatrix} a & b \\ g & h \end{vmatrix} + i\begin{vmatrix} a & b \\ d & e \end{vmatrix}$$

$$= c(dh - eg) - f(ah - bg) + i(ae - bd)$$

这样的展开,有 6 种,结果都是一样的。

附录 B：R＝3D 管子弯曲无余量下料计算表

附表 B－1　　R＝3D 管子弯曲无余量下料计算表

无余量计算表 φ18　R54　前卡 55 后直管段 100										无余量计算表　φ18　R54　前卡 55 后直管段 100									
角度	切线	减量	加量	尾最短	角度	切线	减量	加量	尾最短	角度	切线	减量	加量	尾最短	角度	切线	减量	加量	尾最短
1	0	0	0	101	46	23	4	19	142	91	55	27	28	183	136	134	144	(10)	224
2	1	0	1	102	47	23	4	19	143	92	56	28	28	184	137	137	150	(12)	225
3	1	0	1	103	48	24	4	20	144	93	57	29	28	185	138	141	156	(15)	226
4	2	0	2	104	49	25	5	20	145	94	58	30	28	185	139	144	162	(18)	226
5	2	0	2	105	50	25	5	20	145	95	59	31	27	186	140	148	169	(21)	227
6	3	0	3	105	51	26	5	21	146	96	60	33	27	187	141	152	177	(24)	228
7	3	0	3	106	52	26	5	21	147	97	61	34	27	188	142	157	185	(28)	229
8	4	0	3	107	53	27	6	21	148	98	62	35	27	189	143	161	193	(31)	230
9	4	0	4	108	54	28	6	22	149	99	63	36	27	190	144	166	201	(35)	231
10	5	0	4	109	55	28	6	22	150	100	64	38	27	191	145	171	211	(39)	232
11	5	0	5	110	56	29	6	22	151	101	66	39	26	192	146	177	220	(44)	233
12	6	0	5	111	57	29	7	23	152	102	67	41	26	193	147	182	231	(49)	234
13	6	0	6	112	58	30	7	23	153	103	68	42	26	194	148	188	242	(54)	235
14	7	1	6	113	59	31	7	23	154	104	69	44	25	195	149	195	254	(59)	236
15	7	1	7	114	60	31	8	23	155	105	70	45	25	195	150	202	267	−65	236
16	8	1	7	115	61	32	8	24	155	106	72	47	25	196	151	209	280	(71)	237
17	8	1	7	115	62	32	9	24	156	107	73	49	24	197	152	217	295	(78)	238
18	9	1	8	116	63	33	9	24	157	108	74	50	24	198	153	225	311	(86)	239
19	9	1	8	117	64	34	9	24	158	109	76	52	23	199	154	234	328	(94)	240
20	10	1	9	118	65	34	10	25	159	110	77	54	23	200	155	244	346	(103)	241
21	10	1	9	119	66	35	10	25	160	111	79	56	22	201	156	254	366	(112)	242
22	10	1	10	120	67	36	11	25	161	112	80	58	22	202	157	265	388	(123)	243
23	11	1	10	121	68	36	11	25	162	113	82	60	21	203	158	278	412	(134)	244
24	11	1	10	122	69	37	11	26	163	114	83	63	21	204	159	291	438	(147)	245
25	12	1	11	123	70	38	12	26	164	115	85	65	20	205	160	306	467	(161)	246
26	12	1	11	124	71	39	12	26	165	116	86	67	19	206	161	323	499	(176)	246
27	13	1	12	125	72	39	13	26	165	117	88	70	18	206	162	341	535	(194)	247
28	13	1	12	125	73	40	14	26	166	118	90	72	17	207	163	361	574	(213)	248
29	14	2	12	126	74	41	14	27	167	119	92	75	17	208	164	384	619	(235)	249
30	14	2	13	127	75	41	15	27	168	120	94	78	16	209	165	410	670	−260	250
31	15	2	13	128	76	42	15	27	169	121	95	81	15	210	166	440	729	(289)	251
32	15	2	14	129	77	43	16	27	170	122	97	84	14	211	167	474	796	(322)	252
33	16	2	14	130	78	44	17	27	171	123	99	87	12	212	168	514	875	(361)	253
34	17	2	14	131	79	45	17	27	172	124	102	90	11	213	169	561	968	(407)	254
35	17	2	15	132	80	45	18	27	173	125	104	94	10	214	170	617	1 080	(463)	255
36	18	2	15	133	81	46	18	28	174	126	106	97	9	215	171	686	1 217	(531)	256
37	18	2	16	134	82	47	19	28	175	127	108	101	7	216	172	772	1 388	(616)	256
38	19	3	16	135	83	48	20	28	175	128	111	105	6	216	173	883	1 608	(726)	257
39	19	3	16	135	84	49	21	28	176	129	113	109	4	217	174	1 030	1 903	(872)	258
40	20	3	17	136	85	49	22	28	177	130	116	113	2	218	175	1 237	2 314	(1 078)	259
41	20	3	17	137	86	50	22	28	178	131	118	118	1	219	176	1 546	2 933	(1 386)	260
42	21	3	17	138	87	51	23	28	179	132	121	123	(1)	220	177	2 062	3 963	(1 901)	261
43	21	3	18	139	88	52	24	28	180	133	124	127	(3)	221	178	3 094	6 025	(2 932)	262
44	22	4	18	140	89	53	25	28	181	134	127	133	(5)	222	179	6 188	1 2213	(6 025)	263
45	22	4	19	141	90	54	26	28	182	135	130	138	−8	223	180	N/A	N/A	N/A	228

附表 B-1（续 1）

无余量计算表 φ22 R66 前卡55 后直管段100										无余量计算表 φ22 R66 前卡55 后直管段100									
角度	切线	减量	加量	尾最短	角度	切线	减量	加量	尾最短	角度	切线	减量	加量	尾最短	角度	切线	减量	加量	尾最短
1	1	0	1	101	46	28	5	23	151	91	67	33	34	201	136	163	176	(12)	251
2	1	0	1	102	47	29	5	24	152	92	68	34	34	202	137	168	183	(15)	252
3	2	0	2	103	48	29	5	24	153	93	70	36	34	203	138	172	190	(19)	253
4	2	0	2	104	49	30	6	24	154	94	71	37	34	204	139	177	199	(22)	255
5	3	0	3	106	50	31	6	25	156	95	72	38	34	206	140	181	207	(26)	256
6	3	0	3	107	51	31	6	25	157	96	73	40	33	207	141	186	216	(30)	257
7	4	0	4	108	52	32	7	26	158	97	75	41	33	208	142	192	226	(34)	258
8	5	0	4	109	53	33	7	26	159	98	76	43	33	209	143	197	236	(38)	259
9	5	0	5	110	54	34	7	26	160	99	77	45	33	210	144	203	246	(43)	260
10	6	0	5	111	55	34	8	27	161	100	79	46	33	211	145	209	257	(48)	261
11	6	0	6	112	56	35	8	27	162	101	80	48	32	212	146	216	269	(54)	262
12	7	1	6	113	57	36	8	28	163	102	82	50	32	213	147	223	282	(59)	263
13	8	1	7	114	58	37	9	28	164	103	83	51	32	214	148	230	296	(66)	265
14	8	1	7	116	59	37	9	28	166	104	84	53	31	216	149	238	310	(72)	266
15	9	1	8	117	60	38	10	29	167	105	86	55	31	217	150	246	326	-80	267
16	9	1	8	118	61	39	10	29	168	106	88	57	30	218	151	255	343	(87)	268
17	10	1	9	119	62	40	10	29	169	107	89	59	30	219	152	265	360	(96)	269
18	10	1	10	120	63	40	11	30	170	108	91	62	29	220	153	275	380	(105)	270
19	11	1	10	121	64	41	11	30	171	109	93	64	29	221	154	286	401	(115)	271
20	12	1	11	122	65	42	12	30	172	110	94	66	28	222	155	298	423	(125)	272
21	12	1	11	123	66	43	12	31	173	111	96	69	27	223	156	311	448	(137)	273
22	13	1	12	124	67	44	13	31	174	112	98	71	27	224	157	324	474	(150)	275
23	13	1	12	126	68	45	13	31	176	113	100	74	26	226	158	340	503	(164)	276
24	14	1	13	127	69	45	14	31	177	114	102	77	25	227	159	356	535	(179)	277
25	15	1	13	128	70	46	15	32	178	115	104	79	24	228	160	374	571	(196)	278
26	15	2	14	129	71	47	15	32	179	116	106	82	23	229	161	394	610	(215)	279
27	16	2	14	130	72	48	16	32	180	117	108	85	22	230	162	417	653	(237)	280
28	16	2	15	131	73	49	17	32	181	118	110	89	21	231	163	442	702	(260)	281
29	17	2	15	132	74	50	17	33	182	119	112	92	20	232	164	470	757	(287)	282
30	18	2	16	133	75	51	18	33	183	120	114	95	19	233	165	501	819	-318	283
31	18	2	16	134	76	52	19	33	184	121	117	99	18	235	166	538	891	(353)	285
32	19	2	17	136	77	52	19	33	186	122	119	103	17	236	167	579	973	(394)	286
33	20	2	17	137	78	53	20	33	187	123	122	106	15	237	168	628	1 069	(441)	287
34	20	3	18	138	79	54	21	33	188	124	124	110	14	238	169	685	1 183	(498)	288
35	21	3	18	139	80	55	22	34	189	125	127	115	12	239	170	754	1 320	(565)	289
36	21	3	19	140	81	56	23	34	190	126	130	119	11	240	171	839	1 487	(649)	290
37	22	3	19	141	82	57	24	34	191	127	132	124	9	241	172	944	1 696	(753)	291

附表 B-1（续2）

无余量计算表 φ22 R66 前卡55 后直管段100										无余量计算表 φ22 R66 前卡55 后直管段100									
角度	切线	减量	加量	尾最短	角度	切线	减量	加量	尾最短	角度	切线	减量	加量	尾最短	角度	切线	减量	加量	尾最短
38	23	3	20	142	83	58	25	34	192	128	135	128	7	242	173	1 079	1 966	(887)	292
39	23	3	20	143	84	59	25	34	193	129	138	133	5	243	174	1 259	2 325	(1 066)	293
40	24	4	20	144	85	60	26	34	194	130	142	139	3	245	175	1 512	2 829	(1 317)	295
41	25	4	21	146	86	62	27	34	196	131	145	144	1	246	176	1 890	3 584	(1 694)	296
42	25	4	21	147	87	63	29	34	197	132	148	150	(2)	247	177	2 520	4 844	(2 324)	297
43	26	4	22	148	88	64	30	34	198	133	152	156	(4)	248	178	3 781	7 364	(3 583)	298
44	27	4	22	149	89	65	31	34	199	134	155	162	(7)	249	179	7 563	14 927	(7 364)	299
45	27	5	23	150	90	66	32	34	200	135	159	169	-9	250	180	N/A	N/A	N/A	356

无余量计算表 φ25 R75 前卡70 后直管段200										无余量计算表 φ25 R75 前卡70 后直管段200									
角度	切线	减量	加量	尾最短	角度	切线	减量	加量	尾最短	角度	切线	减量	加量	尾最短	角度	切线	减量	加量	尾最短
1	1	0	1	201	46	32	6	26	258	91	76	38	39	315	136	186	199	(14)	372
2	1	0	1	203	47	33	6	27	259	92	78	39	39	316	137	190	208	(17)	373
3	2	0	2	204	48	33	6	27	261	93	79	41	38	317	138	195	216	(21)	374
4	3	0	2	205	49	34	6	28	262	94	80	42	38	319	139	201	226	(25)	376
5	3	0	3	206	50	35	7	28	263	95	82	44	38	320	140	206	235	(29)	377
6	4	0	4	208	51	36	7	29	264	96	83	45	38	321	141	212	245	(34)	378
7	5	0	4	209	52	37	7	29	266	97	85	47	38	323	142	218	256	(38)	379
8	5	0	5	210	53	37	7	30	267	98	86	49	38	324	143	224	268	(44)	381
9	6	0	5	211	54	38	8	30	268	99	88	51	37	325	144	231	280	(49)	382
10	7	0	6	213	55	39	9	30	269	100	89	52	37	326	145	238	293	(55)	383
11	7	1	7	214	56	40	9	31	271	101	91	54	37	328	146	245	306	(61)	384
12	8	1	7	215	57	41	9	31	272	102	93	56	36	329	147	253	321	(68)	386
13	9	1	8	216	58	42	10	32	273	103	94	58	36	330	148	262	336	(75)	387
14	9	1	8	218	59	42	10	32	274	104	96	61	35	331	149	270	353	(82)	388
15	10	1	9	219	60	43	11	32	276	105	98	63	35	333	150	280	370	-90	389
16	11	1	10	220	61	44	11	33	277	106	100	65	34	334	151	290	389	(99)	391
17	11	1	10	221	62	45	12	33	278	107	101	68	34	335	152	301	410	(109)	392
18	12	1	11	223	63	46	12	34	280	108	103	70	33	336	153	312	432	(119)	393
19	13	1	11	224	64	47	13	34	281	109	105	73	33	338	154	325	455	(130)	395
20	13	1	12	225	65	48	13	34	282	110	107	75	32	339	155	338	481	(143)	396
21	14	1	13	227	66	49	14	35	283	111	109	78	31	340	156	353	509	(156)	397
22	15	1	13	228	67	50	15	35	285	112	111	81	30	341	157	369	539	(170)	398
23	15	1	14	229	68	51	15	35	286	113	113	84	29	343	158	386	572	(186)	400
24	16	2	14	230	69	52	16	36	287	114	115	87	29	344	159	405	608	(204)	401
25	17	2	15	232	70	53	17	36	288	115	118	90	28	345	160	425	649	(223)	402
26	17	2	16	233	71	53	17	36	290	116	120	94	27	347	161	448	693	(245)	403
27	18	2	16	234	72	54	18	36	291	117	122	97	25	348	162	474	742	(269)	405

附表 B－1（续3）

无余量计算表 φ25 R75 前卡70 后直管段200					无余量计算表 φ25 R75 前卡70 后直管段200				
角度	切线	减量	加量	尾最短	角度	切线	减量	加量	尾最短	角度	切线	减量	加量	尾最短	角度	切线	减量	加量	尾最短
28	19	2	17	235	73	55	19	37	292	118	125	101	24	349	163	502	798	(296)	406
29	19	2	17	237	74	57	20	37	293	119	127	104	23	350	164	534	860	(326)	407
30	20	2	18	238	75	58	20	37	295	120	130	108	22	352	165	570	931	−361	408
31	21	2	18	239	76	59	21	37	296	121	133	112	20	353	166	611	1 012	(401)	410
32	22	3	19	240	77	60	22	38	297	122	135	116	19	354	167	658	1 106	(447)	411
33	22	3	19	242	78	61	23	38	299	123	138	121	17	355	168	714	1 215	(501)	412
34	23	3	20	243	79	62	24	38	300	124	141	125	16	357	169	779	1 344	(565)	413
35	24	3	21	244	80	63	25	38	301	125	144	130	14	358	170	857	1 500	(643)	415
36	24	3	21	245	81	64	26	38	302	126	147	135	12	359	171	953	1 690	(737)	416
37	25	3	22	247	82	65	27	38	304	127	150	140	10	360	172	1 073	1 928	(855)	417
38	26	4	22	248	83	66	28	38	305	128	154	146	8	362	173	1 226	2 234	(1 008)	419
39	27	4	23	249	84	68	29	39	306	129	157	152	6	363	174	1 431	2 642	(1 211)	420
40	27	4	23	251	85	69	30	39	307	130	161	157	3	364	175	1 718	3 215	(1 497)	421
41	28	4	24	252	86	70	31	39	309	131	165	164	1	365	176	2148	4073	(1 925)	422
42	29	5	24	253	87	71	32	39	310	132	168	170	(2)	367	177	2 864	5 505	(2 641)	424
43	30	5	25	254	88	72	34	39	311	133	172	177	(4)	368	178	4297	8369	(4 072)	425
44	30	5	25	256	89	74	35	39	312	134	177	184	(7)	369	179	8 594	1 6962	(8 368)	426
45	31	5	26	257	90	75	36	39	314	135	181	192	−11	371	180	N/A	N/A	N/A	456

无余量计算表 φ27 R81 前卡70 后直管段200					无余量计算表 φ27 R81 前卡70 后直管段200				
角度	切线	减量	加量	尾最短	角度	切线	减量	加量	尾最短	角度	切线	减量	加量	尾最短	角度	切线	减量	加量	尾最短
1	1	0	1	201	46	34	6	28	263	91	82	41	42	324	136	200	215	(15)	386
2	1	0	1	203	47	35	6	29	264	92	84	42	42	326	137	206	224	(19)	387
3	2	0	2	204	48	36	7	29	265	93	85	44	42	327	138	211	234	(23)	388
4	3	0	3	205	49	37	7	30	267	94	87	45	41	328	139	217	244	(27)	390
5	4	0	3	207	50	38	7	30	268	95	88	47	41	330	140	223	254	(32)	391
6	4	0	4	208	51	39	8	31	270	96	90	49	41	331	141	229	265	(36)	392
7	5	0	5	210	52	40	8	31	271	97	92	51	41	332	142	235	277	(42)	394
8	6	0	5	211	53	40	8	32	272	98	93	53	41	334	143	242	289	(47)	395
9	6	0	6	212	54	41	9	32	274	99	95	55	40	335	144	249	302	(53)	396
10	7	1	7	214	55	42	9	33	275	100	97	57	40	336	145	257	316	(59)	398
11	8	1	7	215	56	43	10	33	276	101	98	59	40	338	146	265	331	(66)	399
12	9	1	8	216	57	44	10	34	278	102	100	61	39	339	147	273	346	(73)	401
13	9	1	9	218	58	45	11	34	279	103	102	63	39	341	148	282	363	(81)	402
14	10	1	9	219	59	46	11	35	280	104	104	65	38	342	149	292	381	(89)	403
15	11	1	10	220	60	47	12	35	282	105	106	68	38	343	150	302	400	−98	405
16	11	1	10	222	61	48	12	36	283	106	107	70	37	345	151	313	420	(107)	406
17	12	1	11	223	62	49	13	36	285	107	109	73	37	346	152	325	442	(118)	407

附表 B-1（续4）

无余量计算表　φ27　R81　前卡70　后直管段200

角度	切线	减量	加量	尾最短	角度	切线	减量	加量	尾最短	角度	切线	减量	加量	尾最短	角度	切线	减量	加量	尾最短
18	13	1	12	225	63	50	13	36	286	108	111	76	36	347	153	337	466	(129)	409
19	14	1	12	226	64	51	14	37	287	109	114	78	35	349	154	351	492	(141)	410
20	14	1	13	227	65	52	15	37	289	110	116	81	34	350	155	365	519	(154)	411
21	15	1	14	229	66	53	15	37	290	111	118	84	34	351	156	381	549	(168)	413
22	16	1	14	230	67	54	16	38	291	112	120	87	33	353	157	398	582	(184)	414
23	16	2	15	231	68	55	17	38	293	113	122	91	32	354	158	417	618	(201)	416
24	17	2	16	233	69	56	17	38	294	114	125	94	31	356	159	437	657	(220)	417
25	18	2	16	234	70	57	18	39	295	115	127	97	30	357	160	459	700	(241)	418
26	19	2	17	235	71	58	19	39	297	116	130	101	29	358	161	484	748	(264)	420
27	19	2	17	237	72	59	19	39	298	117	132	105	27	360	162	511	802	(290)	421
28	20	2	18	238	73	60	20	40	300	118	135	109	26	361	163	542	862	(320)	422
29	21	2	19	240	74	61	21	40	301	119	138	113	25	362	164	576	929	(353)	424
30	22	2	19	241	75	62	22	40	302	120	140	117	23	364	165	615	1 005	−390	425
31	22	3	20	242	76	63	23	41	305	121	143	121	22	365	166	660	1 093	(433)	426
32	23	3	20	244	77	64	24	41	305	122	146	126	20	366	167	711	1 194	(483)	428
33	24	3	21	245	78	66	25	41	306	123	149	131	19	368	168	771	1 312	(541)	429
34	25	3	22	246	79	67	26	41	308	124	152	136	17	369	169	841	1 452	(611)	431
35	26	3	22	248	80	68	27	41	309	125	156	141	15	371	170	926	1 620	(694)	432
36	26	4	23	249	81	69	28	41	311	126	159	146	13	372	171	1 029	1 825	(796)	433
37	27	4	23	250	82	70	29	41	312	127	162	152	11	373	172	1 158	2 082	(924)	435
38	28	4	24	252	83	72	30	42	313	128	166	158	9	375	173	1 324	2 413	(1 088)	436
39	29	4	25	253	84	73	31	42	315	129	170	164	6	376	174	1 546	2 854	(1 308)	437
40	29	4	25	255	85	74	32	42	316	130	174	170	4	377	175	1 855	3 472	(1 616)	439
41	30	5	26	256	86	76	34	42	317	131	178	177	1	379	176	2 320	4 399	(2 079)	440
42	31	5	26	257	87	77	35	42	319	132	182	184	(2)	380	177	3 093	5 945	(2 852)	441
43	32	5	27	259	88	78	36	42	320	133	186	191	(5)	381	178	4 640	9 038	(4 398)	443
44	33	5	27	260	89	80	38	42	321	134	191	199	(8)	383	179	9 282	1 8319	(9 037)	444
45	34	6	28	261	90	81	39	42	323	135	196	207	−11	384	180	N/A	N/A	N/A	456

无余量计算表　φ30　R90　前卡70　后直管段200

角度	切线	减量	加量	尾最短	角度	切线	减量	加量	尾最短	角度	切线	减量	加量	尾最短	角度	切线	减量	加量	尾最短
1	1	0	1	202	46	38	7	32	270	91	92	45	46	338	136	223	239	(17)	406
2	2	0	1	203	47	39	7	32	271	92	93	47	46	339	137	228	249	(21)	408
3	2	0	2	205	48	40	7	33	273	93	95	49	46	341	138	234	260	(25)	409
4	3	0	3	206	49	41	8	33	274	94	97	51	46	342	139	241	271	(30)	411
5	4	0	4	208	50	42	8	34	276	95	98	52	46	344	140	247	282	(35)	412
6	5	0	4	209	51	43	9	34	277	96	100	54	46	346	141	254	295	(40)	414
7	6	0	5	211	52	44	9	35	279	97	102	56	45	347	142	261	308	(46)	415

附表 B－1（续5）

无余量计算表	φ30	R90	前卡70	后直管段200					无余量计算表	φ30	R90	前卡70	后直管段200				
角度	切线	减量	加量	尾最短	角度	切线	减量	加量	尾最短	角度	切线	减量	加量	尾最短	角度	切线	减量	加量	尾最短
8	6	0	6	212	53	45	9	35	280	98	104	59	45	349	143	269	321	(52)	417
9	7	1	7	214	54	46	10	36	282	99	105	61	45	350	144	277	336	(59)	418
10	8	1	7	215	55	47	10	37	283	100	107	63	44	352	145	285	351	(66)	420
11	9	1	8	217	56	48	11	37	285	101	109	65	44	353	146	294	367	(73)	421
12	9	1	9	218	57	49	11	38	286	102	111	68	43	355	147	304	385	(81)	423
13	10	1	9	220	58	50	12	38	288	103	113	70	43	356	148	314	403	(90)	424
14	11	1	10	221	59	51	12	39	289	104	115	73	42	358	149	325	423	(99)	426
15	12	1	11	223	60	52	13	39	291	105	117	75	42	359	150	336	444	−109	427
16	13	1	12	224	61	53	14	39	292	106	119	78	41	361	151	348	467	(119)	429
17	13	1	12	226	62	54	14	40	294	107	122	81	41	362	152	361	492	(131)	430
18	14	1	13	227	63	55	15	40	295	108	124	84	40	364	153	375	518	(143)	432
19	15	1	14	229	64	56	15	41	297	109	126	87	39	365	154	390	546	(156)	433
20	16	1	14	230	65	57	16	41	299	110	129	90	38	367	155	406	577	(171)	435
21	17	2	15	232	66	58	17	42	300	111	131	94	37	368	156	423	610	(187)	436
22	17	2	16	233	67	60	18	42	302	112	133	97	36	370	157	442	647	(204)	438
23	18	2	17	235	68	61	18	42	303	113	136	101	35	371	158	463	687	(224)	439
24	19	2	17	236	69	62	19	43	305	114	139	104	34	373	159	486	730	(245)	441
25	20	2	18	238	70	63	20	43	306	115	141	108	33	374	160	510	778	(268)	443
26	21	2	19	239	71	64	21	43	308	116	144	112	32	376	161	538	832	(294)	444
27	22	2	19	241	72	65	22	44	309	117	147	116	30	377	162	568	891	(323)	446
28	22	2	20	242	73	67	23	44	311	118	150	121	29	379	163	602	957	(355)	447
29	23	3	21	244	74	68	23	44	312	119	153	125	28	380	164	640	1 032	(392)	449
30	24	3	21	245	75	69	24	45	314	120	156	130	26	382	165	684	1 117	−434	450
31	25	3	22	247	76	70	25	45	315	121	159	135	24	383	166	733	1 214	(481)	452
32	26	3	23	249	77	72	25	45	317	122	162	140	22	385	167	790	1 327	(537)	453
33	27	3	23	250	78	73	28	45	318	123	166	145	21	386	168	856	1 458	(602)	455
34	28	3	24	252	79	74	29	46	320	124	169	151	19	388	169	935	1 613	(679)	456
35	28	4	25	253	80	76	30	46	321	125	173	156	17	389	170	1 029	1 800	(771)	458
36	29	4	25	255	81	77	31	46	323	126	177	162	14	391	171	1 144	2 028	(884)	459
37	30	4	26	256	82	78	32	46	324	127	181	169	12	393	172	1 287	2 313	(1 026)	461
38	31	4	27	258	83	80	33	46	326	128	185	175	9	394	173	1 471	2 681	(1 209)	462
39	32	5	27	259	84	81	35	46	327	129	189	182	7	396	174	1 717	3 171	(1 454)	464
40	33	5	28	261	85	82	36	46	329	130	193	189	4	397	175	2 061	3 857	(1 796)	465
41	34	5	28	262	86	84	37	46	330	131	197	196	1	399	176	2 577	4 888	(2 310)	467
42	35	5	29	264	87	85	39	46	332	132	202	204	(2)	400	177	3 437	6 606	(3 169)	468
43	35	6	30	265	88	87	40	46	333	133	207	212	(5)	402	178	5 156	10 042	(4 886)	470
44	36	6	30	267	89	88	42	46	335	134	212	221	(9)	403	179	10 313	20 355	(10 042)	471
45	37	6	31	268	90	90	44	46	336	135	217	230	−13	405	180	N/A	N/A	N/A	456

附表 B-1（续6）

无余量计算表 φ34 R102 前卡85 后直管段200										无余量计算表 φ34 R102 前卡85 后直管段200									
角度	切线	减量	加量	尾最短	角度	切线	减量	加量	尾最短	角度	切线	减量	加量	尾最短	角度	切线	减量	加量	尾最短
1	1	0	1	202	46	43	8	36	279	91	104	51	53	356	136	252	271	(19)	434
2	2	0	2	203	47	44	8	36	281	92	106	53	52	358	137	259	283	(24)	435
3	3	0	2	205	48	45	8	37	282	93	107	55	52	360	138	266	294	(29)	437
4	4	0	3	207	49	46	9	38	284	94	109	57	52	361	139	273	307	(34)	439
5	4	0	4	209	50	48	9	38	286	95	111	59	52	363	140	280	320	(40)	441
6	5	0	5	210	51	49	10	39	288	96	113	62	52	365	141	288	334	(46)	442
7	6	0	6	212	52	50	10	40	289	97	115	64	51	367	142	296	349	(52)	444
8	7	1	7	214	53	51	11	40	291	98	117	66	51	368	143	305	364	(59)	446
9	8	1	7	215	54	52	11	41	293	99	119	69	51	370	144	314	380	(67)	447
10	9	1	8	217	55	53	12	41	294	100	122	71	50	372	145	324	398	(74)	449
11	10	1	9	219	56	54	12	42	296	101	124	74	50	374	146	334	416	(83)	451
12	11	1	10	221	57	55	13	43	298	102	126	77	49	375	147	344	436	(92)	453
13	12	1	11	222	58	57	13	43	300	103	128	80	49	377	148	356	457	(101)	454
14	13	1	12	224	59	58	14	44	301	104	131	82	48	379	149	368	480	(112)	456
15	13	1	12	226	60	59	15	44	303	105	133	85	47	380	150	381	504	− 123	458
16	14	1	13	227	61	60	15	45	305	106	135	89	47	382	151	394	529	(135)	459
17	15	1	14	229	62	61	16	45	307	107	138	92	46	384	152	409	557	(148)	461
18	16	1	15	231	63	63	17	46	308	108	140	95	45	386	153	425	587	(162)	463
19	17	1	16	233	64	64	18	46	310	109	143	99	44	387	154	442	619	(177)	465
20	18	2	16	234	65	65	18	47	312	110	146	102	43	389	155	460	654	(194)	466
21	19	2	17	236	66	66	19	47	313	111	148	106	42	391	156	480	692	(212)	468
22	20	2	18	238	67	68	20	48	315	112	151	110	41	392	157	501	733	(232)	470
23	21	2	19	240	68	69	21	48	317	113	154	114	40	394	158	525	778	(253)	471
24	22	2	20	241	69	70	22	48	319	114	157	118	39	396	159	550	828	(277)	473
25	23	2	20	243	70	71	23	49	320	115	160	123	37	398	160	578	882	(304)	475
26	24	2	21	245	71	73	24	49	322	116	163	127	36	399	161	610	942	(333)	477
27	24	3	22	246	72	74	25	50	324	117	166	132	35	401	162	644	1 010	(366)	478
28	25	3	23	248	73	75	26	50	325	118	170	137	33	403	163	682	1 085	(402)	480
29	26	3	23	250	74	77	27	50	327	119	173	142	31	404	164	726	1 170	(444)	482
30	27	3	24	252	75	78	28	51	329	120	177	147	29	406	165	775	1 266	− 491	483
31	28	3	25	253	76	80	29	51	331	121	180	153	28	408	166	831	1 376	(546)	485
32	29	4	26	255	77	81	30	51	332	122	184	158	26	410	167	895	1 504	(608)	487
33	30	4	26	257	78	83	31	51	334	123	188	164	23	411	168	970	1 652	(682)	489
34	31	4	27	258	79	84	32	52	336	124	192	171	21	413	169	1 059	1 828	(769)	490
35	32	4	28	260	80	86	34	52	337	125	196	177	19	415	170	1 166	2 040	(874)	492
36	33	4	29	262	81	87	35	52	339	126	200	184	16	416	171	1 296	2 298	(1 002)	494
37	34	5	29	264	82	89	36	52	341	127	205	191	14	418	172	1 459	2 622	(1 163)	495

附表 B-1（续7）

无余量计算表 φ34 R102 前卡85 后直管段200									
角度	切线	减量	加量	尾最短	角度	切线	减量	加量	尾最短
38	35	5	30	265	83	90	38	52	343
39	36	5	31	267	84	92	39	52	344
40	37	6	32	269	85	93	41	53	346
41	38	6	32	270	86	95	42	53	348
42	39	6	33	272	87	97	44	53	349
43	40	6	34	274	88	99	46	53	351
44	41	7	34	276	89	100	48	53	353
45	42	7	35	277	90	102	49	53	355

无余量计算表 φ34 R102 前卡85 后直管段200									
角度	切线	减量	加量	尾最短	角度	切线	减量	加量	尾最短
128	209	198	11	420	173	1 668	3 038	(1 370)	497
129	214	206	8	422	174	1 946	3 594	(1 647)	499
130	219	214	5	423	175	2 336	4 372	(2 036)	501
131	224	223	1	425	176	2 921	5 539	(2 619)	502
132	229	231	(2)	427	177	3 895	7 486	(3 591)	504
133	235	241	(6)	428	178	5 844	1 1381	(5 538)	506
134	240	250	(10)	430	179	11 688	23 069	(11 381)	508
135	246	261	−14	432	180	N/A	N/A	N/A	456

无余量计算表 φ36 R108 前卡90 后直管段300									
角度	切线	减量	加量	尾最短	角度	切线	减量	加量	尾最短
1	1	0	1	302	46	46	8	38	384
2	2	0	2	304	47	47	8	39	385
3	3	0	3	305	48	48	9	39	387
4	4	0	4	307	49	49	9	40	389
5	5	0	4	309	50	50	10	41	391
6	6	0	5	311	51	52	10	41	393
7	7	0	6	313	52	53	11	42	395
8	8	1	7	315	53	54	11	43	396
9	8	1	8	316	54	55	12	43	398
10	9	1	9	318	55	56	12	44	400
11	10	1	10	320	56	57	13	44	402
12	11	1	10	322	57	59	14	45	404
13	12	1	11	324	58	60	14	46	406
14	13	1	12	325	59	61	15	46	407
15	14	1	13	327	60	62	16	47	409
16	15	1	14	329	61	64	16	47	411
17	16	1	15	331	62	65	17	48	413
18	17	1	16	333	63	66	18	48	415
19	18	2	16	335	64	67	19	49	416
20	19	2	17	336	65	69	19	49	418
21	20	2	18	338	66	70	20	50	420
22	21	2	19	340	67	71	21	50	422
23	22	2	20	342	68	73	22	51	424
24	23	2	21	344	69	74	23	51	426
25	24	2	22	345	70	76	24	52	427
26	25	3	22	347	71	77	25	52	429
27	26	3	23	349	72	78	26	53	431
28	27	3	24	351	73	80	27	53	433

无余量计算表 φ36 R108 前卡90 后直管段300									
角度	切线	减量	加量	尾最短	角度	切线	减量	加量	尾最短
91	110	54	56	466	136	267	287	(20)	547
92	112	56	56	467	137	274	299	(25)	549
93	114	58	55	469	138	281	312	(30)	551
94	116	61	55	471	139	289	325	(36)	553
95	118	63	55	473	140	297	339	(42)	555
96	120	65	55	475	141	305	353	(49)	556
97	122	68	54	476	142	314	369	(55)	558
98	124	70	54	478	143	323	385	(63)	560
99	126	73	54	480	144	332	403	(70)	562
100	129	76	53	482	145	343	421	(79)	564
101	131	78	53	484	146	353	441	(88)	566
102	133	81	52	486	147	365	462	(97)	567
103	136	84	52	487	148	377	484	(107)	569
104	138	87	51	489	149	389	508	(118)	571
105	141	91	50	491	150	403	533	−130	573
106	143	94	49	493	151	418	561	(143)	575
107	146	97	49	495	152	433	590	(157)	576
108	149	101	48	496	153	450	621	(172)	578
109	151	105	47	498	154	468	655	(188)	580
110	154	108	46	500	155	487	692	(205)	582
111	157	112	45	502	156	508	732	(224)	584
112	160	117	44	504	157	531	776	(245)	586
113	163	121	42	506	158	556	824	(268)	587
114	166	125	41	507	159	583	876	(293)	589
115	170	130	40	509	160	612	934	(321)	591
116	173	135	38	511	161	645	998	(353)	593
117	176	140	37	513	162	682	1 069	(387)	595
118	180	145	35	515	163	723	1 149	(426)	596

附表 B-1(续 8)

无余量计算表 φ36 R108 前卡90 后直管段300										无余量计算表 φ36 R108 前卡90 后直管段300									
角度	切线	减量	加量	尾最短	角度	切线	减量	加量	尾最短	角度	切线	减量	加量	尾最短	角度	切线	减量	加量	尾最短
29	28	3	25	353	74	81	28	53	435	119	183	150	33	516	164	768	1 239	(470)	598
30	29	3	26	355	75	83	29	54	436	120	187	156	31	518	165	820	1 341	− 520	600
31	30	4	26	356	76	84	31	54	438	121	191	162	29	520	166	880	1 457	(578)	602
32	31	4	27	358	77	86	32	54	440	122	195	168	27	522	167	948	1 592	(644)	604
33	32	4	28	360	78	87	33	54	442	123	199	174	25	524	168	1 028	1 750	(722)	606
34	33	4	29	362	79	89	34	55	444	124	203	181	22	526	169	1 122	1 936	(814)	607
35	34	4	30	364	80	91	36	55	446	125	207	188	20	527	170	1 234	2 160	(925)	609
36	35	5	30	365	81	92	37	55	447	126	212	195	17	529	171	1 372	2 433	(1 061)	611
37	36	5	31	367	82	94	39	55	449	127	217	202	14	531	172	1 544	2 776	(1 232)	613
38	37	5	32	369	83	96	40	55	451	128	221	210	11	533	173	1 766	3 217	(1 451)	615
39	38	6	33	371	84	97	42	56	453	129	226	218	8	535	174	2 061	3 805	(1 744)	617
40	39	6	33	373	85	99	43	56	455	130	232	227	5	536	175	2 474	4 629	(2 155)	618
41	40	6	34	375	86	101	45	56	456	131	237	236	1	538	176	3 093	5 865	(2 773)	620
42	41	7	35	376	87	102	47	56	458	132	243	245	(2)	540	177	4 124	7 927	(3 802)	622
43	43	7	36	378	88	104	49	56	460	133	248	255	(6)	542	178	6 187	12 051	(5 864)	624
44	44	7	36	380	89	106	50	56	462	134	254	265	(11)	544	179	12 376	24 426	(12 050)	626
45	45	8	37	382	90	108	52	56	464	135	261	276	− 15	546	180	N/A	N/A	N/A	556

无余量计算表 φ42 R126 前卡105 后直管段300										无余量计算表 φ42 R126 前卡105 后直管段300									
角度	切线	减量	加量	尾最短	角度	切线	减量	加量	尾最短	角度	切线	减量	加量	尾最短	角度	切线	减量	加量	尾最短
1	1	0	1	302	46	53	9	44	398	91	128	63	65	493	136	312	335	(23)	589
2	2	0	2	304	47	55	10	45	400	92	130	66	65	495	137	320	349	(29)	591
3	3	0	3	306	48	56	10	46	402	93	133	68	65	497	138	328	364	(35)	593
4	4	0	4	308	49	57	11	47	404	94	135	71	64	499	139	337	379	(42)	595
5	6	0	5	311	50	59	11	47	406	95	138	73	64	502	140	346	395	(49)	597
6	7	0	6	313	51	60	12	48	408	96	140	76	64	504	141	356	412	(57)	599
7	8	1	7	315	52	61	13	49	410	97	142	79	63	506	142	366	431	(65)	601
8	9	1	8	317	53	63	13	50	412	98	145	82	63	508	143	377	450	(73)	603
9	10	1	9	319	54	64	14	50	415	99	148	85	63	510	144	388	470	(82)	606
10	11	1	10	321	55	66	14	51	417	100	150	88	62	512	145	400	492	(92)	608
11	12	1	11	323	56	67	15	52	419	101	153	91	61	514	146	412	514	(102)	610
12	13	1	12	325	57	68	16	53	421	102	156	95	61	516	147	425	539	(113)	612
13	14	1	13	328	58	70	17	53	423	103	158	98	60	519	148	439	565	(125)	614
14	15	1	14	330	59	71	17	54	425	104	161	102	59	521	149	454	592	(138)	616
15	17	1	15	332	60	73	18	54	427	105	164	106	59	523	150	470	622	− 152	618
16	18	1	16	334	61	74	19	55	429	106	167	109	58	525	151	487	654	(167)	620
17	19	2	17	336	62	76	20	56	432	107	170	113	57	527	152	505	688	(183)	623
18	20	2	18	338	63	77	21	56	434	108	173	118	56	529	153	525	725	(200)	625
19	21	2	19	340	64	79	22	57	436	109	177	122	55	531	154	546	765	(219)	627

附表 B−1（续 9）

无余量计算表 φ42 R126 前卡105 后直管段300										无余量计算表 φ42 R126 前卡105 后直管段300									
角度	切线	减量	加量	尾最短	角度	切线	减量	加量	尾最短	角度	切线	减量	加量	尾最短	角度	切线	减量	加量	尾最短
20	22	2	20	342	65	80	23	58	438	110	180	126	53	533	155	568	808	(239)	629
21	23	2	21	345	66	82	24	58	440	111	183	131	52	536	156	593	855	(262)	631
22	24	2	22	347	67	83	25	59	442	112	187	136	51	538	157	619	905	(286)	633
23	26	2	23	349	68	85	26	59	444	113	190	141	49	540	158	648	961	(313)	635
24	27	3	24	351	69	87	27	60	446	114	194	146	48	542	159	680	1 022	(342)	637
25	28	3	25	353	70	88	28	60	449	115	198	152	46	544	160	715	1 090	(375)	640
26	29	3	26	355	71	90	29	61	451	116	202	157	45	546	161	753	1 164	(411)	642
27	30	3	27	357	72	92	30	61	453	117	206	163	43	548	162	796	1 247	(452)	644
28	31	3	28	359	73	93	32	62	455	118	210	169	41	550	163	843	1 340	(497)	646
29	33	4	29	362	74	95	33	62	457	119	214	175	39	553	164	897	1 445	(549)	648
30	34	4	30	364	75	97	34	62	459	120	218	182	36	555	165	957	1 564	− 607	650
31	35	4	31	366	76	98	36	63	461	121	223	189	34	557	166	1 026	1 700	(674)	652
32	36	4	32	368	77	100	37	63	463	122	227	196	32	559	167	1 106	1 857	(751)	654
33	37	5	33	370	78	102	39	63	466	123	232	203	30	561	168	1 199	2 041	(842)	657
34	39	5	34	372	79	104	40	64	468	124	237	211	26	563	169	1 309	2 258	(950)	659
35	40	5	35	374	80	106	42	64	470	125	242	219	23	565	170	1 440	2 520	(1 079)	661
36	41	5	35	376	81	108	43	64	472	126	247	227	20	567	171	1 601	2 839	(1 238)	663
37	42	6	36	379	82	110	45	64	474	127	253	236	17	570	172	1 802	3 239	(1 437)	665
38	43	6	37	381	83	111	47	65	476	128	258	245	13	572	173	2 060	3 753	(1 693)	667
39	45	6	38	383	84	113	49	65	478	129	264	255	10	574	174	2 404	4 439	(2 035)	669
40	46	7	39	385	85	115	51	65	480	130	270	265	6	576	175	2 886	5 400	(2 514)	671
41	47	7	40	387	86	117	52	65	483	131	276	275	2	578	176	3 608	6 843	(3 235)	673
42	48	8	41	389	87	120	55	65	485	132	283	286	(3)	580	177	4 812	9 248	(4 436)	676
43	50	8	42	391	88	122	57	65	487	133	290	297	(8)	582	178	7 219	14 059	(6 841)	678
44	51	8	42	393	89	124	59	65	489	134	297	309	(12)	584	179	14 438	28 496	(14 058)	680
45	52	9	43	395	90	126	61	65	491	135	304	322	− 18	586	180	N/A	N/A	N/A	812

无余量计算表 φ45 R135 前卡110 后直管段300										无余量计算表 φ45 R135 前卡110 后直管段300									
角度	切线	减量	加量	尾最短	角度	切线	减量	加量	尾最短	角度	切线	减量	加量	尾最短	角度	切线	减量	加量	尾最短
1	1	0	1	302	46	57	10	47	405	91	137	68	70	507	136	334	359	(25)	609
2	2	0	2	305	47	59	11	48	407	92	140	70	69	509	137	343	374	(31)	612
3	4	0	3	307	48	60	11	49	409	93	142	73	69	511	138	352	390	(38)	614
4	5	0	4	309	49	62	12	50	411	94	145	76	69	514	139	361	406	(45)	616
5	6	0	5	311	50	63	12	51	414	95	147	79	69	516	140	371	423	(53)	618
6	7	1	7	314	51	64	13	52	416	96	150	82	68	518	141	381	442	(61)	621
7	8	1	8	316	52	66	13	52	418	97	153	85	68	521	142	392	461	(69)	623
8	9	1	9	318	53	67	14	53	421	98	155	88	68	523	143	403	482	(78)	625
9	11	1	10	320	54	69	15	54	423	99	158	91	67	525	144	415	504	(88)	627
10	12	1	11	323	55	70	15	55	425	100	161	94	66	527	145	428	527	(98)	630

附表 B-1(续10)

无余量计算表 φ45 R135 前卡110 后直管段300										无余量计算表 φ45 R135 前卡110 后直管段300									
角度	切线	减量	加量	尾最短	角度	切线	减量	加量	尾最短	角度	切线	减量	加量	尾最短	角度	切线	减量	加量	尾最短
11	13	1	12	325	56	72	16	56	427	101	164	98	66	530	146	442	551	(110)	632
12	14	1	13	327	57	73	17	56	430	102	167	102	65	532	147	456	577	(122)	634
13	15	1	14	330	58	75	18	57	432	103	170	105	64	534	148	471	605	(134)	637
14	17	1	15	332	59	76	19	58	434	104	173	109	64	536	149	487	635	(148)	639
15	18	1	16	334	60	78	19	58	436	105	176	113	63	539	150	504	667	-163	641
16	19	2	17	336	61	80	20	59	439	106	179	117	62	541	151	522	701	(179)	643
17	20	2	18	339	62	81	21	60	441	107	182	122	61	543	152	541	737	(196)	646
18	21	2	20	341	63	83	22	61	443	108	186	126	60	546	153	562	777	(214)	648
19	23	2	21	343	64	84	23	61	446	109	189	131	59	548	154	585	819	(235)	650
20	24	2	22	345	65	86	24	62	448	110	193	135	57	550	155	609	865	(257)	652
21	25	2	23	348	66	88	25	62	450	111	196	140	56	552	156	635	916	(280)	655
22	26	2	24	350	67	89	26	63	452	112	200	146	55	555	157	664	970	(307)	657
23	27	3	25	352	68	91	28	64	455	113	204	151	53	557	158	695	1 030	(335)	659
24	29	3	26	355	69	93	29	64	457	114	208	157	51	559	159	728	1 095	(367)	662
25	30	3	27	357	70	95	30	65	459	115	212	162	50	561	160	766	1 167	(402)	664
26	31	3	28	359	71	96	31	65	461	116	216	168	48	564	161	807	1 247	(441)	666
27	32	3	29	361	72	98	32	66	464	117	220	175	46	566	162	852	1 336	(484)	668
28	34	4	30	364	73	100	34	66	466	118	225	181	44	568	163	903	1 436	(533)	671
29	35	4	31	366	74	102	35	67	468	119	229	188	41	571	164	961	1 548	(588)	673
30	36	4	32	368	75	104	37	67	471	120	234	195	39	573	165	1 025	1 676	-650	675
31	37	4	33	370	76	105	38	67	473	121	239	202	37	575	166	1 099	1 822	(722)	677
32	39	5	34	373	77	107	40	68	475	122	244	210	34	577	167	1 185	1 990	(805)	680
33	40	5	35	375	78	109	41	68	477	123	249	218	31	580	168	1 284	2 187	(902)	682
34	41	5	36	377	79	111	43	68	480	124	254	226	28	582	169	1 402	2 420	(1 018)	684
35	43	6	37	380	80	113	45	69	482	125	259	234	25	584	170	1 543	2 700	(1 157)	687
36	44	6	38	382	81	115	46	69	484	126	265	243	22	586	171	1 715	3 042	(1 327)	689
37	45	6	39	384	82	117	48	69	486	127	271	253	18	589	172	1 931	3 470	(1 540)	691
38	46	7	40	386	83	119	50	69	489	128	277	263	14	591	173	2 207	4 021	(1 814)	693
39	48	7	41	389	84	122	52	69	491	129	283	273	10	593	174	2 576	4 756	(2180)	696
40	49	7	42	391	85	124	54	70	493	130	290	283	6	596	175	3 092	5 786	(2 694)	698
41	50	8	43	393	86	126	56	70	496	131	296	295	2	598	176	3 866	7 332	(3 466)	700
42	52	8	44	395	87	128	58	70	498	132	303	306	(3)	600	177	5 155	9 908	(4 753)	702
43	53	9	45	398	88	130	61	70	500	133	310	319	(8)	602	178	7 734	15 064	(7 329)	705
44	55	9	46	400	89	133	63	70	502	134	318	331	(13)	605	179	15 469	30 532	(15 062)	707
45	56	10	46	402	90	135	65	70	505	135	326	345	-19	607	180	N/A	N/A	N/A	812

附录 B: $R=3D$ 管子弯曲无余量下料计算表

附表 B-1(续11)

无余量计算表 φ48 R144 前卡120 后直管段350										无余量计算表 φ48 R144 前卡120 后直管段350									
角度	切线	减量	加量	尾最短	角度	切线	减量	加量	尾最短	角度	切线	减量	加量	尾最短	角度	切线	减量	加量	尾最短
1	1	0	1	352	46	61	11	50	462	91	147	72	74	571	136	356	383	(27)	680
2	3	0	2	355	47	63	11	51	464	92	149	75	74	573	137	366	399	(33)	682
3	4	0	4	357	48	64	12	52	466	93	152	78	74	576	138	375	416	(40)	685
4	5	0	5	360	49	66	12	53	469	94	154	81	74	578	139	385	433	(48)	687
5	6	0	6	362	50	67	13	54	471	95	157	84	73	580	140	396	452	(56)	690
6	8	1	7	365	51	69	14	55	474	96	160	87	73	583	141	407	471	(65)	692
7	9	1	8	367	52	70	14	56	476	97	163	90	72	585	142	418	492	(74)	694
8	10	1	9	369	53	72	15	57	479	98	166	94	72	588	143	430	514	(84)	697
9	11	1	10	372	54	73	16	58	481	99	169	97	72	590	144	443	537	(94)	699
10	13	1	12	374	55	75	17	58	483	100	172	101	71	593	145	457	562	(105)	702
11	14	1	13	377	56	77	17	59	486	101	175	104	70	595	146	471	588	(117)	704
12	15	1	14	379	57	78	18	60	488	102	178	108	70	597	147	486	616	(130)	707
13	16	1	15	382	58	80	19	61	491	103	181	112	69	600	148	502	645	(143)	709
14	18	1	16	384	59	81	20	62	493	104	184	116	68	602	149	519	677	(158)	711
15	19	2	17	386	60	83	21	62	496	105	188	121	67	605	150	537	711	-174	714
16	20	2	19	389	61	85	22	63	498	106	191	125	66	607	151	557	747	(191)	716
17	22	2	20	391	62	87	23	64	500	107	195	130	65	610	152	578	786	(209)	719
18	23	2	21	394	63	88	24	65	503	108	198	134	64	612	153	600	829	(229)	721
19	24	2	22	396	64	90	25	65	505	109	202	139	62	614	154	624	874	(250)	723
20	25	2	23	399	65	92	26	66	508	110	206	145	61	617	155	650	923	(274)	726
21	27	2	24	401	66	94	27	67	510	111	210	150	60	619	156	677	977	(299)	728
22	28	3	25	403	67	95	28	67	512	112	213	155	58	622	157	708	1 035	(327)	731
23	29	3	26	406	68	97	29	68	515	113	218	161	56	624	158	741	1 098	(358)	733
24	31	3	28	408	69	99	31	68	517	114	222	167	55	626	159	777	1 168	(391)	736
25	32	3	29	411	70	101	32	69	520	115	226	173	53	629	160	817	1 245	(429)	738
26	33	3	30	413	71	103	33	69	522	116	230	180	51	631	161	861	1 331	(470)	740
27	35	4	31	415	72	105	35	70	525	117	235	186	49	634	162	909	1 425	(516)	743
28	36	4	32	418	73	107	36	70	527	118	240	193	47	636	163	964	1 532	(568)	745
29	37	4	33	420	74	109	38	71	529	119	244	200	44	639	164	1 025	1 651	(627)	748
30	39	4	34	423	75	110	39	71	532	120	249	208	42	641	165	1 094	1 787	-694	750
31	40	5	35	425	76	113	41	72	534	121	255	216	39	643	166	1 173	1 943	(770)	753
32	41	5	36	428	77	115	42	72	537	122	260	224	36	646	167	1 264	2 123	(859)	755
33	43	5	37	430	78	117	44	73	539	123	265	232	33	648	168	1 370	2 333	(963)	757
34	44	6	38	432	79	119	46	73	542	124	271	241	30	651	169	1 495	2 581	(1 086)	760
35	45	6	39	435	80	121	48	73	544	125	277	250	27	653	170	1 646	2 880	(1 234)	762
36	47	6	41	437	81	123	50	73	546	126	283	260	23	656	171	1 830	3 245	(1 415)	765

附表 B-1(续12)

无余量计算表　φ48　R144　前卡120　后直管段350

角度	切线	减量	加量	尾最短	角度	切线	减量	加量	尾最短	角度	切线	减量	加量	尾最短	角度	切线	减量	加量	尾最短
37	48	7	42	440	82	125	51	74	549	127	289	270	19	658	172	2 059	3 701	(1 642)	767
38	50	7	43	442	83	127	54	74	551	128	295	280	15	660	173	2 354	4 289	(1 935)	770
39	51	7	44	445	84	130	56	74	554	129	302	291	11	663	174	2 748	5 073	(2 326)	772
40	52	8	45	447	85	132	58	74	556	130	309	302	6	665	175	3 298	6 172	(2 874)	774
41	54	8	46	449	86	134	60	74	559	131	316	314	2	668	176	4 124	7 820	(3 697)	777
42	55	9	47	452	87	137	62	74	561	132	323	327	(3)	670	177	5 499	10 569	(5 070)	779
43	57	9	48	454	88	139	65	74	563	133	331	340	(9)	673	178	8 250	16 068	(7 818)	782
44	58	10	49	457	89	142	67	74	566	134	339	353	(14)	675	179	16 501	32 567	(16 067)	784
45	60	10	49	459	90	144	69	74	568	135	348	368	−20	677	180	N/A	N/A	N/A	862

无余量计算表　φ55　R165　前卡135　后直管段350

角度	切线	减量	加量	尾最短	角度	切线	减量	加量	尾最短	角度	切线	减量	加量	尾最短	角度	切线	减量	加量	尾最短
1	1	0	1	353	46	70	12	58	478	91	168	83	85	603	136	408	439	(30)	728
2	3	0	3	356	47	72	13	59	481	92	171	86	85	606	137	419	457	(38)	731
3	4	0	4	358	48	73	14	60	483	93	174	89	85	608	138	430	476	(46)	734
4	6	0	5	361	49	75	14	61	486	94	177	93	84	611	139	441	496	(55)	736
5	7	1	7	364	50	77	15	62	489	95	180	96	84	614	140	453	518	(64)	739
6	9	1	8	367	51	79	16	63	492	96	183	100	84	617	141	466	540	(74)	742
7	10	1	9	369	52	80	16	64	495	97	186	103	83	620	142	479	564	(85)	745
8	12	1	11	372	53	82	17	65	497	98	190	107	83	622	143	493	589	(96)	747
9	13	1	12	375	54	84	18	66	500	99	193	111	82	625	144	508	615	(108)	750
10	14	1	13	378	55	86	19	67	503	100	197	115	81	628	145	523	644	(120)	753
11	16	1	15	381	56	88	20	68	506	101	200	120	81	631	146	540	674	(134)	756
12	17	1	16	383	57	90	21	69	508	102	204	124	80	633	147	557	706	(149)	759
13	19	1	17	386	58	91	22	70	511	103	207	129	79	636	148	575	740	(164)	761
14	20	2	19	389	59	93	23	71	514	104	211	133	78	639	149	595	776	(181)	764
15	22	2	20	392	60	95	24	71	517	105	215	138	77	642	150	616	815	−199	767
16	23	2	21	394	61	97	25	72	520	106	219	143	76	645	151	638	856	(218)	770
17	25	2	23	397	62	99	26	73	522	107	223	149	74	647	152	662	901	(239)	772
18	26	2	24	400	63	101	27	74	525	108	227	154	73	650	153	687	949	(262)	775
19	28	2	25	403	64	103	28	75	528	109	231	160	72	653	154	715	1 001	(287)	778
20	29	3	26	406	65	105	30	76	531	110	236	166	70	656	155	744	1 058	(314)	781
21	31	3	28	408	66	107	31	76	533	111	240	172	68	658	156	776	1 119	(343)	784
22	32	3	29	411	67	109	32	77	536	112	245	178	67	661	157	811	1 186	(375)	786
23	34	3	30	414	68	111	34	78	539	113	249	185	65	664	158	849	1 259	(410)	789
24	35	3	32	417	69	113	35	78	542	114	254	191	63	667	159	890	1 339	(448)	792
25	37	4	33	419	70	116	37	79	545	115	259	198	61	670	160	936	1 427	(491)	795

附表 B-1（续13）

无余量计算表 φ55 R165 前卡135 后直管段350																			
角度	切线	减量	加量	尾最短	角度	切线	减量	加量	尾最短	角度	切线	减量	加量	尾最短	角度	切线	减量	加量	尾最短
26	38	4	34	422	71	118	38	80	547	116	264	206	58	672	161	986	1 525	(539)	797
27	40	4	35	425	72	120	40	80	550	117	269	213	56	675	162	1 042	1 633	(592)	800
28	41	4	37	428	73	122	41	81	553	118	275	221	53	678	163	1 104	1 755	(651)	803
29	43	5	38	431	74	124	43	81	556	119	280	230	51	681	164	1 174	1 892	(718)	806
30	44	5	39	433	75	127	45	82	558	120	286	238	48	683	165	1 253	2 048	−795	809
31	46	5	40	436	76	129	47	82	561	121	292	247	45	686	166	1 344	2 226	(883)	811
32	47	6	42	439	77	131	49	83	564	122	298	256	41	689	167	1 448	2 432	(984)	814
33	49	6	43	442	78	134	50	83	567	123	304	266	38	692	168	1 570	2 673	(1 103)	817
34	50	6	44	444	79	136	52	84	570	124	310	276	34	695	169	1 714	2 958	(1 244)	820
35	52	7	45	447	80	138	55	84	572	125	317	287	30	697	170	1 886	3 299	(1 414)	822
36	54	7	46	450	81	141	57	84	575	126	324	298	26	700	171	2 097	3 718	(1 621)	825
37	55	8	48	453	82	143	59	84	578	127	331	309	22	703	172	2 360	4 241	(1 882)	828
38	57	8	49	456	83	146	61	85	581	128	338	321	17	706	173	2 698	4 915	(2 217)	831
39	58	8	50	458	84	149	64	85	583	129	346	333	13	708	174	3 148	5 813	(2 665)	834
40	60	9	51	461	85	151	66	85	586	130	354	346	7	711	175	3 779	7 072	(3 293)	836
41	62	9	52	464	86	154	69	85	589	131	362	360	2	714	176	4 725	8 961	(4 236)	839
42	63	10	53	467	87	157	71	85	592	132	371	374	(4)	717	177	6 301	12 110	(5 809)	842
43	65	10	55	469	88	159	74	85	595	133	379	389	(10)	720	178	9 453	18 411	(8 958)	845
44	67	11	56	472	89	162	77	85	597	134	389	405	(16)	722	179	18 907	37 317	(18 410)	847
45	68	12	57	475	90	165	80	85	600	135	398	422	−23	725	180	N/A	N/A	N/A	862

无余量计算表 φ60 R180 前卡150 后直管段400																			
角度	切线	减量	加量	尾最短	角度	切线	减量	加量	尾最短	角度	切线	减量	加量	尾最短	角度	切线	减量	加量	尾最短
1	2	0	1	403	46	76	13	63	539	91	183	90	93	676	136	446	479	(33)	812
2	3	0	3	406	47	78	14	64	542	92	186	94	93	679	137	457	499	(42)	815
3	5	0	4	409	48	80	15	65	546	93	190	97	92	682	138	469	519	(51)	818
4	6	0	6	412	49	82	16	67	549	94	193	101	92	685	139	481	541	(60)	821
5	8	1	7	415	50	84	16	68	552	95	196	105	92	688	140	495	565	(70)	824
6	9	1	9	418	51	86	17	69	555	96	200	109	91	691	141	508	589	(81)	827
7	11	1	10	421	52	88	18	70	558	97	203	113	91	694	142	523	615	(92)	830
8	13	1	12	424	53	90	19	71	561	98	207	117	90	697	143	538	642	(104)	834
9	14	1	13	427	54	92	20	72	564	99	211	121	89	700	144	554	671	(117)	837
10	16	1	15	430	55	94	21	73	567	100	215	126	89	703	145	571	702	(131)	840
11	17	1	16	433	56	96	22	74	570	101	218	131	88	706	146	589	735	(146)	843
12	19	1	17	436	57	98	23	75	573	102	222	135	87	709	147	608	770	(162)	846
13	21	2	19	439	58	100	24	76	576	103	226	140	86	712	148	628	807	(179)	849
14	22	2	20	442	59	102	25	77	579	104	230	145	85	715	149	649	846	(197)	852

附表 B-1(续14)

无余量计算表 φ60 R180 前卡150 后直管段400																			
角度	切线	减量	加量	尾最短	角度	切线	减量	加量	尾最短	角度	切线	减量	加量	尾最短	角度	切线	减量	加量	尾最短
15	24	2	22	445	60	104	26	78	582	105	235	151	84	718	150	672	889	−217	855
16	25	2	23	449	61	106	27	79	585	106	239	156	82	721	151	696	934	(238)	858
17	27	2	25	452	62	108	28	80	588	107	243	162	81	724	152	722	983	(261)	861
18	29	2	26	455	63	110	30	81	591	108	248	168	80	727	153	750	1 036	(286)	864
19	30	3	27	458	64	112	31	82	594	109	252	174	78	730	154	780	1 092	(313)	867
20	32	3	29	461	65	115	32	82	597	110	257	181	76	733	155	812	1 154	(342)	870
21	33	3	30	464	66	117	34	83	600	111	262	187	75	737	156	847	1 221	(374)	873
22	35	3	32	467	67	119	35	84	603	112	267	194	73	740	157	885	1 293	(409)	876
23	37	4	33	470	68	121	37	85	606	113	272	201	71	743	158	926	1 373	(447)	879
24	38	4	34	473	69	124	38	85	609	114	277	209	68	746	159	971	1 460	(489)	882
25	40	4	36	476	70	126	40	86	612	115	283	216	66	749	160	1 021	1 557	(536)	885
26	42	4	37	479	71	128	42	87	615	116	288	224	64	752	161	1 076	1 663	(588)	888
27	43	5	39	482	72	131	43	88	618	117	294	233	61	755	162	1 136	1 782	(645)	891
28	45	5	40	485	73	133	45	88	621	118	300	241	58	758	163	1 204	1 915	(710)	894
29	47	5	41	488	74	136	47	89	624	119	306	250	55	761	164	1 281	2 064	(784)	897
30	48	6	43	491	75	138	49	89	627	120	312	260	52	764	165	1 367	2 234	−867	900
31	50	6	44	494	76	141	51	90	630	121	318	269	49	767	166	1 466	2 429	(963)	903
32	52	6	45	497	77	143	53	90	633	122	325	280	45	770	167	1 580	2 653	(1 074)	906
33	53	7	47	500	78	146	55	91	636	123	332	290	41	773	168	1 713	2 916	(1 203)	909
34	55	7	48	503	79	148	57	91	639	124	339	301	37	776	169	1 869	3 226	(1 357)	912
35	57	7	49	506	80	151	60	91	643	125	346	313	33	779	170	2 057	3 599	(1 542)	915
36	58	8	51	509	81	154	62	92	646	126	353	325	29	782	171	2 287	4 056	(1 769)	918
37	60	8	52	512	82	156	64	92	649	127	361	337	24	785	172	2 574	4 627	(2 053)	921
38	62	9	53	515	83	159	67	92	652	128	369	350	19	788	173	2 943	5 361	(2 419)	924
39	64	9	54	518	84	162	69	93	655	129	377	364	14	791	174	3 435	6 342	(2 907)	928
40	66	10	56	521	85	165	72	93	658	130	386	378	8	794	175	4 123	7 715	(3 592)	931
41	67	10	57	524	86	168	75	93	661	131	395	393	2	797	176	5 155	9 775	(4 621)	934
42	69	11	58	527	87	171	78	93	664	132	404	408	(4)	800	177	6 874	13 211	(6 337)	937
43	71	11	59	530	88	174	81	93	667	133	414	425	(11)	803	178	10 312	20 085	(9 773)	940
44	73	12	61	533	89	177	84	93	670	134	424	442	(18)	806	179	20 626	40 709	(20 083)	943
45	75	13	62	536	90	180	87	93	673	135	435	460	−25	809	180	N/A	N/A	N/A	912

无余量计算表 φ70 R210 前卡165 后直管段400																			
角度	切线	减量	加量	尾最短	角度	切线	减量	加量	尾最短	角度	切线	减量	加量	尾最短	角度	切线	减量	加量	尾最短
1	2	0	2	404	46	89	16	74	563	91	214	106	108	722	136	520	559	(39)	881
2	4	0	3	407	47	91	16	75	566	92	217	110	108	725	137	533	582	(49)	885
3	5	0	5	411	48	93	17	76	570	93	221	114	108	729	138	547	606	(59)	888

附表 B－1(续15)

无余量计算表 φ70 R210 前卡165 后直管段400										无余量计算表 φ70 R210 前卡165 后直管段400									
角度	切线	减量	加量	尾最短	角度	切线	减量	加量	尾最短	角度	切线	减量	加量	尾最短	角度	切线	减量	加量	尾最短
4	7	1	7	414	49	96	18	78	573	94	225	118	107	732	139	562	632	(70)	892
5	9	1	9	418	50	98	19	79	577	95	229	122	107	736	140	577	659	(82)	895
6	11	1	10	421	51	100	20	80	580	96	233	127	106	740	141	593	687	(94)	899
7	13	1	12	425	52	102	21	81	584	97	237	132	106	743	142	610	718	(108)	902
8	15	1	14	428	53	105	22	83	587	98	242	137	105	747	143	628	749	(122)	906
9	17	1	15	432	54	107	23	84	591	99	246	142	104	750	144	646	783	(137)	909
10	18	1	17	435	55	109	24	85	595	100	250	147	103	754	145	666	819	(153)	913
11	20	2	19	439	56	112	25	86	598	101	255	152	102	757	146	687	857	(170)	916
12	22	2	20	442	57	114	26	88	602	102	259	158	101	761	147	709	898	(189)	920
13	24	2	22	446	58	116	28	89	605	103	264	164	100	764	148	732	941	(209)	923
14	26	2	24	450	59	119	29	90	609	104	269	170	99	768	149	757	987	(230)	927
15	28	2	25	453	60	121	30	91	612	105	274	176	98	771	150	784	1 037	− 253	931
16	30	2	27	457	61	124	32	92	616	106	279	182	96	775	151	812	1 090	(278)	934
17	31	3	29	460	62	126	33	93	619	107	284	189	95	778	152	842	1 147	(305)	938
18	33	3	30	464	63	129	35	94	623	108	289	196	93	782	153	875	1 208	(334)	941
19	35	3	32	467	64	131	36	95	626	109	294	203	91	786	154	910	1 275	(365)	945
20	37	3	34	471	65	134	38	96	630	110	300	211	89	789	155	947	1 346	(399)	948
21	39	4	35	474	66	136	39	97	633	111	306	219	87	793	156	988	1 424	(436)	952
22	41	4	37	478	67	139	41	98	637	112	311	227	85	796	157	1 032	1 509	(477)	955
23	43	4	39	481	68	142	43	99	641	113	317	235	82	800	158	1 080	1 602	(522)	959
24	45	4	40	485	69	144	45	100	644	114	323	244	80	803	159	1 133	1 704	(571)	962
25	47	5	42	488	70	147	47	101	648	115	330	253	77	807	160	1 191	1 816	(625)	966
26	48	5	43	492	71	150	48	101	651	116	336	262	74	810	161	1 255	1 940	(685)	969
27	50	5	45	495	72	153	50	102	655	117	343	272	71	814	162	1 326	2 079	(753)	973
28	52	6	47	499	73	155	53	103	658	118	349	282	68	817	163	1 405	2 234	(829)	977
29	54	6	48	503	74	158	55	103	662	119	357	292	64	821	164	1 494	2 408	(914)	980
30	56	6	50	506	75	161	57	104	665	120	364	303	61	824	165	1 595	2 607	− 1 012	984
31	58	7	51	510	76	164	59	105	669	121	371	314	57	828	166	1 710	2 833	(1 123)	987
32	60	7	53	513	77	167	62	105	672	122	379	326	53	832	167	1 843	3 096	(1 252)	991
33	62	8	55	517	78	170	64	106	676	123	387	339	48	835	168	1 998	3 402	(1 404)	994
34	64	8	56	520	79	173	67	106	679	124	395	351	44	839	169	2 181	3 764	(1 583)	998
35	66	9	58	524	80	176	69	107	683	125	403	365	39	842	170	2 400	4 199	(1 799)	1 001
36	68	9	59	527	81	179	72	107	686	126	412	379	34	846	171	2 668	4 732	(2 063)	1 005
37	70	10	61	531	82	183	75	107	690	127	421	393	28	849	172	3 003	5 398	(2 395)	1 008
38	72	10	62	534	83	186	78	108	694	128	431	408	22	853	173	3 433	6 255	(2 822)	1 012
39	74	11	64	538	84	189	81	108	697	129	440	424	16	856	174	4 007	7 399	(3 392)	1 015

附表 B-1（续16）

无余量计算表 φ70 R210 前卡165 后直管段400										无余量计算表 φ70 R210 前卡165 后直管段400									
角度	切线	减量	加量	尾最短	角度	切线	减量	加量	尾最短	角度	切线	减量	加量	尾最短	角度	切线	减量	加量	尾最短
40	76	11	65	541	85	192	84	108	701	130	450	441	9	860	175	4 810	9 001	(4 191)	1 019
41	79	12	66	545	86	196	87	108	704	131	461	458	3	863	176	6 014	11 405	(5 391)	1 022
42	81	13	68	549	87	199	91	108	708	132	472	476	(5)	867	177	8 020	15 413	(7 394)	1 026
43	83	13	69	552	88	203	94	108	711	133	483	496	(13)	870	178	12 031	23 432	(11 401)	1 030
44	85	14	71	556	89	206	98	108	715	134	495	516	(21)	874	179	24 064	47 494	(23 431)	1 033
45	87	15	72	559	90	210	102	108	718	135	507	536	−30	877	180	N/A	N/A	N/A	912

无余量计算表 φ73 R219 前卡170 后直管段400										无余量计算表 φ73 R219 前卡170 后直管段400									
角度	切线	减量	加量	尾最短	角度	切线	减量	加量	尾最短	角度	切线	减量	加量	尾最短	角度	切线	减量	加量	尾最短
1	2	0	2	404	46	93	16	77	570	91	223	110	113	736	136	542	582	(40)	902
2	4	0	4	407	47	95	17	78	573	92	227	114	113	739	137	556	607	(51)	905
3	6	0	5	411	48	98	18	80	577	93	231	119	112	743	138	571	632	(62)	909
4	8	1	7	415	49	100	19	81	581	94	235	123	112	747	139	586	659	(73)	913
5	10	1	9	418	50	102	20	82	584	95	239	128	111	750	140	602	687	(85)	916
6	11	1	11	422	51	104	21	84	588	96	243	132	111	754	141	618	717	(98)	920
7	13	1	12	426	52	107	22	85	592	97	248	137	110	758	142	636	748	(112)	924
8	15	1	14	430	53	109	23	86	595	98	252	142	110	761	143	655	782	(127)	927
9	17	1	16	433	54	112	24	88	599	99	256	148	109	765	144	674	817	(143)	931
10	19	1	18	437	55	114	25	89	603	100	261	153	108	769	145	695	854	(160)	935
11	21	2	19	441	56	116	26	90	607	101	266	159	107	773	146	716	894	(178)	939
12	23	2	21	444	57	119	28	91	610	102	270	165	106	776	147	739	936	(197)	942
13	25	2	23	448	58	121	29	93	614	103	275	171	105	780	148	764	982	(218)	946
14	27	2	25	452	59	124	30	94	618	104	280	177	103	784	149	790	1 030	(240)	950
15	29	2	26	455	60	126	32	95	621	105	285	184	102	787	150	817	1 081	−264	953
16	31	3	28	459	61	129	33	96	629	106	291	190	100	791	151	847	1 137	(290)	957
17	33	3	30	463	62	132	34	97	629	107	296	197	99	795	152	878	1 196	(318)	961
18	35	3	32	466	63	134	36	98	632	108	301	204	97	798	153	912	1 260	(348)	964
19	37	3	33	470	64	137	38	99	636	109	307	212	95	802	154	949	1 329	(381)	968
20	39	3	35	474	65	140	39	100	640	110	313	220	93	806	155	988	1 404	(416)	972
21	41	4	37	477	66	142	41	101	643	111	319	228	91	809	156	1 030	1 485	(455)	975
22	43	4	39	481	67	145	43	102	647	112	325	236	88	813	157	1 076	1 574	(497)	979
23	45	4	40	485	68	148	45	103	651	113	331	245	86	817	158	1 127	1 671	(544)	983
24	47	5	42	489	69	151	47	104	655	114	337	254	83	820	159	1 182	1 777	(595)	986
25	49	5	44	492	70	153	48	105	658	115	344	263	80	824	160	1 242	1 894	(652)	990
26	51	5	45	496	71	156	51	106	662	116	350	273	77	828	161	1 309	2 024	(715)	994
27	53	6	47	500	72	159	53	106	666	117	357	283	74	832	162	1 383	2 168	(785)	998
28	55	6	49	503	73	162	55	107	669	118	364	294	71	835	163	1 465	2 330	(864)	1 001

附表 B-1（续17）

无余量计算表　φ73　R219　前卡170　后直管段400

角度	切线	减量	加量	尾最短	角度	切线	减量	加量	尾最短
29	57	6	50	507	74	165	57	108	673
30	59	7	52	511	75	168	59	109	677
31	61	7	54	514	76	171	62	109	680
32	63	8	55	518	77	174	64	110	684
33	65	8	57	522	78	177	67	110	688
34	67	9	58	525	79	181	70	111	691
35	69	9	60	529	80	184	72	111	695
36	71	10	62	533	81	187	75	112	699
37	73	10	63	536	82	190	78	112	702
38	75	11	65	540	83	194	81	112	706
39	78	11	66	544	84	197	85	113	710
40	80	12	68	548	85	201	88	113	714
41	82	13	69	551	86	204	91	113	717
42	84	13	71	555	87	208	95	113	721
43	86	14	72	559	88	211	98	113	725
44	88	15	74	562	89	215	102	113	728
45	91	15	75	566	90	219	106	113	732

无余量计算表　φ73　R219　前卡170　后直管段400

角度	切线	减量	加量	尾最短	角度	切线	减量	加量	尾最短
119	372	305	67	839	164	1 558	2 512	(953)	1 005
120	379	316	63	843	165	1 663	2 718	-1 055	1 009
121	387	328	59	846	166	1 784	2 955	(1 171)	1 012
122	395	340	55	850	167	1 922	3 228	(1 306)	1 016
123	403	353	50	854	168	2 084	3 548	(1 464)	1 020
124	412	366	45	857	169	2 274	3 925	(1 651)	1 023
125	421	380	40	861	170	2 503	4 379	(1 876)	1 027
126	430	395	35	865	171	2 783	4 935	(2 152)	1 031
127	439	410	29	868	172	3 132	5 629	(2 497)	1 034
128	449	426	23	872	173	3 581	6 523	(2 943)	1 038
129	459	442	17	876	174	4 179	7 716	(3 537)	1 042
130	470	460	10	880	175	5 016	9 386	(4 370)	1 045
131	481	478	3	883	176	6 271	11 894	(5 622)	1 049
132	492	497	(5)	887	177	8 363	16 074	(7 710)	1 053
133	504	517	(13)	891	178	12 547	24 436	(11 890)	1 057
134	516	538	(22)	894	179	25 095	49 530	(24 435)	1 060
135	529	559	-31	898	180	N/A	N/A	N/A	912

无余量计算表　φ76　R228　前卡190　后直管段400

角度	切线	减量	加量	尾最短	角度	切线	减量	加量	尾最短
1	2	0	2	404	46	97	17	80	577
2	4	0	4	408	47	99	18	81	580
3	6	0	6	412	48	102	19	83	584
4	8	1	7	415	49	104	20	84	588
5	10	1	9	419	50	106	21	86	592
6	12	1	11	423	51	109	22	87	596
7	14	1	13	427	52	111	23	88	600
8	16	1	15	431	53	114	24	90	604
9	18	1	17	435	54	116	25	91	607
10	20	1	18	438	55	119	26	93	611
11	22	2	20	442	56	121	27	94	615
12	24	2	22	446	57	124	29	95	619
13	26	2	24	450	58	126	30	96	623
14	28	2	26	454	59	129	31	98	627
15	30	2	28	458	60	132	33	99	630
16	32	3	29	461	61	134	34	100	634
17	34	3	31	465	62	137	36	101	638

无余量计算表　φ76　R228　前卡190　后直管段400

角度	切线	减量	加量	尾最短	角度	切线	减量	加量	尾最短
91	232	115	117	749	136	564	606	(42)	922
92	236	119	117	753	137	579	632	(53)	926
93	240	123	117	757	138	594	658	(64)	930
94	245	128	116	761	139	610	686	(76)	934
95	249	133	116	765	140	626	715	(89)	938
96	253	138	115	769	141	644	746	(102)	941
97	258	143	115	772	142	662	779	(117)	945
98	262	148	114	776	143	681	814	(132)	949
99	267	154	113	780	144	702	850	(149)	953
100	272	159	112	784	145	723	889	(166)	957
101	277	165	111	788	146	746	931	(185)	961
102	282	171	110	792	147	770	975	(205)	964
103	287	178	109	796	148	795	1 022	(227)	968
104	292	184	108	799	149	822	1 072	(250)	972
105	297	191	106	803	150	851	1 126	-275	976
106	303	198	104	807	151	882	1 183	(302)	980
107	308	205	103	811	152	914	1 245	(331)	984

附表 B-1(续18)

无余量计算表 φ76 R228 前卡190 后直管段400										无余量计算表 φ76 R228 前卡190 后直管段400									
角度	切线	减量	加量	尾最短	角度	切线	减量	加量	尾最短	角度	切线	减量	加量	尾最短	角度	切线	减量	加量	尾最短
18	36	3	33	469	63	140	38	102	642	108	314	213	101	815	153	950	1 312	(362)	988
19	38	3	35	473	64	142	39	103	646	109	320	221	99	819	154	988	1 384	(396)	991
20	40	4	37	477	65	145	41	104	650	110	326	229	97	822	155	1 028	1 462	(433)	995
21	42	4	38	481	66	148	43	105	653	111	332	237	95	826	156	1 073	1 546	(474)	999
22	44	4	40	484	67	151	45	106	657	112	338	246	92	830	157	1 121	1 638	(518)	1 003
23	46	4	42	488	68	154	46	107	661	113	344	255	89	834	158	1 173	1 739	(566)	1 007
24	48	5	44	492	69	157	48	108	665	114	351	264	87	838	159	1 230	1 850	(620)	1 011
25	51	5	45	496	70	160	50	109	669	115	358	274	84	842	160	1 293	1 972	(679)	1 014
26	53	5	47	500	71	163	53	110	673	116	365	284	81	845	161	1 362	2 107	(744)	1 018
27	55	6	49	504	72	166	55	111	676	117	372	295	77	849	162	1 440	2 257	(817)	1 022
28	57	6	51	508	73	169	57	112	680	118	379	306	74	853	163	1 526	2 425	(900)	1 026
29	59	7	52	511	74	172	59	112	684	119	387	317	70	857	164	1 622	2 615	(993)	1 030
30	61	7	54	515	75	175	62	113	688	120	395	329	66	861	165	1 732	2 830	- 1 098	1 034
31	63	7	56	519	76	178	64	114	692	121	403	341	62	865	166	1 857	3 076	(1 219)	1 037
32	65	8	58	523	77	181	67	114	696	122	411	354	57	868	167	2 001	3 361	(1 360)	1 041
33	68	8	59	527	78	185	70	115	700	123	420	368	52	872	168	2 169	3 693	(1 524)	1 045
34	70	9	61	531	79	188	73	115	703	124	429	381	47	876	169	2 368	4 087	(1 719)	1 049
35	72	9	63	534	80	191	75	116	707	125	438	396	42	880	170	2 606	4 559	(1 953)	1 053
36	74	10	64	538	81	195	78	116	711	126	447	411	36	884	171	2 897	5 137	(2 240)	1 057
37	76	10	66	542	82	198	82	117	715	127	457	427	30	888	172	3 261	5 861	(2 600)	1 060
38	79	11	67	546	83	202	85	117	719	128	467	443	24	892	173	3 728	6 791	(3 063)	1 064
39	81	12	69	550	84	205	88	117	723	129	478	461	17	895	174	4 350	8 033	(3 682)	1 068
40	83	12	71	554	85	209	91	117	726	130	489	479	10	899	175	5 222	9 772	(4 550)	1 072
41	85	13	72	557	86	213	95	118	730	131	500	498	3	903	176	6 529	12 382	(5 853)	1 076
42	88	14	74	561	87	216	99	118	734	132	512	517	(5)	907	177	8 707	16 734	(8 027)	1 080
43	90	15	75	565	88	220	102	118	738	133	524	538	(14)	911	178	13 062	25 441	(12 379)	1 084
44	92	15	77	569	89	224	106	118	742	134	537	560	(23)	915	179	26 126	51 565	(25 439)	1 087
45	94	16	78	573	90	228	110	118	746	135	550	582	- 32	918	180	N/A	N/A	N/A	912

无余量计算表 φ89 R267 前卡220 后直管段400										无余量计算表 φ89 R267 前卡220 后直管段400									
角度	切线	减量	加量	尾最短	角度	切线	减量	加量	尾最短	角度	切线	减量	加量	尾最短	角度	切线	减量	加量	尾最短
1	2	0	2	404	46	113	20	94	607	91	272	134	138	809	136	661	710	(49)	1 012
2	5	0	4	409	47	116	21	95	611	92	276	139	137	814	137	678	740	(62)	1 016
3	7	0	6	413	48	119	22	97	616	93	281	145	137	818	138	696	771	(75)	1 021
4	9	1	9	418	49	122	23	99	620	94	286	150	136	823	139	714	803	(89)	1 025
5	12	1	11	422	50	125	24	100	625	95	291	156	136	827	140	734	838	(104)	1 030
6	14	1	13	427	51	127	25	102	629	96	297	161	135	832	141	754	874	(120)	1 034

附表 B-1（续 19）

无余量计算表	φ89	R267	前卡220	后直管段400						无余量计算表	φ89	R267	前卡220	后直管段400					
角度	切线	减量	加量	尾最短	角度	切线	减量	加量	尾最短	角度	切线	减量	加量	尾最短	角度	切线	减量	加量	尾最短
7	16	1	15	431	52	130	27	104	634	97	302	167	134	836	142	775	912	(137)	1 039
8	19	1	17	436	53	133	28	105	638	98	307	174	134	841	143	798	953	(155)	1 043
9	21	2	19	440	54	136	29	107	643	99	313	180	133	845	144	822	996	(174)	1 048
10	23	2	22	445	55	139	31	108	647	100	318	187	131	850	145	847	1 042	(195)	1 052
11	26	2	24	449	56	142	32	110	652	101	324	194	130	854	146	873	1 090	(217)	1 057
12	28	2	26	454	57	145	34	111	656	102	330	201	129	859	147	901	1 142	(240)	1 061
13	30	2	28	458	58	148	35	113	661	103	336	208	128	863	148	931	1 197	(266)	1 066
14	33	3	30	463	59	151	37	114	665	104	342	216	126	868	149	963	1 255	(293)	1 070
15	35	3	32	467	60	154	38	116	670	105	348	224	124	872	150	996	1 318	-322	1 075
16	38	3	34	472	61	157	40	117	674	106	354	232	122	877	151	1 032	1 386	(353)	1 079
17	40	3	37	476	62	160	42	118	679	107	361	240	120	881	152	1 071	1 458	(387)	1 084
18	42	4	39	481	63	164	44	120	683	108	367	249	118	886	153	1 112	1 536	(424)	1 088
19	45	4	41	485	64	167	46	121	688	109	374	258	116	890	154	1 157	1 620	(464)	1 093
20	47	4	43	490	65	170	48	122	692	110	381	268	113	895	155	1 204	1 712	(507)	1 097
21	49	5	45	494	66	173	50	123	697	111	388	278	111	899	156	1 256	1 811	(555)	1 102
22	52	5	47	499	67	177	52	125	701	112	396	288	108	904	157	1 312	1 919	(606)	1 106
23	54	5	49	503	68	180	54	126	706	113	403	299	105	908	158	1 374	2 037	(663)	1 111
24	57	6	51	508	69	184	57	127	710	114	411	310	102	913	159	1 441	2 166	(726)	1 115
25	59	6	53	512	70	187	59	128	715	115	419	321	98	917	160	1 514	2 309	(795)	1 120
26	62	6	55	517	71	190	62	129	719	116	427	333	94	922	161	1 596	2 467	(872)	1 124
27	64	7	57	521	72	194	64	130	724	117	436	345	90	926	162	1 686	2 643	(957)	1 129
28	67	7	59	526	73	198	67	131	728	118	444	358	86	931	163	1 787	2 840	(1 054)	1 133
29	69	8	61	530	74	201	70	132	733	119	453	371	82	935	164	1 900	3 062	(1 162)	1 137
30	72	8	63	535	75	205	72	132	737	120	462	385	77	940	165	2 028	3 314	-1 286	1 142
31	74	9	65	539	76	209	75	133	742	121	472	400	72	944	166	2 175	3 603	(1 428)	1 146
32	77	9	67	544	77	212	78	134	746	122	482	415	67	949	167	2 343	3 936	(1 592)	1 151
33	79	10	69	548	78	216	82	135	751	123	492	430	61	953	168	2 540	4 325	(1 785)	1 155
34	82	10	71	553	79	220	85	135	755	124	502	447	55	958	169	2 773	4 786	(2 013)	1 160
35	84	11	73	557	80	224	88	136	760	125	513	464	49	962	170	3 052	5 339	(2 287)	1 164
36	87	12	75	562	81	228	92	136	764	126	524	481	43	967	171	3 393	6 016	(2 624)	1 169
37	89	12	77	566	82	232	95	137	769	127	536	500	36	971	172	3 818	6 863	(3 045)	1 173
38	92	13	79	571	83	236	99	137	773	128	547	519	28	976	173	4 365	7 953	(3 587)	1 178
39	95	14	81	575	84	240	103	137	778	129	560	539	20	980	174	5 095	9 407	(4 312)	1 182
40	97	14	83	580	85	245	107	138	782	130	573	561	12	985	175	6 115	11 444	(5 328)	1 187
41	100	15	85	584	86	249	111	138	787	131	586	583	3	989	176	7 646	14 500	(6 854)	1 191
42	102	16	86	589	87	253	116	138	791	132	600	606	(6)	994	177	10 196	19 597	(9 400)	1 196

附表 B-1(续20)

无余量计算表 φ89 R267 前卡220 后直管段400									无余量计算表 φ89 R267 前卡220 后直管段400								
角度	切线	减量	加量	尾最短	角度	切线	减量	加量	尾最短	角度	切线	减量	加量	尾最短	角度	切线	减量	加量	尾最短
43	105	17	88	593	88	258	120	138	796	133	614	630	(16)	998	178	15 296	29 792	(14 496)	1 200
44	108	18	90	598	89	262	125	138	800	134	629	655	(26)	1 003	179	30 595	60 385	(29 790)	1 205
45	111	19	92	602	90	267	129	138	805	135	645	682	−38	1 007	180	N/A	N/A	N/A	912

无余量计算表 φ114 R342 前卡260 后直管段400									无余量计算表 φ114 R342 前卡260 后直管段400								
角度	切线	减量	加量	尾最短	角度	切线	减量	加量	尾最短	角度	切线	减量	加量	尾最短	角度	切线	减量	加量	尾最短
1	3	0	3	406	46	145	25	120	665	91	348	172	176	924	136	846	910	(63)	1 183
2	6	0	6	412	47	149	27	122	671	92	354	178	176	930	137	868	947	(79)	1 189
3	9	1	8	417	48	152	28	124	676	93	360	185	175	936	138	891	987	(96)	1 195
4	12	1	11	423	49	156	29	126	682	94	367	192	175	941	139	915	1 029	(114)	1 201
5	15	1	14	429	50	159	31	129	688	95	373	199	174	947	140	940	1 073	(133)	1 206
6	18	1	17	435	51	163	32	131	694	96	380	207	173	953	141	966	1 119	(154)	1212
7	21	2	19	440	52	167	34	133	700	97	387	214	172	959	142	993	1 169	(175)	1 218
8	24	2	22	446	53	171	36	135	705	98	393	222	171	964	143	1 022	1 221	(198)	1 224
9	27	2	25	452	54	174	37	137	711	99	400	231	170	970	144	1 053	1 276	(223)	1 229
10	30	2	28	458	55	178	39	139	717	100	408	239	168	976	145	1 085	1 334	(249)	1 235
11	33	3	30	463	56	182	41	141	723	101	415	248	167	982	146	1 119	1 396	(278)	1 241
12	36	3	33	469	57	186	43	143	728	102	422	257	165	988	147	1 155	1 462	(308)	1 247
13	39	3	36	475	58	190	45	145	734	103	430	267	163	993	148	1 193	1 533	(340)	1 252
14	42	3	39	481	59	193	47	146	740	104	438	276	161	999	149	1 233	1 608	(375)	1 258
15	45	4	41	486	60	197	49	148	746	105	446	287	159	1 005	150	1 276	1 689	−412	1 264
16	48	4	44	492	61	201	52	150	751	106	454	297	157	1 011	151	1 322	1 775	(453)	1 270
17	51	4	47	498	62	205	54	152	757	107	462	308	154	1 016	152	1 372	1 868	(496)	1 276
18	54	5	50	504	63	210	56	153	763	108	471	319	151	1 022	153	1 425	1 968	(543)	1 281
19	57	5	52	509	64	214	59	155	769	109	479	331	148	1 028	154	1 481	2 076	(594)	1 287
20	60	5	55	515	65	218	61	157	774	110	488	343	145	1 034	155	1 543	2 193	(650)	1 293
21	63	6	58	521	66	222	64	158	780	111	498	356	142	1 039	156	1 609	2 319	(710)	1 299
22	66	6	60	527	67	226	67	160	786	112	507	369	138	1 045	157	1 681	2 458	(777)	1 304
23	70	7	63	532	68	231	70	161	792	113	517	383	134	1 051	158	1 759	2 609	(849)	1 310
24	73	7	66	538	69	235	73	162	797	114	527	397	130	1 057	159	1 845	2 775	(929)	1 316
25	76	8	68	544	70	239	76	164	803	115	537	411	126	1 062	160	1 940	2 958	(1 018)	1 322
26	79	8	71	550	71	244	79	165	809	116	547	426	121	1 068	161	2 044	3 160	(1 116)	1 327
27	82	9	73	556	72	248	82	166	815	117	558	442	116	1 074	162	2 159	3 385	(1 226)	1 333
28	85	9	76	561	73	253	86	167	820	118	569	459	111	1 080	163	2 288	3 638	(1 349)	1 339
29	88	10	79	567	74	258	89	169	826	119	581	476	105	1 085	164	2 433	3 922	(1 489)	1 345
30	92	10	81	573	75	262	93	170	832	120	592	494	99	1 091	165	2 598	4 245	−1 647	1 350
31	95	11	84	579	76	267	97	171	838	121	604	512	92	1 097	166	2 785	4 615	(1 829)	1 356

附表 B-1(续21)

| 无余量计算表 | | φ114 | $R342$ | 前卡260 | 后直管段400 | | | | | 无余量计算表 | | φ114 | $R342$ | 前卡260 | 后直管段400 | | | | |

角度	切线	减量	加量	尾最短	角度	切线	减量	加量	尾最短	角度	切线	减量	加量	尾最短	角度	切线	减量	加量	尾最短
32	98	12	86	584	77	272	101	171	844	122	617	531	86	1 103	167	3 002	5 041	(2 040)	1 362
33	101	13	89	590	78	277	105	172	849	123	630	551	79	1 108	168	3 254	5 540	(2 286)	1 368
34	105	13	91	596	79	282	109	173	855	124	643	572	71	1 114	169	3 552	6 130	(2 578)	1 373
35	108	14	94	602	80	287	113	174	861	125	657	594	63	1 120	170	3 909	6 839	(2 930)	1 379
36	111	15	96	607	81	292	118	174	867	126	671	617	55	1 126	171	4 346	7 706	(3 361)	1 385
37	114	16	99	613	82	297	122	175	872	127	686	640	46	1 132	172	4 891	8 791	(3 900)	1 391
38	118	17	101	619	83	303	127	176	878	128	701	665	36	1 137	173	5 592	10 187	(4 595)	1 396
39	121	18	104	625	84	308	132	176	884	129	717	691	26	1 143	174	6 526	12 049	(5 523)	1 402
40	124	19	106	630	85	313	137	176	890	130	733	718	15	1 149	175	7 833	14 658	(6 825)	1 408
41	128	20	108	636	86	319	142	176	895	131	750	746	4	1 155	176	9 794	18 573	(8 780)	1 414
42	131	21	111	642	87	325	148	177	901	132	768	776	(8)	1 160	177	13 060	25 101	(12 041)	1 420
43	135	22	113	648	88	330	154	177	907	133	787	807	(20)	1 166	178	19 593	38 161	(18 568)	1 425
44	138	23	115	653	89	336	160	177	913	134	806	840	(34)	1 172	179	39 189	77 348	(38 158)	1 431
45	142	24	118	659	90	342	166	176	918	135	826	874	-48	1178	180	N/A	N/A	N/A	1 424

| 无余量计算表 | | φ140 | $R420$ | 前卡280 | 后直管段500 | | | | | 无余量计算表 | | φ140 | $R420$ | 前卡280 | 后直管段500 | | | | |

角度	切线	减量	加量	尾最短	角度	切线	减量	加量	尾最短	角度	切线	减量	加量	尾最短	角度	切线	减量	加量	尾最短
1	4	0	3	507	46	178	31	147	825	91	427	211	216	1 144	136	1 040	1 117	(77)	1 462
2	7	1	7	514	47	183	33	150	832	92	435	219	216	1 151	137	1 066	1 163	(97)	1 469
3	11	1	10	521	48	187	34	153	840	93	443	227	215	1 158	138	1 094	1 212	(118)	1 476
4	15	1	14	528	49	191	36	155	847	94	450	236	215	1 165	139	1 123	1 263	(140)	1 483
5	18	1	17	535	50	196	38	158	854	95	458	245	214	1 172	140	1 154	1 318	(164)	1 490
6	22	2	20	542	51	200	40	160	861	96	466	254	213	1 179	141	1 186	1 375	(189)	1 497
7	26	2	24	550	52	205	42	163	868	97	475	263	211	1 186	142	1 220	1 435	(215)	1 504
8	29	2	27	557	53	209	44	166	875	98	483	273	210	1 193	143	1 255	1 499	(244)	1 512
9	33	2	31	564	54	214	46	168	882	99	492	283	209	1 200	144	1 293	1 567	(274)	1 519
10	37	3	34	571	55	219	48	170	889	100	501	294	207	1 207	145	1 332	1 638	(306)	1 526
11	40	3	37	578	56	223	51	173	896	101	510	305	205	1 214	146	1 374	1 715	(341)	1 533
12	44	3	41	585	57	228	53	175	903	102	519	316	203	1 222	147	1 418	1 796	(378)	1 540
13	48	4	44	592	58	233	55	177	910	103	528	327	201	1 229	148	1 465	1 883	(418)	1 547
14	52	4	47	599	59	238	58	180	917	104	538	339	198	1 236	149	1 514	1 975	(460)	1 554
15	55	4	51	606	60	242	61	182	924	105	547	352	195	1 243	150	1 567	2 074	-506	1 561
16	59	5	54	613	61	247	63	184	932	106	557	365	192	1 250	151	1 624	2 180	(556)	1 568
17	63	5	57	620	62	252	66	186	939	107	568	378	189	1 257	152	1 685	2 294	(609)	1 575
18	67	6	61	627	63	257	69	188	946	108	578	392	186	1 264	153	1 749	2 417	(667)	1 582
19	70	6	64	634	64	262	72	190	953	109	589	407	182	1 271	154	1 819	2 549	(730)	1 589
20	74	7	67	641	65	268	75	192	960	110	600	422	178	1 278	155	1 894	2 693	(798)	1 596

附表 B-1(续22)

无余量计算表 φ140 R420 前卡280 后直管段500									
角度	切线	减量	加量	尾最短	角度	切线	减量	加量	尾最短
21	78	7	71	649	66	273	79	194	967
22	82	8	74	656	67	278	82	196	974
23	85	8	77	663	68	283	86	198	981
24	89	9	80	670	69	289	89	199	988
25	93	9	84	677	70	294	93	201	995
26	97	10	87	684	71	300	97	203	1 002
27	101	11	90	691	72	305	101	204	1 009
28	105	11	93	698	73	311	105	206	1 016
29	109	12	97	705	74	316	110	207	1 023
30	113	13	100	712	75	322	114	208	1 031
31	116	14	103	719	76	328	119	209	1 038
32	120	15	106	726	77	334	123	211	1 045
33	124	15	109	733	78	340	128	212	1 052
34	128	16	112	741	79	346	134	213	1 059
35	132	17	115	748	80	352	139	213	1 066
36	136	18	118	755	81	359	144	214	1 073
37	141	19	121	762	82	365	150	215	1 080
38	145	20	124	769	83	372	156	216	1 087
39	149	22	127	776	84	378	162	216	1 094
40	153	23	130	783	85	385	168	216	1 101
41	157	24	133	790	86	392	175	217	1 108
42	161	25	136	797	87	399	182	217	1 115
43	165	27	139	804	88	406	189	217	1 122
44	170	28	142	811	89	413	196	217	1 130
45	174	30	144	818	90	420	203	217	1 137

无余量计算表 φ140 R420 前卡280 后直管段500									
角度	切线	减量	加量	尾最短	角度	切线	减量	加量	尾最短
111	611	437	174	1 285	156	1 976	2 848	(872)	1 604
112	623	453	170	1 292	157	2 064	3 018	(954)	1 611
113	635	470	165	1 299	158	2 161	3 204	(1 043)	1 618
114	647	487	160	1 306	159	2 266	3 407	(1 141)	1 625
115	659	505	154	1 313	160	2 382	3 632	(1 250)	1 632
116	672	524	148	1 321	161	2 510	3 881	(1 371)	1 639
117	685	543	142	1 328	162	2 652	4 158	(1 506)	1 646
118	699	563	136	1 335	163	2 810	4 468	(1 657)	1 653
119	713	584	129	1342	164	2 988	4 817	(1 828)	1 660
120	727	606	121	1 349	165	3 190	5 213	- 2 023	1 667
121	742	629	114	1 356	166	3 421	5 667	(2 246)	1 674
122	758	652	105	1 363	167	3686	6 191	(2 505)	1 681
123	774	677	97	1 370	168	3 996	6 804	(2 808)	1 688
124	790	703	87	1 377	169	4 362	7 528	(3 166)	1 695
125	807	729	77	1 384	170	4 801	8 399	(3 598)	1 703
126	824	757	67	1 391	171	5 337	9 464	(4 127)	1 710
127	842	786	56	1 398	172	6 006	10 796	(4 790)	1 717
128	861	817	44	1 405	173	6 867	12 510	(5 643)	1 724
129	881	849	32	1 413	174	8 014	14 797	(6 783)	1 731
130	901	882	19	1 420	175	9 620	18 001	(8 382)	1 738
131	922	917	5	1 427	176	12 027	22 809	(10 782)	1 745
132	943	953	(10)	1 434	177	16 039	30 826	(14 787)	1 752
133	966	991	(25)	1 441	178	24 062	46 864	(22 803)	1 759
134	989	1 031	(42)	1 448	179	48 127	94 988	(46 861)	1 766
135	1 014	1 073	-59	1 455	180	N/A	N/A	N/A	1 524

无余量计算表 φ168 R504 前卡330 后直管段500									
角度	切线	减量	加量	尾最短	角度	切线	减量	加量	尾最短
1	4	0	4	508	46	214	37	177	890
2	9	1	8	517	47	219	39	180	899
3	13	1	12	525	48	224	41	183	907
4	18	1	16	534	49	230	43	186	916
5	22	2	20	542	50	235	46	189	924
6	26	2	25	551	51	240	48	193	933
7	31	2	29	559	52	246	50	196	941
8	35	3	33	568	53	251	53	199	950
9	40	3	37	576	54	257	55	202	958

无余量计算表 φ168 R504 前卡330 后直管段500									
角度	切线	减量	加量	尾最短	角度	切线	减量	加量	尾最短
91	513	253	260	1 272	136	1 247	1 340	(93)	1 654
92	522	263	259	1 281	137	1 279	1 396	(117)	1 663
93	531	273	258	1 289	138	1 313	1 455	(142)	1 671
94	540	283	257	1 298	139	1 348	1 516	(168)	1 680
95	550	294	256	1 306	140	1 385	1 581	(196)	1 688
96	560	305	255	1 315	141	1 423	1 650	(226)	1 697
97	570	316	254	1 323	142	1 464	1 722	(258)	1 705
98	580	328	252	1 332	143	1 506	1 799	(292)	1 714
99	590	340	250	1 340	144	1 551	1 880	(329)	1 722

附表 B-1（续23）

角度	切线	减量	加量	尾最短	角度	切线	减量	加量	尾最短	角度	切线	减量	加量	尾最短	角度	切线	减量	加量	尾最短
				无余量计算表 φ168 R504 前卡330 后直管段500										无余量计算表 φ168 R504 前卡330 后直管段500					
10	44	3	41	585	55	262	58	205	967	100	601	352	248	1 349	145	1 598	1 966	(368)	1 731
11	49	4	45	593	56	268	61	207	975	101	611	365	246	1 357	146	1 649	2 058	(409)	1 739
12	53	4	49	602	57	274	63	210	984	102	622	379	243	1 366	147	1 701	2 155	(454)	1 748
13	57	4	53	610	58	279	66	213	992	103	634	393	241	1 374	148	1 758	2 259	(501)	1 756
14	62	5	57	619	59	285	69	216	1 001	104	645	407	238	1 383	149	1 817	2 370	(553)	1 765
15	66	5	61	627	60	291	73	218	1 009	105	657	422	234	1 391	150	1 881	2 489	-608	1 773
16	71	6	65	636	61	297	76	221	1 018	106	669	438	231	1 400	151	1 949	2 616	(667)	1 782
17	75	6	69	644	62	303	79	223	1 026	107	681	454	227	1 408	152	2 021	2 753	(731)	1 790
18	80	7	73	653	63	309	83	226	1 035	108	694	471	223	1 417	153	2 099	2 900	(801)	1 799
19	84	7	77	661	64	315	87	228	1 043	109	707	488	219	1 425	154	2 183	3 059	(876)	1 807
20	89	8	81	670	65	321	90	231	1 052	110	720	506	214	1 434	155	2 273	3 231	(958)	1 816
21	93	9	85	678	66	327	94	233	1 060	111	733	524	209	1 442	156	2 371	3 418	(1 047)	1 824
22	98	9	89	687	67	334	98	235	1 069	112	747	544	204	1 451	157	2 477	3 622	(1 145)	1 833
23	103	10	93	695	68	340	103	237	1 077	113	761	564	198	1 459	158	2 593	3 845	(1 252)	1 841
24	107	11	97	704	69	346	107	239	1 086	114	776	584	192	1 468	159	2 719	4 089	(1 370)	1 850
25	112	11	100	712	70	353	112	241	1 094	115	791	606	185	1 476	160	2 858	4 358	(1 500)	1 858
26	116	12	104	721	71	359	116	243	1 103	116	807	628	178	1 485	161	3 012	4 657	(1 645)	1 867
27	121	13	108	729	72	366	121	245	1 111	117	822	652	171	1 493	162	3 182	4 989	(1 807)	1 875
28	126	14	112	738	73	373	126	247	1 120	118	839	676	163	1 502	163	3 372	5 361	(1 989)	1 884
29	130	15	116	746	74	380	131	248	1 128	119	856	701	155	1 510	164	3 586	5 780	(2 194)	1 892
30	135	15	120	755	75	387	137	250	1 137	120	873	727	146	1 519	165	3 828	6 256	-2 428	1 901
31	140	16	123	763	76	394	142	251	1 145	121	891	755	136	1 527	166	4 105	6 800	(2 696)	1 909
32	145	17	127	772	77	401	148	253	1 154	122	909	783	126	1 536	167	4 424	7 430	(3 006)	1 918
33	149	18	131	780	78	408	154	254	1 162	123	928	812	116	1 544	168	4 795	8 164	(3 369)	1 926
34	154	20	135	789	79	415	160	255	1 171	124	948	843	105	1 553	169	5 234	9 034	(3 800)	1 935
35	159	21	138	797	80	423	167	256	1 179	125	968	875	93	1 561	170	5 761	10 078	(4 318)	1 943
36	164	22	142	806	81	430	173	257	1 188	126	989	909	80	1 570	171	6 404	11 356	(4 952)	1 952
37	169	23	145	814	82	438	180	258	1 196	127	1 011	944	67	1 578	172	7 208	12 955	(5 747)	1 960
38	174	25	149	823	83	446	187	259	1 205	128	1 033	980	53	1 587	173	8 240	15 012	(6 772)	1 969
39	178	26	153	831	84	454	195	259	1 213	129	1 057	1 018	38	1 595	174	9 617	17 757	(8 140)	1 977
40	183	27	156	840	85	462	202	260	1 222	130	1 081	1 058	23	1 604	175	11 543	21 601	(10 058)	1 986
41	188	29	160	848	86	470	210	260	1 230	131	1 106	1 100	6	1 612	176	14 433	27 371	(12 939)	1 994
42	193	30	163	857	87	478	218	260	1 239	132	1 132	1 144	(12)	1 620	177	19 247	36 991	(17 745)	2 002
43	199	32	166	865	88	487	226	260	1 247	133	1 159	1 189	(30)	1 629	178	28 874	56 237	(27 363)	2 011
44	204	34	170	873	89	495	235	260	1 255	134	1 187	1 237	(50)	1 637	179	57 753	113 986	(56 233)	2 019
45	209	36	173	882	90	504	244	260	1 264	135	1 217	1 288	-71	1 646	180	N/A	N/A	N/A	2 548

附表 B-1(续24)

无余量计算表	φ18	R54	前卡55	后直管段100					无余量计算表	φ18	R54	前卡55	后直管段100						
角度	切线	减量	加量	尾最短	角度	切线	减量	加量	尾最短	角度	切线	减量	加量	尾最短	角度	切线	减量	加量	尾最短
1	0	0	0	101	46	23	4	19	142	91	55	27	28	183	136	134	144	(10)	224
2	1	0	1	102	47	23	4	19	143	92	56	28	28	184	137	137	150	(12)	225
3	1	0	1	103	48	24	4	20	144	93	57	29	28	185	138	141	156	(15)	226
4	2	0	2	104	49	25	5	20	145	94	58	30	28	185	139	144	162	(18)	226
5	2	0	2	105	50	25	5	20	145	95	59	31	27	186	140	148	169	(21)	227
6	3	0	3	105	51	26	5	21	146	96	60	33	27	187	141	152	177	(24)	228
7	3	0	3	106	52	26	5	21	147	97	61	34	27	188	142	157	185	(28)	229
8	4	0	3	107	53	27	6	21	148	98	62	35	27	189	143	161	193	(31)	230
9	4	0	4	108	54	28	6	22	149	99	63	36	27	190	144	166	201	(35)	231
10	5	0	4	109	55	28	6	22	150	100	64	38	27	191	145	171	211	(39)	232
11	5	0	5	110	56	29	6	22	151	101	66	39	26	192	146	177	220	(44)	233
12	6	0	5	111	57	29	7	23	152	102	67	41	26	193	147	182	231	(49)	234
13	6	0	6	112	58	30	7	23	153	103	68	42	26	194	148	188	242	(54)	235
14	7	1	6	113	59	31	7	23	154	104	69	44	25	195	149	195	254	(59)	236
15	7	1	7	114	60	31	8	23	155	105	70	45	25	195	150	202	267	−65	236
16	8	1	7	115	61	32	8	24	155	106	72	47	25	196	151	209	280	(71)	237
17	8	1	7	115	62	32	9	24	156	107	73	49	24	197	152	217	295	(78)	238
18	9	1	8	116	63	33	9	24	157	108	74	50	24	198	153	225	311	(86)	239
19	9	1	8	117	64	34	9	24	158	109	76	52	23	199	154	234	328	(94)	240
20	10	1	9	118	65	34	10	25	159	110	77	54	23	200	155	244	346	(103)	241
21	10	1	9	119	66	35	10	25	160	111	79	56	22	201	156	254	366	(112)	242
22	10	1	10	120	67	36	11	25	161	112	80	58	22	202	157	265	388	(123)	243
23	11	1	10	121	68	36	11	25	162	113	82	60	21	203	158	278	412	(134)	244
24	11	1	10	122	69	37	11	26	163	114	83	63	21	204	159	291	438	(147)	245
25	12	1	11	123	70	38	12	26	164	115	85	65	20	205	160	306	467	(161)	246
26	12	1	11	124	71	39	12	26	165	116	86	67	19	206	161	323	499	(176)	246
27	13	1	12	125	72	39	13	26	165	117	88	70	18	206	162	341	535	(194)	247
28	13	1	12	125	73	40	14	26	166	118	90	72	17	207	163	361	574	(213)	248
29	14	2	12	126	74	41	14	27	167	119	92	75	17	208	164	384	619	(235)	249
30	14	2	13	127	75	41	15	27	168	120	94	78	16	209	165	410	670	−260	250
31	15	2	13	128	76	42	15	27	169	121	95	81	15	210	166	440	729	(289)	251
32	15	2	14	129	77	43	16	27	170	122	97	84	14	211	167	474	796	(322)	252
33	16	2	14	130	78	44	17	27	171	123	99	87	12	212	168	514	875	(361)	253
34	17	2	14	131	79	45	17	27	172	124	102	90	11	213	169	561	968	(407)	254
35	17	2	15	132	80	45	18	27	173	125	104	94	10	214	170	617	1 080	(463)	255
36	18	2	15	133	81	46	19	28	174	126	106	97	9	215	171	686	1 217	(531)	256

附表 B-1(续25)

无余量计算表　φ18　R54　前卡55　后直管段100

角度	切线	减量	加量	尾最短	角度	切线	减量	加量	尾最短	角度	切线	减量	加量	尾最短	角度	切线	减量	加量	尾最短
37	18	2	16	134	82	47	19	28	175	127	108	101	7	216	172	772	1 388	(616)	256
38	19	3	16	135	83	48	20	28	175	128	111	105	6	216	173	883	1 608	(726)	257
39	19	3	16	135	84	49	21	28	176	129	113	109	4	217	174	1 030	1 903	(872)	258
40	20	3	17	136	85	49	22	28	177	130	116	113	2	218	175	1 237	2 314	(1 078)	259
41	20	3	17	137	86	50	22	28	178	131	118	118	1	219	176	1 546	2 933	(1 386)	260
42	21	3	17	138	87	51	23	28	179	132	121	123	(1)	220	177	2 062	3 963	(1 901)	261
43	21	3	18	139	88	52	24	28	180	133	124	127	(3)	221	178	3 094	6 025	(2 932)	262
44	22	4	18	140	89	53	25	28	181	134	127	133	(5)	222	179	6 188	1 2213	(6 025)	263
45	22	4	19	141	90	54	26	28	182	135	130	138	-8	223	180	N/A	N/A	N/A	228

无余量计算表　φ22　R66　前卡55　后直管段100

角度	切线	减量	加量	尾最短	角度	切线	减量	加量	尾最短	角度	切线	减量	加量	尾最短	角度	切线	减量	加量	尾最短
1	1	0	1	101	46	28	5	23	151	91	67	33	34	201	136	163	176	(12)	251
2	1	0	1	102	47	29	5	24	152	92	68	34	34	202	137	168	183	(15)	252
3	2	0	2	103	48	29	5	24	153	93	70	36	34	203	138	172	190	(19)	253
4	2	0	2	104	49	30	6	24	154	94	71	37	34	204	139	177	199	(22)	255
5	3	0	3	106	50	31	6	25	156	95	72	38	34	206	140	181	207	(26)	256
6	3	0	3	107	51	31	6	25	157	96	73	40	33	207	141	186	216	(30)	257
7	4	0	4	108	52	32	7	26	158	97	75	41	33	208	142	192	226	(34)	258
8	5	0	4	109	53	33	7	26	159	98	76	43	33	209	143	197	236	(38)	259
9	5	0	5	110	54	34	7	26	160	99	77	45	33	210	144	203	246	(43)	260
10	6	0	5	111	55	34	8	27	161	100	79	46	33	211	145	209	257	(48)	261
11	6	0	6	112	56	35	8	27	162	101	80	48	32	212	146	216	269	(54)	262
12	7	1	6	113	57	36	8	28	163	102	82	50	32	213	147	223	282	(59)	263
13	8	1	7	114	58	37	9	28	164	103	83	51	32	214	148	230	296	(66)	265
14	8	1	7	116	59	37	9	28	166	104	84	53	31	216	149	238	310	(72)	266
15	9	1	8	117	60	38	10	29	167	105	86	55	31	217	150	246	326	-80	267
16	9	1	9	118	61	39	10	29	168	106	88	57	30	218	151	255	343	(87)	268
17	10	1	9	119	62	40	10	29	169	107	89	59	30	219	152	265	360	(96)	269
18	10	1	10	120	63	40	11	30	170	108	91	62	29	220	153	275	380	(105)	270
19	11	1	10	121	64	41	11	30	171	109	93	64	29	221	154	286	401	(115)	271
20	12	1	11	122	65	42	12	30	172	110	94	66	28	222	155	298	423	(125)	272
21	12	1	11	123	66	43	12	31	173	111	96	69	27	223	156	311	448	(137)	273
22	13	1	12	124	67	44	13	31	174	112	98	71	27	224	157	324	474	(150)	275
23	13	1	12	126	68	45	13	31	176	113	100	74	26	226	158	340	503	(164)	276
24	14	1	13	127	69	45	14	31	177	114	102	77	25	227	159	356	535	(179)	277
25	15	1	13	128	70	46	14	32	178	115	104	79	24	228	160	374	571	(196)	278

附表 B-1(续26)

无余量计算表	φ22	R66	前卡55	后直管段100						无余量计算表	φ22	R66	前卡55	后直管段100					
角度	切线	减量	加量	尾最短	角度	切线	减量	加量	尾最短	角度	切线	减量	加量	尾最短	角度	切线	减量	加量	尾最短
26	15	2	14	129	71	47	15	32	179	116	106	82	23	229	161	394	610	(215)	279
27	16	2	14	130	72	48	16	32	180	117	108	85	22	230	162	417	653	(237)	280
28	16	2	15	131	73	49	17	32	181	118	110	89	21	231	163	442	702	(260)	281
29	17	2	15	132	74	50	17	33	182	119	112	92	20	232	164	470	757	(287)	282
30	18	2	16	133	75	51	18	33	183	120	114	95	19	233	165	501	819	−318	283
31	18	2	16	134	76	52	19	33	184	121	117	99	18	235	166	538	891	(353)	285
32	19	2	17	136	77	52	19	33	186	122	119	103	17	236	167	579	973	(394)	286
33	20	2	17	137	78	53	20	33	187	123	122	106	15	237	168	628	1 069	(441)	287
34	20	3	18	138	79	54	21	33	188	124	124	110	14	238	169	685	1 183	(498)	288
35	21	3	18	139	80	55	22	34	189	125	127	115	12	239	170	754	1 320	(565)	289
36	21	3	19	140	81	56	23	34	190	126	130	119	11	240	171	839	1 487	(649)	290
37	22	3	19	141	82	57	24	34	191	127	132	124	9	241	172	944	1 696	(753)	291
38	23	3	20	142	83	58	25	34	192	128	135	128	7	242	173	1 079	1 966	(887)	292
39	23	3	20	143	84	59	25	34	193	129	138	133	5	243	174	1 259	2 325	(1 066)	293
40	24	4	20	144	85	60	26	34	194	130	142	139	3	245	175	1 512	2 829	(1 317)	295
41	25	4	21	146	86	62	27	34	196	131	145	144	1	246	176	1 890	3 584	(1 694)	296
42	25	4	21	147	87	63	29	34	197	132	148	150	(2)	247	177	2 520	4 844	(2 324)	297
43	26	4	22	148	88	64	30	34	198	133	152	156	(4)	248	178	3 781	7 364	(3 583)	298
44	27	4	22	149	89	65	31	34	199	134	155	162	(7)	249	179	7 563	14 927	(7 364)	299
45	27	5	23	150	90	66	32	34	200	135	159	169	−9	250	180	N/A	N/A	N/A	356

无余量计算表	φ25	R75	前卡70	后直管段200						无余量计算表	φ25	R75	前卡70	后直管段200					
角度	切线	减量	加量	尾最短	角度	切线	减量	加量	尾最短	角度	切线	减量	加量	尾最短	角度	切线	减量	加量	尾最短
1	1	0	1	201	46	32	6	26	258	91	76	38	39	315	136	186	199	(14)	372
2	1	0	1	203	47	33	6	27	259	92	78	39	39	316	137	190	208	(17)	373
3	2	0	2	204	48	33	6	27	261	93	79	41	38	317	138	195	216	(21)	374
4	3	0	2	205	49	34	6	28	262	94	80	42	38	319	139	201	226	(25)	376
5	3	0	3	206	50	35	7	28	263	95	82	44	38	320	140	206	235	(29)	377
6	4	0	4	208	51	36	7	29	264	96	83	45	38	321	141	212	245	(34)	378
7	5	0	4	209	52	37	7	29	266	97	85	47	38	323	142	218	256	(38)	379
8	5	0	5	210	53	37	8	30	267	98	86	49	38	324	143	224	268	(44)	381
9	6	0	5	211	54	38	8	30	268	99	88	51	37	325	144	231	280	(49)	382
10	7	0	6	213	55	39	9	30	269	100	89	52	37	326	145	238	293	(55)	383
11	7	1	7	214	56	40	9	31	271	101	91	54	37	328	146	245	306	(61)	384
12	8	1	7	215	57	41	9	31	272	102	93	56	36	329	147	253	321	(68)	386
13	9	1	8	216	58	42	10	32	273	103	94	58	36	330	148	262	336	(75)	387
14	9	1	8	218	59	42	10	32	275	104	96	61	35	331	149	270	353	(82)	388

附录 B：R=3D 管子弯曲无余量下料计算表

附表 B-1（续27）

无余量计算表　φ25　R75　前卡70　后直管段200

角度	切线	减量	加量	尾最短	角度	切线	减量	加量	尾最短	角度	切线	减量	加量	尾最短	角度	切线	减量	加量	尾最短
15	10	1	9	219	60	43	11	32	276	105	98	63	35	333	150	280	370	-90	389
16	11	1	10	220	61	44	11	33	277	106	100	65	34	334	151	290	389	(99)	391
17	11	1	10	221	62	45	11	33	278	107	101	68	34	335	152	301	410	(109)	392
18	12	1	11	223	63	46	12	34	280	108	103	70	33	336	153	312	432	(119)	393
19	13	1	11	224	64	47	13	34	281	109	105	73	33	338	154	325	455	(130)	395
20	13	1	12	225	65	48	13	34	282	110	107	75	32	339	155	338	481	(143)	396
21	14	1	13	227	66	49	14	35	283	111	109	78	31	340	156	353	509	(156)	397
22	15	1	13	228	67	50	15	35	285	112	111	81	30	341	157	369	539	(170)	398
23	15	1	14	229	68	51	15	35	286	113	113	84	29	343	158	386	572	(186)	400
24	16	2	14	230	69	52	16	36	287	114	115	87	29	344	159	405	608	(204)	401
25	17	2	15	232	70	53	17	36	288	115	118	90	28	345	160	425	649	(223)	402
26	17	2	16	233	71	53	17	36	290	116	120	94	27	347	161	448	693	(245)	403
27	18	2	16	234	72	54	18	36	291	117	122	97	26	348	162	474	742	(269)	405
28	19	2	17	235	73	55	19	37	292	118	125	101	24	349	163	502	798	(296)	406
29	19	2	17	237	74	57	20	37	293	119	127	104	23	350	164	534	860	(326)	407
30	20	2	18	238	75	58	20	37	295	120	130	108	22	352	165	570	931	-361	408
31	21	2	18	239	76	59	21	37	296	121	133	112	20	353	166	611	1 012	(401)	410
32	22	3	19	240	77	60	22	38	297	122	135	116	19	354	167	658	1 106	(447)	411
33	22	3	19	242	78	61	22	38	299	123	138	121	17	355	168	714	1 215	(501)	412
34	23	3	20	243	79	62	24	38	300	124	141	125	16	357	169	779	1 344	(565)	413
35	24	3	21	244	80	63	25	38	301	125	144	130	14	358	170	857	1 500	(643)	415
36	24	3	21	245	81	64	26	38	302	126	147	135	12	359	171	953	1 690	(737)	416
37	25	3	22	247	82	65	28	38	304	127	150	140	10	360	172	1 073	1 928	(855)	417
38	26	4	22	248	83	66	28	38	305	128	154	146	8	362	173	1 226	2 234	(1 008)	419
39	27	4	23	249	84	68	29	39	306	129	157	152	6	363	174	1 431	2 642	(1 211)	420
40	27	4	23	251	85	69	30	39	307	130	161	157	3	364	175	1 718	3 215	(1 497)	421
41	28	4	24	252	86	70	31	39	309	131	165	164	1	365	176	2 148	4 073	(1 925)	422
42	29	5	24	253	87	71	32	39	310	132	168	170	(2)	367	177	2 864	5 505	(2 641)	424
43	30	5	25	254	88	72	34	39	311	133	172	177	(4)	368	178	4 297	8 369	(4 072)	425
44	30	5	25	256	89	74	35	39	312	134	177	184	(7)	369	179	8 594	16 962	(8 368)	426
45	31	5	26	257	90	75	36	39	314	135	181	192	-11	371	180	N/A	N/A	N/A	456

无余量计算表　φ27　R81　前卡70　后直管段200

角度	切线	减量	加量	尾最短	角度	切线	减量	加量	尾最短	角度	切线	减量	加量	尾最短	角度	切线	减量	加量	尾最短
1	1	0	1	201	46	34	6	28	263	91	82	41	42	324	136	200	215	(15)	386
2	1	0	1	203	47	35	6	29	264	92	84	42	42	326	137	206	224	(19)	387
3	2	0	2	204	48	36	7	29	265	93	85	44	42	327	138	211	234	(23)	388

135

附表 B-1（续28）

角度	切线	减量	加量	尾最短	角度	切线	减量	加量	尾最短	角度	切线	减量	加量	尾最短	角度	切线	减量	加量	尾最短
4	3	0	3	205	49	37	7	30	267	94	87	45	41	328	139	217	244	(27)	390
5	4	0	3	207	50	38	7	30	268	95	88	47	41	330	140	223	254	(32)	391
6	4	0	4	208	51	39	8	31	270	96	90	49	41	331	141	229	265	(36)	392
7	5	0	5	210	52	40	8	31	271	97	92	51	41	332	142	235	277	(42)	394
8	6	0	5	211	53	40	8	32	272	98	93	53	41	334	143	242	289	(47)	395
9	6	0	6	212	54	41	9	32	274	99	95	55	40	335	144	249	302	(53)	396
10	7	1	7	214	55	42	9	33	275	100	97	57	40	336	145	257	316	(59)	398
11	8	1	7	215	56	43	10	33	276	101	98	59	40	338	146	265	331	(66)	399
12	9	1	8	216	57	44	10	34	278	102	100	61	39	339	147	273	346	(73)	401
13	9	1	9	218	58	45	11	34	279	103	102	63	39	341	148	282	363	(81)	402
14	10	1	9	219	59	46	11	35	280	104	104	65	38	342	149	292	381	(89)	403
15	11	1	10	220	60	47	12	35	282	105	106	68	38	343	150	302	400	−98	405
16	11	1	10	222	61	48	12	36	283	106	107	70	37	345	151	313	420	(107)	406
17	12	1	11	223	62	49	13	36	285	107	109	73	37	346	152	325	442	(118)	407
18	13	1	12	225	63	50	13	36	286	108	111	76	36	347	153	337	466	(129)	409
19	14	1	12	226	64	51	14	37	287	109	114	78	35	349	154	351	492	(141)	410
20	14	1	13	227	65	52	15	37	289	110	116	81	34	350	155	365	519	(154)	411
21	15	1	14	229	66	53	15	37	290	111	118	84	34	351	156	381	549	(168)	413
22	16	1	14	230	67	54	16	38	291	112	120	87	33	353	157	398	582	(184)	414
23	16	2	15	231	68	55	17	38	293	113	122	91	32	354	158	417	618	(201)	416
24	17	2	16	233	69	56	17	38	294	114	125	94	31	356	159	437	657	(220)	417
25	18	2	16	234	70	57	18	39	295	115	127	97	30	357	160	459	700	(241)	418
26	19	2	17	235	71	58	19	39	297	116	130	101	29	358	161	484	748	(264)	420
27	19	2	17	237	72	59	19	39	298	117	132	105	27	360	162	511	802	(290)	421
28	20	2	18	238	73	60	20	40	300	118	135	109	26	361	163	542	862	(320)	422
29	21	2	19	240	74	61	21	40	301	119	138	113	25	362	164	576	929	(353)	424
30	22	2	19	241	75	62	22	40	302	120	140	117	23	364	165	615	1 005	−390	425
31	22	3	20	242	76	63	23	40	304	121	143	121	22	365	166	660	1 093	(433)	426
32	23	3	20	244	77	64	24	41	305	122	146	126	20	366	167	711	1 194	(483)	428
33	24	3	21	245	78	66	25	41	306	123	149	131	19	368	168	771	1 312	(541)	429
34	25	3	22	246	79	67	26	41	308	124	152	136	17	369	169	841	1 452	(611)	431
35	26	3	22	248	80	68	27	41	309	125	156	141	15	371	170	926	1 620	(694)	432
36	26	4	23	249	81	69	28	41	311	126	159	146	13	372	171	1 029	1 825	(796)	433
37	27	4	23	250	82	70	29	41	312	127	162	152	11	373	172	1 158	2 082	(924)	435
38	28	4	24	252	83	72	30	42	313	128	166	158	9	375	173	1 324	2 413	(1 088)	436
39	29	4	25	253	84	73	31	42	315	129	170	164	6	376	174	1 546	2 854	(1 308)	437

无余量计算表 φ27 R81 前卡70 后直管段200

136

附表 B-1（续29）

无余量计算表　φ27　R81　前卡70　后直管段200

角度	切线	减量	加量	尾最短	角度	切线	减量	加量	尾最短	角度	切线	减量	加量	尾最短	角度	切线	减量	加量	尾最短
40	29	4	25	255	85	74	32	42	316	130	174	170	4	377	175	1 855	3 472	(1 616)	439
41	30	5	26	256	86	76	34	42	317	131	178	177	1	379	176	2 320	4 399	(2 079)	440
42	31	5	26	257	87	77	35	42	319	132	182	184	(2)	380	177	3 093	5 945	(2 852)	441
43	32	5	27	259	88	78	36	42	320	133	186	191	(5)	381	178	4 640	9 038	(4 398)	443
44	33	5	27	260	89	80	38	42	321	134	191	199	(8)	383	179	9 282	18 319	(9 037)	444
45	34	6	28	261	90	81	39	42	323	135	196	207	−11	384	180	N/A	N/A	N/A	456

无余量计算表　φ30　R90　前卡70　后直管段200

角度	切线	减量	加量	尾最短	角度	切线	减量	加量	尾最短	角度	切线	减量	加量	尾最短	角度	切线	减量	加量	尾最短
1	1	0	1	202	46	38	7	32	270	91	92	45	46	338	136	223	239	(17)	406
2	2	0	1	203	47	39	7	32	271	92	93	47	46	339	137	228	249	(21)	408
3	2	0	2	205	48	40	7	33	273	93	95	49	46	341	138	234	260	(25)	409
4	3	0	3	206	49	41	8	33	274	94	97	51	46	342	139	241	271	(30)	411
5	4	0	4	208	50	42	8	34	276	95	98	52	46	344	140	247	282	(35)	412
6	5	0	4	209	51	43	9	34	277	96	100	54	46	346	141	254	295	(40)	414
7	6	0	5	211	52	44	9	35	279	97	102	56	45	347	142	261	308	(46)	415
8	6	0	6	212	53	45	9	35	280	98	104	59	45	349	143	269	321	(52)	417
9	7	1	7	214	54	46	10	36	282	99	105	61	45	350	144	277	336	(59)	418
10	8	1	7	215	55	47	10	37	283	100	107	63	44	352	145	285	351	(66)	420
11	9	1	8	217	56	48	11	37	285	101	109	65	44	353	146	294	367	(73)	421
12	9	1	9	218	57	49	11	38	286	102	111	68	43	355	147	304	385	(81)	423
13	10	1	9	220	58	50	12	38	288	103	113	70	43	356	148	314	403	(90)	424
14	11	1	10	221	59	51	12	39	289	104	115	73	42	358	149	325	423	(99)	426
15	12	1	11	223	60	52	13	39	291	105	117	75	42	359	150	336	444	−109	427
16	13	1	12	224	61	53	14	39	292	106	119	78	41	361	151	348	467	(119)	429
17	13	1	12	226	62	54	14	40	294	107	122	81	41	362	152	361	492	(131)	430
18	14	1	13	227	63	55	15	40	295	108	124	84	40	364	153	375	518	(143)	432
19	15	1	14	229	64	56	15	41	297	109	126	87	39	365	154	390	546	(156)	433
20	16	1	14	230	65	57	16	41	299	110	129	90	38	367	155	406	577	(171)	435
21	17	2	15	232	66	58	17	42	300	111	131	94	37	368	156	423	610	(187)	436
22	17	2	16	233	67	60	18	42	302	112	133	97	36	370	157	442	647	(204)	438
23	18	2	17	235	68	61	18	42	303	113	136	101	35	371	158	463	687	(224)	439
24	19	2	17	236	69	62	19	43	305	114	139	104	34	373	159	486	730	(245)	441
25	20	2	18	238	70	63	19	43	306	115	141	108	33	374	160	510	778	(268)	443
26	21	2	19	239	71	64	21	43	308	116	144	112	32	376	161	538	832	(294)	444
27	22	2	19	241	72	65	22	44	309	117	147	116	30	377	162	568	891	(323)	446
28	22	2	20	242	73	67	23	44	311	118	150	121	29	379	163	602	957	(355)	447

附表 B-1(续30)

无余量计算表 φ30 R90 前卡70 后直管段200																			
角度	切线	减量	加量	尾最短	角度	切线	减量	加量	尾最短	角度	切线	减量	加量	尾最短	角度	切线	减量	加量	尾最短
29	23	3	21	244	74	68	23	44	312	119	153	125	28	380	164	640	1 032	(392)	449
30	24	3	21	245	75	69	24	45	314	120	156	130	26	382	165	684	1 117	-434	450
31	25	3	22	247	76	70	25	45	315	121	159	135	24	383	166	733	1214	(481)	452
32	26	3	23	249	77	72	26	45	317	122	162	140	23	385	167	790	1327	(537)	453
33	27	3	23	250	78	73	28	45	318	123	166	145	21	386	168	856	1 458	(602)	455
34	28	3	24	252	79	74	29	46	320	124	169	151	19	388	169	935	1 613	(679)	456
35	28	4	25	253	80	76	30	46	321	125	173	156	17	389	170	1 029	1 800	(771)	458
36	29	4	25	255	81	77	31	46	323	126	177	162	14	391	171	1 144	2 028	(884)	459
37	30	4	26	256	82	78	32	46	324	127	181	169	12	393	172	1 287	2 313	(1 026)	461
38	31	4	27	258	83	80	33	46	326	128	185	175	9	394	173	1 471	2 681	(1 209)	462
39	32	5	27	259	84	81	35	46	327	129	189	182	7	396	174	1 717	3 171	(1 454)	464
40	33	5	28	261	85	82	36	46	329	130	193	189	4	397	175	2 061	3 857	(1 796)	465
41	34	5	28	262	86	84	37	46	330	131	197	196	1	399	176	2 577	4 888	(2 310)	467
42	35	5	29	264	87	85	39	46	332	132	202	204	(2)	400	177	3 437	6 606	(3 169)	468
43	35	6	30	265	88	87	40	46	333	133	207	212	(5)	402	178	5 156	10 042	(4 886)	470
44	36	6	30	267	89	88	42	46	335	134	212	221	(9)	403	179	10 313	20 355	(10 042)	471
45	37	6	31	268	90	90	44	46	336	135	217	230	-13	405	180	N/A	N/A	N/A	456

无余量计算表 φ34 R102 前卡85 后直管段200																			
角度	切线	减量	加量	尾最短	角度	切线	减量	加量	尾最短	角度	切线	减量	加量	尾最短	角度	切线	减量	加量	尾最短
1	1	0	1	202	46	43	8	36	279	91	104	51	53	356	136	252	271	(19)	434
2	2	0	2	203	47	44	8	36	281	92	106	53	52	358	137	259	283	(24)	435
3	3	0	2	205	48	45	8	37	282	93	107	55	52	360	138	266	294	(29)	437
4	4	0	3	207	49	46	9	38	284	94	109	57	52	361	139	273	307	(34)	439
5	4	0	4	209	50	48	9	38	286	95	111	59	52	363	140	280	320	(40)	441
6	5	0	5	210	51	49	10	39	288	96	113	62	52	365	141	288	334	(46)	442
7	6	0	6	212	52	50	10	40	289	97	115	64	51	367	142	296	349	(52)	444
8	7	1	7	214	53	51	11	40	291	98	117	66	51	368	143	305	364	(59)	446
9	8	1	7	215	54	52	11	41	293	99	119	69	51	370	144	314	380	(67)	447
10	9	1	8	217	55	53	12	41	294	100	122	71	50	372	145	324	398	(74)	449
11	10	1	9	219	56	54	12	42	296	101	124	74	50	374	146	334	416	(83)	451
12	11	1	10	221	57	55	13	43	298	102	126	77	49	375	147	344	436	(92)	453
13	12	1	11	222	58	57	13	43	300	103	128	80	49	377	148	356	457	(101)	454
14	13	1	12	224	59	58	14	44	301	104	131	82	48	379	149	368	480	(112)	456
15	13	1	12	226	60	59	15	44	303	105	133	85	47	380	150	381	504	-123	458
16	14	1	13	227	61	60	15	45	305	106	135	89	47	382	151	394	529	(135)	459
17	15	1	14	229	62	61	16	45	307	107	138	92	46	384	152	409	557	(148)	461

附表 B-1（续 31）

无余量计算表　φ34　R102　前卡 85　后直管段 200

角度	切线	减量	加量	尾最短	角度	切线	减量	加量	尾最短
18	16	1	15	231	63	63	17	46	308
19	17	1	16	233	64	64	18	46	310
20	18	2	16	234	65	65	18	47	312
21	19	2	17	236	66	66	19	47	313
22	20	2	18	238	67	68	20	48	315
23	21	2	19	240	68	69	21	48	317
24	22	2	20	241	69	70	22	48	319
25	23	2	20	243	70	71	23	49	320
26	24	2	21	245	71	73	24	49	322
27	24	3	22	246	72	74	25	50	324
28	25	3	23	248	73	75	26	50	325
29	26	3	23	250	74	77	27	50	327
30	27	3	24	252	75	78	28	51	329
31	28	3	25	253	76	80	29	51	331
32	29	4	26	255	77	81	30	51	332
33	30	4	26	257	78	83	31	51	334
34	31	4	27	258	79	84	32	52	336
35	32	4	28	260	80	86	34	52	337
36	33	4	29	262	81	87	35	52	339
37	34	5	29	264	82	89	36	52	341
38	35	5	30	265	83	90	38	52	343
39	36	5	31	267	84	92	39	52	344
40	37	6	32	269	85	93	41	53	346
41	38	6	32	270	86	95	42	53	348
42	39	6	33	272	87	97	44	53	349
43	40	6	34	274	88	99	46	53	351
44	41	7	34	276	89	100	48	53	353
45	42	7	35	277	90	102	49	53	355

无余量计算表　φ34　R102　前卡 85　后直管段 200

角度	切线	减量	加量	尾最短	角度	切线	减量	加量	尾最短
108	140	95	45	386	153	425	587	(162)	463
109	143	99	44	387	154	442	619	(177)	465
110	146	102	43	389	155	460	654	(194)	466
111	148	106	42	391	156	480	692	(212)	468
112	151	110	41	392	157	501	733	(232)	470
113	154	114	40	394	158	525	778	(253)	471
114	157	118	39	396	159	550	828	(277)	473
115	160	123	37	398	160	578	882	(304)	475
116	163	127	36	399	161	610	942	(333)	477
117	166	132	35	401	162	644	1 010	(366)	478
118	170	137	33	403	163	682	1 085	(402)	480
119	173	142	31	404	164	726	1 170	(444)	482
120	177	147	29	406	165	775	1 266	−491	483
121	180	153	28	408	166	831	1 376	(546)	485
122	184	158	26	410	167	895	1 504	(608)	487
123	188	164	23	411	168	970	1 652	(682)	489
124	192	171	21	413	169	1 059	1 828	(769)	490
125	196	177	19	415	170	1 166	2 040	(874)	492
126	200	184	16	416	171	1 296	2 298	(1 002)	494
127	205	191	14	418	172	1 459	2 622	(1 163)	495
128	209	198	11	420	173	1 668	3 038	(1 370)	497
129	214	206	8	422	174	1 946	3 594	(1 647)	499
130	219	214	5	423	175	2 336	4 372	(2 036)	501
131	224	223	1	425	176	2 921	5 539	(2 619)	502
132	229	231	(2)	427	177	3 895	7 486	(3 591)	504
133	235	241	(6)	428	178	5 844	11 381	(5 538)	506
134	240	250	(10)	430	179	11 688	23 069	(11 381)	508
135	246	261	−14	432	180	N/A	N/A	N/A	456

无余量计算表　φ36　R108　前卡 90　后直管段 300

角度	切线	减量	加量	尾最短	角度	切线	减量	加量	尾最短
1	1	0	1	302	46	46	8	38	384
2	2	0	2	304	47	47	8	39	385
3	3	0	3	305	48	48	9	39	387
4	4	0	4	307	49	49	9	40	389
5	5	0	4	309	50	50	10	41	391
6	6	0	5	311	51	52	10	41	393

无余量计算表　φ36　R108　前卡 90　后直管段 300

角度	切线	减量	加量	尾最短	角度	切线	减量	加量	尾最短
91	110	54	56	466	136	267	287	(20)	547
92	112	56	56	467	137	274	299	(25)	549
93	114	58	55	469	138	281	312	(30)	551
94	116	61	55	471	139	289	325	(36)	553
95	118	63	55	473	140	297	339	(42)	555
96	120	65	55	475	141	305	353	(49)	556

附表 B–1（续 32）

无余量计算表　φ36　R108　前卡90　后直管段300										无余量计算表　φ36　R108　前卡90　后直管段300									
角度	切线	减量	加量	尾最短	角度	切线	减量	加量	尾最短	角度	切线	减量	加量	尾最短	角度	切线	减量	加量	尾最短
7	7	0	6	313	52	53	11	42	395	97	122	68	54	476	142	314	369	(55)	558
8	8	1	7	315	53	54	11	43	396	98	124	70	54	478	143	323	385	(63)	560
9	8	1	8	316	54	55	12	43	398	99	126	73	54	480	144	332	403	(70)	562
10	9	1	9	318	55	56	12	44	400	100	129	76	53	482	145	343	421	(79)	564
11	10	1	10	320	56	57	13	44	402	101	131	78	53	484	146	353	441	(88)	566
12	11	1	10	322	57	59	14	45	404	102	133	81	52	486	147	365	462	(97)	567
13	12	1	11	324	58	60	14	46	406	103	136	84	52	487	148	377	484	(107)	569
14	13	1	12	325	59	61	15	46	407	104	138	87	51	489	149	389	508	(118)	571
15	14	1	13	327	60	62	16	47	409	105	141	91	50	491	150	403	533	−130	573
16	15	1	14	329	61	64	16	47	411	106	143	94	49	493	151	418	561	(143)	575
17	16	1	15	331	62	65	17	48	413	107	146	97	49	495	152	433	590	(157)	576
18	17	1	16	333	63	66	18	48	415	108	149	101	48	496	153	450	621	(172)	578
19	18	2	16	335	64	67	19	49	416	109	151	105	47	498	154	468	655	(188)	580
20	19	2	17	336	65	69	19	49	418	110	154	108	46	500	155	487	692	(205)	582
21	20	2	18	338	66	70	20	50	420	111	157	112	45	502	156	508	732	(224)	584
22	21	2	19	340	67	71	21	50	422	112	160	117	44	504	157	531	776	(245)	586
23	22	2	20	342	68	73	22	51	424	113	163	121	42	506	158	556	824	(268)	587
24	23	2	21	344	69	74	23	51	426	114	166	125	41	507	159	583	876	(293)	589
25	24	2	22	345	70	76	24	52	427	115	170	130	40	509	160	612	934	(321)	591
26	25	3	22	347	71	77	25	52	429	116	173	135	38	511	161	645	998	(353)	593
27	26	3	23	349	72	78	26	53	431	117	176	140	37	513	162	682	1 069	(387)	595
28	27	3	24	351	73	80	27	53	433	118	180	145	35	515	163	723	1 149	(426)	596
29	28	3	25	353	74	81	28	53	435	119	183	150	33	516	164	768	1 239	(470)	598
30	29	3	26	355	75	83	29	54	436	120	187	156	31	518	165	820	1 341	−520	600
31	30	4	26	356	76	84	31	54	438	121	191	162	29	520	166	880	1 457	(578)	602
32	31	4	27	358	77	86	32	54	440	122	195	168	27	522	167	948	1 592	(644)	604
33	32	4	28	360	78	87	33	54	442	123	199	174	25	524	168	1 028	1 750	(722)	606
34	33	4	29	362	79	89	34	55	444	124	203	181	22	526	169	1 122	1 936	(814)	607
35	34	4	30	364	80	91	36	55	446	125	207	188	20	527	170	1 234	2 160	(925)	609
36	35	5	30	365	81	92	37	55	447	126	212	195	17	529	171	1 372	2 433	(1 061)	611
37	36	5	31	367	82	94	39	55	449	127	217	202	14	531	172	1544	2 776	(1 232)	613
38	37	5	32	369	83	96	40	55	451	128	221	210	11	533	173	1 766	3 217	(1 451)	615
39	38	6	33	371	84	97	42	56	453	129	226	218	8	535	174	2 061	3 805	(1 744)	617
40	39	6	33	373	85	99	43	56	455	130	232	227	5	536	175	2 474	4 629	(2 155)	618
41	40	6	34	375	86	101	45	56	456	131	237	236	1	538	176	3 093	5 865	(2 773)	620
42	41	7	35	376	87	102	47	56	458	132	243	245	(2)	540	177	4 124	7 927	(3 802)	622

附表 B-1(续33)

无余量计算表 φ36 R108 前卡90 后直管段300

角度	切线	减量	加量	尾最短	角度	切线	减量	加量	尾最短	角度	切线	减量	加量	尾最短	角度	切线	减量	加量	尾最短
43	43	7	36	378	88	104	49	56	460	133	248	255	(6)	542	178	6 187	12 051	(5 864)	624
44	44	7	36	380	89	106	50	56	462	134	254	265	(11)	544	179	12 376	24 426	(12 050)	626
45	45	8	37	382	90	108	52	56	464	135	261	276	-15	546	180	N/A	N/A	N/A	556

无余量计算表 φ42 R126 前卡105 后直管段300

角度	切线	减量	加量	尾最短	角度	切线	减量	加量	尾最短	角度	切线	减量	加量	尾最短	角度	切线	减量	加量	尾最短
1	1	0	1	302	46	53	9	44	398	91	128	63	65	493	136	312	335	(23)	589
2	2	0	2	304	47	55	10	45	400	92	130	66	65	495	137	320	349	(29)	591
3	3	0	3	306	48	56	10	46	402	93	133	68	65	497	138	328	364	(35)	593
4	4	0	4	308	49	57	11	47	404	94	135	71	64	499	139	337	379	(42)	595
5	6	0	5	311	50	59	11	47	406	95	138	73	64	502	140	346	395	(49)	597
6	7	0	6	313	51	60	12	48	408	96	140	76	64	504	141	356	412	(57)	599
7	8	1	7	315	52	61	13	49	410	97	142	79	63	506	142	366	431	(65)	601
8	9	1	8	317	53	63	13	50	412	98	145	82	63	508	143	377	450	(73)	603
9	10	1	9	319	54	64	14	50	415	99	148	85	63	510	144	388	470	(82)	606
10	11	1	10	321	55	66	14	51	417	100	150	88	62	512	145	400	492	(92)	608
11	12	1	11	323	56	67	15	52	419	101	153	91	61	514	146	412	514	(102)	610
12	13	1	12	325	57	68	16	53	421	102	156	95	61	516	147	425	539	(113)	612
13	14	1	13	328	58	70	17	53	423	103	158	98	60	519	148	439	565	(125)	614
14	15	1	14	330	59	71	17	54	425	104	161	102	59	521	149	454	592	(138)	616
15	17	1	15	332	60	73	18	55	427	105	164	106	59	523	150	470	622	-152	618
16	18	1	16	334	61	74	19	55	429	106	167	109	58	525	151	487	654	(167)	620
17	19	2	17	336	62	76	20	56	432	107	170	113	57	527	152	505	688	(183)	623
18	20	2	18	338	63	77	21	56	434	108	173	118	56	529	153	525	725	(200)	625
19	21	2	19	340	64	79	22	57	436	109	177	122	55	531	154	546	765	(219)	627
20	22	2	20	342	65	80	23	58	438	110	180	126	53	533	155	568	808	(239)	629
21	23	2	21	345	66	82	24	58	440	111	183	131	52	536	156	593	855	(262)	631
22	24	2	22	347	67	83	25	59	442	112	187	136	51	538	157	619	905	(286)	633
23	26	2	23	349	68	85	26	59	444	113	190	141	49	540	158	648	961	(313)	635
24	27	3	24	351	69	87	27	60	446	114	194	146	48	542	159	680	1 022	(342)	637
25	28	3	25	353	70	88	28	60	449	115	198	152	46	544	160	715	1 090	(375)	640
26	29	3	26	355	71	90	29	61	451	116	202	157	45	546	161	753	1 164	(411)	642
27	30	3	27	357	72	92	30	61	453	117	206	163	43	548	162	796	1 247	(452)	644
28	31	3	28	359	73	93	32	62	455	118	210	169	41	550	163	843	1 340	(497)	646
29	33	4	29	362	74	95	33	62	457	119	214	175	39	553	164	897	1 445	(549)	648
30	34	4	30	364	75	97	34	62	459	120	218	182	36	555	165	957	1 564	-607	650
31	35	4	31	366	76	98	36	63	461	121	223	189	34	557	166	1 026	1 700	(674)	652

附表 B-1(续34)

无余量计算表 φ42 R126 前卡105 后直管段300										无余量计算表 φ42 R126 前卡105 后直管段300									
角度	切线	减量	加量	尾最短	角度	切线	减量	加量	尾最短	角度	切线	减量	加量	尾最短	角度	切线	减量	加量	尾最短
32	36	4	32	368	77	100	37	63	463	122	227	196	32	559	167	1 106	1 857	(751)	654
33	37	5	33	370	78	102	39	63	466	123	232	203	29	561	168	1 199	2 041	(842)	657
34	39	5	34	372	79	104	40	64	468	124	237	211	26	563	169	1 309	2 258	(950)	659
35	40	5	35	374	80	106	42	64	470	125	242	219	23	565	170	1 440	2 520	(1 079)	661
36	41	5	35	376	81	108	43	64	472	126	247	227	20	567	171	1 601	2 839	(1 238)	663
37	42	6	36	379	82	110	45	65	474	127	253	236	17	570	172	1 802	3 239	(1 437)	665
38	43	6	37	381	83	111	47	65	476	128	258	245	13	572	173	2 060	3 753	(1 693)	667
39	45	6	38	383	84	113	49	65	478	129	264	255	10	574	174	2 404	4 439	(2 035)	669
40	46	7	39	385	85	115	51	65	480	130	270	265	6	576	175	2 886	5 400	(2 514)	671
41	47	7	40	387	86	117	52	65	483	131	276	275	2	578	176	3 608	6 843	(3 235)	673
42	48	8	41	389	87	120	55	65	485	132	283	286	(3)	580	177	4 812	9 248	(4 436)	676
43	50	8	42	391	88	122	57	65	487	133	290	297	(8)	582	178	7 219	14 059	(6 841)	678
44	51	8	42	393	89	124	59	65	489	134	297	309	(12)	584	179	14 438	28 496	(14 058)	680
45	52	9	43	395	90	126	61	65	491	135	304	322	−18	586	180	N/A	N/A	N/A	812

无余量计算表 φ45 R135 前卡110 后直管段300										无余量计算表 φ45 R135 前卡110 后直管段300									
角度	切线	减量	加量	尾最短	角度	切线	减量	加量	尾最短	角度	切线	减量	加量	尾最短	角度	切线	减量	加量	尾最短
1	1	0	1	302	46	57	10	47	405	91	137	68	70	507	136	334	359	(25)	609
2	2	0	2	305	47	59	11	48	407	92	140	70	69	509	137	343	374	(31)	612
3	4	0	3	307	48	60	11	49	409	93	142	73	69	511	138	352	390	(38)	614
4	5	0	4	309	49	62	12	50	411	94	145	76	69	514	139	361	406	(45)	616
5	6	0	5	311	50	63	12	51	414	95	147	79	69	516	140	371	423	(53)	618
6	7	1	7	314	51	64	13	52	416	96	150	82	68	518	141	381	442	(61)	621
7	8	1	8	316	52	66	13	52	418	97	153	85	68	521	142	392	461	(69)	623
8	9	1	9	318	53	67	14	53	421	98	155	88	68	523	143	403	482	(78)	625
9	11	1	10	320	54	69	15	54	423	99	158	91	67	525	144	415	504	(88)	627
10	12	1	11	323	55	70	15	55	425	100	161	94	66	527	145	428	527	(98)	630
11	13	1	12	325	56	72	16	56	427	101	164	98	66	530	146	442	551	(110)	632
12	14	1	13	327	57	73	17	56	430	102	167	102	65	532	147	456	577	(122)	634
13	15	1	14	330	58	75	18	57	432	103	170	105	64	534	148	471	605	(134)	637
14	17	1	15	332	59	76	19	58	434	104	173	109	64	536	149	487	635	(148)	639
15	18	1	16	334	60	78	19	58	436	105	176	113	63	539	150	504	667	−163	641
16	19	2	17	336	61	80	20	59	439	106	179	117	62	541	151	522	701	(179)	643
17	20	2	18	339	62	81	21	60	441	107	182	122	61	543	152	541	737	(196)	646
18	21	2	20	341	63	83	22	61	443	108	186	126	60	546	153	562	777	(214)	648
19	23	2	21	343	64	84	23	61	446	109	189	131	59	548	154	585	819	(235)	650
20	24	2	22	345	65	86	24	62	448	110	193	135	57	550	155	609	865	(257)	652

附表 B－1（续 35）

无余量计算表	φ45	R135	前卡 110	后直管段 300						无余量计算表	φ45	R135	前卡 110	后直管段 300					
角度	切线	减量	加量	尾最短	角度	切线	减量	加量	尾最短	角度	切线	减量	加量	尾最短	角度	切线	减量	加量	尾最短
21	25	2	23	348	66	88	25	62	450	111	196	140	56	552	156	635	916	(280)	655
22	26	2	24	350	67	89	26	63	452	112	200	146	55	555	157	664	970	(307)	657
23	27	3	25	352	68	91	28	64	455	113	204	151	53	557	158	695	1 030	(335)	659
24	29	3	26	355	69	93	29	64	457	114	208	157	51	559	159	728	1 095	(367)	662
25	30	3	27	357	70	95	30	65	459	115	212	162	50	561	160	766	1 167	(402)	664
26	31	3	28	359	71	96	31	65	461	116	216	168	48	564	161	807	1 247	(441)	666
27	32	3	29	361	72	98	32	66	464	117	220	175	46	566	162	852	1 336	(484)	668
28	34	4	30	364	73	100	34	66	466	118	225	181	44	568	163	903	1 436	(533)	671
29	35	4	31	366	74	102	35	67	468	119	229	188	41	571	164	961	1548	(588)	673
30	36	4	32	368	75	104	37	67	471	120	234	195	39	573	165	1 025	1 676	− 650	675
31	37	4	33	370	76	105	38	67	473	121	239	202	37	575	166	1 099	1 822	(722)	677
32	39	5	34	373	77	107	40	68	475	122	244	210	34	577	167	1 185	1 990	(805)	680
33	40	5	35	375	78	109	41	68	477	123	249	218	31	580	168	1 284	2 187	(902)	682
34	41	5	36	377	79	111	43	68	480	124	254	226	28	582	169	1 402	2 420	(1 018)	684
35	43	6	37	380	80	113	45	69	482	125	259	234	25	584	170	1 543	2 700	(1 157)	687
36	44	6	38	382	81	115	46	69	484	126	265	243	22	586	171	1 715	3 042	(1 327)	689
37	45	6	39	384	82	117	48	69	486	127	271	253	18	589	172	1 931	3 470	(1 540)	691
38	46	7	40	386	83	119	50	69	489	128	277	263	14	591	173	2 207	4 021	(1 814)	693
39	48	7	41	389	84	122	52	69	491	129	283	273	10	593	174	2 576	4 756	(2 180)	696
40	49	7	42	391	85	124	54	70	493	130	290	283	6	596	175	3 092	5 786	(2 694)	698
41	50	8	43	393	86	126	56	70	496	131	296	295	2	598	176	3 866	7 332	(3 466)	700
42	52	8	44	395	87	128	58	70	498	132	303	306	(3)	600	177	5 155	9 908	(4 753)	702
43	53	9	45	398	88	130	61	70	500	133	310	319	(8)	602	178	7 734	15 064	(7 329)	705
44	55	9	46	400	89	133	63	70	502	134	318	331	(13)	605	179	15 469	30 532	(15 062)	707
45	56	10	46	402	90	135	65	70	505	135	326	345	− 19	607	180	N/A	N/A	N/A	812

无余量计算表	φ48	R144	前卡 120	后直管段 350						无余量计算表	φ48	R144	前卡 120	后直管段 350					
角度	切线	减量	加量	尾最短	角度	切线	减量	加量	尾最短	角度	切线	减量	加量	尾最短	角度	切线	减量	加量	尾最短
1	1	0	1	352	46	61	11	50	462	91	147	72	74	571	136	356	383	(27)	680
2	3	0	2	355	47	63	11	51	464	92	149	75	74	573	137	366	399	(33)	682
3	4	0	4	357	48	64	12	52	466	93	152	78	74	576	138	375	416	(40)	685
4	5	0	5	360	49	66	12	53	469	94	154	81	74	578	139	385	433	(48)	687
5	6	0	6	362	50	67	13	54	471	95	157	84	73	580	140	396	452	(56)	690
6	8	1	7	365	51	69	14	55	474	96	160	87	73	583	141	407	471	(65)	692
7	9	1	8	367	52	70	14	56	476	97	163	90	72	585	142	418	492	(74)	694
8	10	1	9	369	53	72	15	57	479	98	166	94	72	588	143	430	514	(84)	697
9	11	1	10	372	54	73	16	58	481	99	169	97	72	590	144	443	537	(94)	699

附表 B-1(续36)

无余量计算表 φ48 R144 前卡120 后直管段350										无余量计算表 φ48 R144 前卡120 后直管段350								
角度	切线	减量	加量	尾最短	角度	切线	减量	加量	尾最短	角度	切线	减量	加量	尾最短	角度	切线	减量	加量	尾最短
10	13	1	12	374	55	75	17	58	483	100	172	101	71	593	145	457	562	(105)	702
11	14	1	13	377	56	77	17	59	486	101	175	104	70	595	146	471	588	(117)	704
12	15	1	14	379	57	78	18	60	488	102	178	108	70	597	147	486	616	(130)	707
13	16	1	15	382	58	80	19	61	491	103	181	112	69	600	148	502	645	(143)	709
14	18	1	16	384	59	81	20	62	493	104	184	116	68	602	149	519	677	(158)	711
15	19	2	17	386	60	83	21	62	496	105	188	121	67	605	150	537	711	−174	714
16	20	2	19	389	61	85	22	63	498	106	191	125	66	607	151	557	747	(191)	716
17	22	2	20	391	62	87	23	64	500	107	195	130	65	610	152	578	786	(209)	719
18	23	2	21	394	63	88	24	65	503	108	198	134	64	612	153	600	829	(229)	721
19	24	2	22	396	64	90	25	65	505	109	202	139	62	614	154	624	874	(250)	723
20	25	2	23	399	65	92	26	66	508	110	206	145	61	617	155	650	923	(274)	726
21	27	2	24	401	66	94	27	67	510	111	210	150	60	619	156	677	977	(299)	728
22	28	3	25	403	67	95	28	67	512	112	213	155	58	622	157	708	1 035	(327)	731
23	29	3	26	406	68	97	29	68	515	113	218	161	56	624	158	741	1 098	(358)	733
24	31	3	28	408	69	99	31	69	517	114	222	167	55	626	159	777	1 168	(391)	736
25	32	3	29	411	70	101	32	69	520	115	226	173	53	629	160	817	1 245	(429)	738
26	33	3	30	413	71	103	33	69	522	116	230	180	51	631	161	861	1 331	(470)	740
27	35	4	31	415	72	105	35	70	525	117	235	186	49	634	162	909	1 425	(516)	743
28	36	4	32	418	73	107	36	70	527	118	240	193	47	636	163	964	1 532	(568)	745
29	37	4	33	420	74	109	38	71	529	119	244	200	44	639	164	1 025	1 651	(627)	748
30	39	4	34	423	75	110	39	71	532	120	249	208	42	641	165	1 094	1 787	−694	750
31	40	5	35	425	76	113	41	72	534	121	255	216	39	643	166	1 173	1 943	(770)	753
32	41	5	36	428	77	115	42	72	537	122	260	224	36	646	167	1 264	2 123	(859)	755
33	43	5	37	430	78	117	44	73	539	123	265	232	33	648	168	1 370	2 333	(963)	757
34	44	6	38	432	79	119	46	73	542	124	271	241	30	651	169	1 495	2 581	(1 086)	760
35	45	6	39	435	80	121	48	73	544	125	277	250	27	653	170	1 646	2 880	(1 234)	762
36	47	6	41	437	81	123	50	73	546	126	283	260	23	656	171	1 830	3 245	(1 415)	765
37	48	7	42	440	82	125	51	74	549	127	289	270	19	658	172	2 059	3 701	(1 642)	767
38	50	7	43	442	83	127	54	74	551	128	295	280	15	660	173	2 354	4 289	(1 935)	770
39	51	7	44	445	84	130	56	74	554	129	302	291	11	663	174	2 748	5 073	(2 326)	772
40	52	8	45	447	85	132	58	74	556	130	309	302	6	665	175	3 298	6 172	(2 874)	774
41	54	8	46	449	86	134	60	74	559	131	316	314	2	668	176	4 124	7 820	(3 697)	777
42	55	9	47	452	87	137	62	74	561	132	323	327	(3)	670	177	5 499	10 569	(5 070)	779
43	57	9	48	454	88	139	65	74	563	133	331	340	(9)	673	178	8 250	16 068	(7 818)	782
44	58	10	49	457	89	142	67	74	566	134	339	353	(14)	675	179	1 6501	32 567	(16 067)	784
45	60	10	49	459	90	144	70	74	568	135	348	368	−20	677	180	N/A	N/A	N/A	862

附表 B−1（续 37）

角度	切线	减量	加量	尾最短	角度	切线	减量	加量	尾最短	角度	切线	减量	加量	尾最短	角度	切线	减量	加量	尾最短
	无余量计算表	φ55	R165	前卡135	后直管段350						无余量计算表	φ55	R165	前卡135	后直管段350				
1	1	0	1	353	46	70	12	58	478	91	168	83	85	603	136	408	439	(30)	728
2	3	0	3	356	47	72	13	59	481	92	171	86	85	606	137	419	457	(38)	731
3	4	0	4	358	48	73	14	60	483	93	174	89	85	608	138	430	476	(46)	734
4	6	0	5	361	49	75	14	61	486	94	177	93	84	611	139	441	496	(55)	736
5	7	1	7	364	50	77	15	62	489	95	180	96	84	614	140	453	518	(64)	739
6	9	1	8	367	51	79	16	63	492	96	183	100	84	617	141	466	540	(74)	742
7	10	1	9	369	52	80	16	64	495	97	186	103	83	620	142	479	564	(85)	745
8	12	1	11	372	53	82	17	65	497	98	190	107	83	622	143	493	589	(96)	747
9	13	1	12	375	54	84	18	66	500	99	193	111	82	625	144	508	615	(108)	750
10	14	1	13	378	55	86	19	67	503	100	197	115	81	628	145	523	644	(120)	753
11	16	1	15	381	56	88	20	68	506	101	200	120	81	631	146	540	674	(134)	756
12	17	1	16	383	57	90	21	69	508	102	204	124	80	633	147	557	706	(149)	759
13	19	1	17	386	58	91	22	70	511	103	207	129	79	636	148	575	740	(164)	761
14	20	2	19	389	59	93	23	71	514	104	211	133	78	639	149	595	776	(181)	764
15	22	2	20	392	60	95	24	71	517	105	215	138	77	642	150	616	815	−199	767
16	23	2	21	394	61	97	25	72	520	106	219	143	76	645	151	638	856	(218)	770
17	25	2	23	397	62	99	26	73	522	107	223	149	74	647	152	662	901	(239)	772
18	26	2	24	400	63	101	27	74	525	108	227	154	73	650	153	687	949	(262)	775
19	28	2	25	403	64	103	28	75	528	109	231	160	72	653	154	715	1 001	(287)	778
20	29	3	26	406	65	105	30	76	531	110	236	166	70	656	155	744	1 058	(314)	781
21	31	3	28	408	66	107	31	76	533	111	240	172	68	658	156	776	1 119	(343)	784
22	32	3	29	411	67	109	32	77	536	112	245	178	67	661	157	811	1 186	(375)	786
23	34	3	30	414	68	111	34	78	539	113	249	185	65	664	158	849	1 259	(410)	789
24	35	3	32	417	69	113	35	78	542	114	254	191	63	667	159	890	1 339	(448)	792
25	37	4	33	419	70	116	37	79	545	115	259	198	61	670	160	936	1 427	(491)	795
26	38	4	34	422	71	118	38	80	547	116	264	206	58	672	161	986	1 525	(539)	797
27	40	4	35	425	72	120	40	80	550	117	269	213	56	675	162	1 042	1 633	(592)	800
28	41	4	37	428	73	122	41	81	553	118	275	221	53	678	163	1 104	1 755	(651)	803
29	43	5	38	431	74	124	43	81	556	119	280	230	51	681	164	1 174	1 892	(718)	806
30	44	5	39	433	75	127	45	82	558	120	286	238	48	683	165	1 253	2 048	−795	809
31	46	5	40	436	76	129	47	82	561	121	292	247	45	686	166	1 344	2 226	(883)	811
32	47	6	42	439	77	131	49	83	564	122	298	256	41	689	167	1 448	2 432	(984)	814
33	49	6	43	442	78	134	50	83	567	123	304	266	38	692	168	1 570	2 673	(1 103)	817
34	50	6	44	444	79	136	52	84	570	124	310	276	34	695	169	1 714	2 958	(1 244)	820
35	52	7	45	447	80	138	55	84	572	125	317	287	30	697	170	1 886	3 299	(1 414)	822
36	54	7	46	450	81	141	57	84	575	126	324	298	26	700	171	2 097	3 718	(1 621)	825

附表 B-1(续38)

无余量计算表　φ55　R165　前卡135　后直管段350

角度	切线	减量	加量	尾最短	角度	切线	减量	加量	尾最短	角度	切线	减量	加量	尾最短	角度	切线	减量	加量	尾最短
37	55	8	48	453	82	143	59	84	578	127	331	309	22	703	172	2 360	4 241	(1 882)	828
38	57	8	49	456	83	146	61	85	581	128	338	321	17	706	173	2 698	4 915	(2 217)	831
39	58	8	50	458	84	149	64	85	583	129	346	333	13	708	174	3 148	5 813	(2 665)	834
40	60	9	51	461	85	151	66	85	586	130	354	346	7	711	175	3 779	7 072	(3 293)	836
41	62	9	52	464	86	154	69	85	589	131	362	360	2	714	176	4 725	8 961	(4 236)	839
42	63	10	53	467	87	157	71	85	592	132	371	374	(4)	717	177	6 301	12 110	(5 809)	842
43	65	10	55	469	88	159	74	85	595	133	379	389	(10)	720	178	9 453	18 411	(8 958)	845
44	67	11	56	472	89	162	77	85	597	134	389	405	(16)	722	179	18 907	37 317	(18 410)	847
45	68	12	57	475	90	165	80	85	600	135	398	422	-23	725	180	N/A	N/A	N/A	862

无余量计算表　φ60　R180　前卡150　后直管段400

角度	切线	减量	加量	尾最短	角度	切线	减量	加量	尾最短	角度	切线	减量	加量	尾最短	角度	切线	减量	加量	尾最短
1	2	0	1	403	46	76	13	63	539	91	183	90	93	676	136	446	479	(33)	812
2	3	0	3	406	47	78	14	64	542	92	186	94	93	679	137	457	499	(42)	815
3	5	0	4	409	48	80	15	65	546	93	190	97	92	682	138	469	519	(51)	818
4	6	0	6	412	49	82	16	67	549	94	193	101	92	685	139	481	541	(60)	821
5	8	1	7	415	50	84	16	68	552	95	196	105	92	688	140	495	565	(70)	824
6	9	1	9	418	51	86	17	69	555	96	200	109	91	691	141	508	589	(81)	827
7	11	1	10	421	52	88	18	70	558	97	203	113	91	694	142	523	615	(92)	830
8	13	1	12	424	53	90	19	71	561	98	207	117	90	697	143	538	642	(104)	834
9	14	1	13	427	54	92	20	72	564	99	211	121	89	700	144	554	671	(117)	837
10	16	1	15	430	55	94	21	73	567	100	215	126	89	703	145	571	702	(131)	840
11	17	1	16	433	56	96	22	74	570	101	218	131	88	706	146	589	735	(146)	843
12	19	1	17	436	57	98	23	75	573	102	222	135	87	709	147	608	770	(162)	846
13	21	2	19	439	58	100	24	76	576	103	226	140	86	712	148	628	807	(179)	849
14	22	2	20	442	59	102	25	77	579	104	230	145	85	715	149	649	846	(197)	852
15	24	2	22	445	60	104	26	78	582	105	235	151	84	718	150	672	889	-217	855
16	25	2	23	449	61	106	27	79	585	106	239	156	82	721	151	696	934	(238)	858
17	27	2	25	452	62	108	28	80	588	107	243	162	81	724	152	722	983	(261)	861
18	29	2	26	455	63	110	30	81	591	108	248	168	80	727	153	750	1 036	(286)	864
19	30	3	27	458	64	112	31	82	594	109	252	174	78	730	154	780	1 092	(313)	867
20	32	3	29	461	65	115	32	82	597	110	257	181	76	733	155	812	1 154	(342)	870
21	33	3	30	464	66	117	34	83	600	111	262	187	75	737	156	847	1 221	(374)	873
22	35	3	32	467	67	119	35	84	603	112	267	194	73	740	157	885	1 293	(409)	876
23	37	4	33	470	68	121	37	85	606	113	272	201	71	743	158	926	1 373	(447)	879
24	38	4	34	473	69	124	38	85	609	114	277	209	68	746	159	971	1 460	(489)	882
25	40	4	36	476	70	126	40	86	612	115	283	216	66	749	160	1 021	1 557	(536)	885

附表 B-1（续39）

无余量计算表	φ60	R180	前卡150	后直管段400						无余量计算表	φ60	R180	前卡150	后直管段400					
角度	切线	减量	加量	尾最短	角度	切线	减量	加量	尾最短	角度	切线	减量	加量	尾最短	角度	切线	减量	加量	尾最短
26	42	4	37	479	71	128	42	87	615	116	288	224	64	752	161	1 076	1 663	(588)	888
27	43	5	39	482	72	131	43	88	618	117	294	233	61	755	162	1 136	1 782	(645)	891
28	45	5	40	485	73	133	45	88	621	118	300	241	58	758	163	1 204	1 915	(710)	894
29	47	5	41	488	74	136	47	89	624	119	306	250	55	761	164	1 281	2 064	(784)	897
30	48	6	43	491	75	138	49	89	627	120	312	260	52	764	165	1 367	2 234	-867	900
31	50	6	44	494	76	141	51	90	630	121	318	269	49	767	166	1 466	2 429	(963)	903
32	52	6	45	497	77	143	53	90	633	122	325	280	45	770	167	1 580	2 653	(1 074)	906
33	53	7	47	500	78	146	55	91	636	123	332	290	41	773	168	1 713	2 916	(1 203)	909
34	55	7	48	503	79	148	57	91	639	124	339	301	37	776	169	1 869	3 226	(1 357)	912
35	57	7	49	506	80	151	60	91	643	125	346	313	33	779	170	2 057	3 599	(1 542)	915
36	58	8	51	509	81	154	62	92	646	126	353	325	29	782	171	2 287	4 056	(1 769)	918
37	60	8	52	512	82	156	64	92	649	127	361	337	24	785	172	2 574	4 627	(2 053)	921
38	62	9	53	515	83	159	67	92	652	128	369	350	19	788	173	2 943	5 361	(2 419)	924
39	64	9	54	518	84	162	69	93	655	129	377	364	14	791	174	3 435	6 342	(2 907)	928
40	66	10	56	521	85	165	72	93	658	130	386	378	8	794	175	4 123	7 715	(3 592)	931
41	67	10	57	524	86	168	75	93	661	131	395	393	2	797	176	5 155	9 775	(4 621)	934
42	69	11	58	527	87	171	78	93	664	132	404	408	(4)	800	177	6 874	13 211	(6 337)	937
43	71	11	59	530	88	174	81	93	667	133	414	425	(11)	803	178	10 312	20 085	(9 773)	940
44	73	12	61	533	89	177	84	93	670	134	424	442	(18)	806	179	20 626	40 709	(20 083)	943
45	75	13	62	536	90	180	87	93	673	135	435	460	-25	809	180	N/A	N/A	N/A	912

无余量计算表	φ70	R210	前卡165	后直管段400						无余量计算表	φ70	R210	前卡165	后直管段400					
角度	切线	减量	加量	尾最短	角度	切线	减量	加量	尾最短	角度	切线	减量	加量	尾最短	角度	切线	减量	加量	尾最短
1	2	0	2	404	46	89	16	74	563	91	214	106	108	722	136	520	559	(39)	881
2	4	0	3	407	47	91	16	75	566	92	217	110	108	725	137	533	582	(49)	885
3	5	0	5	411	48	93	17	76	570	93	221	114	108	729	138	547	606	(59)	888
4	7	1	7	414	49	96	18	78	573	94	225	118	107	732	139	562	632	(70)	892
5	9	1	9	418	50	98	19	79	577	95	229	122	107	736	140	577	659	(82)	895
6	11	1	10	421	51	100	20	80	580	96	233	127	106	740	141	593	687	(94)	899
7	13	1	12	425	52	102	21	81	584	97	237	132	106	743	142	610	718	(108)	902
8	15	1	14	428	53	105	22	82	587	98	242	137	105	747	143	628	749	(122)	906
9	17	1	15	432	54	107	23	84	591	99	246	142	104	750	144	646	783	(137)	909
10	18	1	17	435	55	109	24	85	595	100	250	147	103	754	145	666	819	(153)	913
11	20	2	19	439	56	112	25	86	598	101	255	152	102	757	146	687	857	(170)	916
12	22	2	20	442	57	114	26	88	602	102	259	158	101	761	147	709	898	(189)	920
13	24	2	22	446	58	116	28	89	605	103	264	164	100	764	148	732	941	(209)	923
14	26	2	24	450	59	119	29	90	609	104	269	170	99	768	149	757	987	(230)	927

附表 B-1(续40)

无余量计算表　φ70　R210　前卡165　后直管段400

角度	切线	减量	加量	尾最短	角度	切线	减量	加量	尾最短	角度	切线	减量	加量	尾最短	角度	切线	减量	加量	尾最短
15	28	2	25	453	60	121	30	91	612	105	274	176	98	771	150	784	1 037	−253	931
16	30	2	27	457	61	124	32	92	616	106	279	182	96	775	151	812	1 090	(278)	934
17	31	3	29	460	62	126	33	93	619	107	284	189	95	778	152	842	1 147	(305)	938
18	33	3	30	464	63	129	35	94	623	108	289	196	93	782	153	875	1 208	(334)	941
19	35	3	32	467	64	131	36	95	626	109	294	203	91	786	154	910	1 275	(365)	945
20	37	3	34	471	65	134	38	96	630	110	300	211	89	789	155	947	1 346	(399)	948
21	39	4	35	474	66	136	39	97	633	111	306	219	87	793	156	988	1 424	(436)	952
22	41	4	37	478	67	139	41	98	637	112	311	227	85	796	157	1 032	1 509	(477)	955
23	43	4	39	481	68	142	43	99	641	113	317	235	82	800	158	1 080	1 602	(522)	959
24	45	4	40	485	69	144	45	100	644	114	323	244	80	803	159	1 133	1 704	(571)	962
25	47	5	42	488	70	147	47	101	648	115	330	253	77	807	160	1 191	1 816	(625)	966
26	48	5	43	492	71	150	48	101	651	116	336	262	74	810	161	1 255	1 940	(685)	969
27	50	5	45	495	72	153	50	102	655	117	343	272	71	814	162	1 326	2 079	(753)	973
28	52	6	47	499	73	155	53	103	658	118	349	282	68	817	163	1 405	2 234	(829)	977
29	54	6	48	503	74	158	55	103	662	119	357	292	64	821	164	1 494	2 408	(914)	980
30	56	6	50	506	75	161	57	104	665	120	364	303	61	824	165	1 595	2 607	−1 012	984
31	58	7	51	510	76	164	59	105	669	121	371	314	57	828	166	1 710	2 833	(1 123)	987
32	60	7	53	513	77	167	62	105	672	122	379	326	53	832	167	1 843	3 096	(1 252)	991
33	62	8	55	517	78	170	64	106	676	123	387	339	48	835	168	1 998	3 402	(1 404)	994
34	64	8	56	520	79	173	67	106	679	124	395	351	44	839	169	2 181	3 764	(1 583)	998
35	66	9	58	524	80	176	69	107	683	125	403	365	39	842	170	2 400	4 199	(1 799)	1 001
36	68	9	59	527	81	179	72	107	686	126	412	379	34	846	171	2 668	4 732	(2 063)	1 005
37	70	10	61	531	82	183	75	107	690	127	421	393	28	849	172	3 003	5 398	(2 395)	1 008
38	72	10	62	534	83	186	78	108	694	128	431	408	22	853	173	3 433	6 255	(2 822)	1 012
39	74	11	64	538	84	189	81	108	697	129	440	424	16	856	174	4 007	7 399	(3 392)	1 015
40	76	11	65	541	85	192	84	108	701	130	450	441	9	860	175	4 810	9 001	(4 191)	1 019
41	79	12	66	545	86	196	87	108	704	131	461	458	3	863	176	6 014	11 405	(5 391)	1 022
42	81	13	68	549	87	199	91	108	708	132	472	476	(5)	867	177	8 020	15 413	(7 394)	1 026
43	83	13	69	552	88	203	94	108	711	133	483	496	(13)	870	178	12 031	23 432	(11 401)	1 030
44	85	14	71	556	89	206	98	108	715	134	495	516	(21)	874	179	24 064	47 494	(23 431)	1 033
45	87	15	72	559	90	210	102	108	718	135	507	536	−30	877	180	N/A	N/A	N/A	912

无余量计算表　φ73　R219　前卡170　后直管段400

角度	切线	减量	加量	尾最短	角度	切线	减量	加量	尾最短	角度	切线	减量	加量	尾最短	角度	切线	减量	加量	尾最短
1	2	0	2	404	46	93	16	77	570	91	223	110	113	736	136	542	582	(40)	902
2	4	0	4	407	47	95	17	78	573	92	227	114	113	739	137	556	607	(51)	905
3	6	0	5	411	48	98	18	80	577	93	231	119	112	743	138	571	632	(62)	909

附表 B-1（续41）

无余量计算表 φ73 R219 前卡170 后直管段400										无余量计算表 φ73 R219 前卡170 后直管段400									
角度	切线	减量	加量	尾最短	角度	切线	减量	加量	尾最短	角度	切线	减量	加量	尾最短	角度	切线	减量	加量	尾最短
4	8	1	7	415	49	100	19	81	581	94	235	123	112	747	139	586	659	(73)	913
5	10	1	9	418	50	102	20	82	584	95	239	128	111	750	140	602	687	(85)	916
6	11	1	11	422	51	104	21	84	588	96	243	132	111	754	141	618	717	(98)	920
7	13	1	12	426	52	107	22	85	592	97	248	137	110	758	142	636	748	(112)	924
8	15	1	14	430	53	109	23	86	595	98	252	142	110	761	143	655	782	(127)	927
9	17	1	16	433	54	112	24	88	599	99	256	148	109	765	144	674	817	(143)	931
10	19	1	18	437	55	114	25	89	603	100	261	153	108	769	145	695	854	(160)	935
11	21	2	19	441	56	116	26	90	607	101	266	159	107	773	146	716	894	(178)	939
12	23	2	21	444	57	119	28	91	610	102	270	165	106	776	147	739	936	(197)	942
13	25	2	23	448	58	121	29	93	614	103	275	171	105	780	148	764	982	(218)	946
14	27	2	25	452	59	124	30	94	618	104	280	177	103	784	149	790	1 030	(240)	950
15	29	2	26	455	60	126	32	95	621	105	285	184	102	787	150	817	1 081	− 264	953
16	31	3	28	459	61	129	33	96	625	106	291	190	100	791	151	847	1 137	(290)	957
17	33	3	30	463	62	132	34	97	629	107	296	197	99	795	152	878	1 196	(318)	961
18	35	3	32	466	63	134	36	98	632	108	301	204	97	798	153	912	1 260	(348)	964
19	37	3	33	470	64	137	38	99	636	109	307	212	95	802	154	949	1 329	(381)	968
20	39	3	35	474	65	140	39	100	640	110	313	220	93	806	155	988	1 404	(416)	972
21	41	4	37	477	66	142	41	101	643	111	319	228	91	809	156	1 030	1 485	(455)	975
22	43	4	39	481	67	145	43	102	647	112	325	236	88	813	157	1 076	1 574	(497)	979
23	45	4	40	485	68	148	45	103	651	113	331	245	86	817	158	1 127	1 671	(544)	983
24	47	5	42	489	69	151	47	104	655	114	337	254	83	820	159	1 182	1 777	(595)	986
25	49	5	44	492	70	153	48	105	658	115	344	263	80	824	160	1 242	1 894	(652)	990
26	51	5	45	496	71	156	51	106	662	116	350	273	77	828	161	1 309	2 024	(715)	994
27	53	6	47	500	72	159	53	106	666	117	357	283	74	832	162	1 383	2 168	(785)	998
28	55	6	49	503	73	162	55	107	669	118	364	294	71	835	163	1 465	2 330	(864)	1 001
29	57	6	50	507	74	165	57	108	673	119	372	305	67	839	164	1 558	2 512	(953)	1 005
30	59	7	52	511	75	168	59	109	677	120	379	316	63	843	165	1 663	2 718	− 1 055	1 009
31	61	7	54	514	76	171	62	109	680	121	387	328	59	846	166	1 784	2 955	(1 171)	1 012
32	63	8	55	518	77	174	64	110	684	122	395	340	55	850	167	1 922	3 228	(1 306)	1 016
33	65	8	57	522	78	177	67	110	688	123	403	353	50	854	168	2 084	3 548	(1 464)	1 020
34	67	9	58	525	79	181	70	111	691	124	412	366	45	857	169	2 274	3 925	(1 651)	1 023
35	69	9	60	529	80	184	72	111	695	125	421	380	40	861	170	2 503	4 379	(1 876)	1 027
36	71	10	62	533	81	187	75	112	699	126	430	395	35	865	171	2 783	4 935	(2 152)	1 031
37	73	10	63	536	82	190	78	112	702	127	439	410	29	868	172	3 132	5 629	(2 497)	1 034
38	75	11	65	540	83	194	81	112	706	128	449	426	23	872	173	3 581	6 523	(2 943)	1 038
39	78	11	66	544	84	197	85	113	710	129	459	442	17	876	174	4 179	7 716	(3 537)	1 042

附表 B-1(续42)

无余量计算表 φ73 R219 前卡170 后直管段400										无余量计算表 φ73 R219 前卡170 后直管段400									
角度	切线	减量	加量	尾最短	角度	切线	减量	加量	尾最短	角度	切线	减量	加量	尾最短	角度	切线	减量	加量	尾最短
40	80	12	68	548	85	201	88	113	714	130	470	460	10	880	175	5 016	9 386	(4 370)	1 045
41	82	13	69	551	86	204	91	113	717	131	481	478	3	883	176	6 271	11 894	(5 622)	1 049
42	84	13	71	555	87	208	95	113	721	132	492	497	(5)	887	177	8 363	16 074	(7 710)	1 053
43	86	14	72	559	88	211	98	113	725	133	504	517	(13)	891	178	12 547	24 436	(11 890)	1057
44	88	15	74	562	89	215	102	113	728	134	516	538	(22)	894	179	25 095	49 530	(24 435)	1060
45	91	15	75	566	90	219	106	113	732	135	529	559	-31	898	180	N/A	N/A	N/A	912

无余量计算表 φ76 R228 前卡190 后直管段400										无余量计算表 φ76 R228 前卡190 后直管段400									
角度	切线	减量	加量	尾最短	角度	切线	减量	加量	尾最短	角度	切线	减量	加量	尾最短	角度	切线	减量	加量	尾最短
1	2	0	2	404	46	97	17	80	577	91	232	115	117	749	136	564	606	(42)	922
2	4	0	4	408	47	99	18	81	580	92	236	119	117	753	137	579	632	(53)	926
3	6	0	6	412	48	102	19	83	584	93	240	123	117	757	138	594	658	(64)	930
4	8	1	7	415	49	104	20	84	588	94	245	128	116	761	139	610	686	(76)	934
5	10	1	9	419	50	106	21	86	592	95	249	133	116	765	140	626	715	(89)	938
6	12	1	11	423	51	109	22	87	596	96	253	138	115	769	141	644	746	(102)	941
7	14	1	13	427	52	111	23	88	600	97	258	143	115	772	142	662	779	(117)	945
8	16	1	15	431	53	114	24	90	604	98	262	148	114	776	143	681	814	(132)	949
9	18	1	17	435	54	116	25	91	607	99	267	154	113	780	144	702	850	(149)	953
10	20	1	18	438	55	119	26	93	611	100	272	159	112	784	145	723	889	(166)	957
11	22	2	20	442	56	121	27	94	615	101	277	165	111	788	146	746	931	(185)	961
12	24	2	22	446	57	124	29	95	619	102	282	171	110	792	147	770	975	(205)	964
13	26	2	24	450	58	126	30	96	623	103	287	178	109	796	148	795	1 022	(227)	968
14	28	2	26	454	59	129	31	98	627	104	292	184	108	799	149	822	1 072	(250)	972
15	30	2	28	458	60	132	33	99	630	105	297	191	106	803	150	851	1 126	-275	976
16	32	3	29	461	61	134	34	100	634	106	303	198	104	807	151	882	1 183	(302)	980
17	34	3	31	465	62	137	36	101	638	107	308	205	103	811	152	914	1 245	(331)	984
18	36	3	33	469	63	140	38	102	642	108	314	213	101	815	153	950	1 312	(362)	988
19	38	3	35	473	64	142	39	103	646	109	320	221	99	819	154	988	1 384	(396)	991
20	40	4	37	477	65	145	41	104	650	110	326	229	97	822	155	1 028	1 462	(433)	995
21	42	4	38	481	66	148	43	105	653	111	332	237	95	826	156	1 073	1 546	(474)	999
22	44	4	40	484	67	151	45	106	657	112	338	246	92	830	157	1 121	1 638	(518)	1 003
23	46	4	42	488	68	154	46	107	661	113	344	255	89	834	158	1 173	1 739	(566)	1 007
24	48	5	44	492	69	157	48	108	665	114	351	264	87	838	159	1 230	1 850	(620)	1 011
25	51	5	45	496	70	160	50	109	669	115	358	274	84	842	160	1 293	1 972	(679)	1 014
26	53	5	47	500	71	163	53	110	673	116	365	284	81	845	161	1 362	2 107	(744)	1 018
27	55	6	49	504	72	166	55	111	676	117	372	295	77	849	162	1 440	2 257	(817)	1 022
28	57	6	51	508	73	169	57	112	680	118	379	306	74	853	163	1 526	2 425	(900)	1 026

附表 B-1（续43）

无余量计算表	φ76	R228	前卡190	后直管段400						无余量计算表	φ76	R228	前卡190	后直管段400					
角度	切线	减量	加量	尾最短	角度	切线	减量	加量	尾最短	角度	切线	减量	加量	尾最短	角度	切线	减量	加量	尾最短
29	59	7	52	511	74	172	59	112	684	119	387	317	70	857	164	1 622	2 615	(993)	1 030
30	61	7	54	515	75	175	62	113	688	120	395	329	66	861	165	1 732	2 830	-1 098	1 034
31	63	7	56	519	76	178	64	114	692	121	403	341	62	865	166	1 857	3 076	(1 219)	1 037
32	65	8	58	523	77	181	67	114	696	122	411	354	57	868	167	2 001	3 361	(1 360)	1 041
33	68	8	59	527	78	185	70	115	700	123	420	368	52	872	168	2 169	3 693	(1 524)	1 045
34	70	9	61	531	79	188	73	115	703	124	429	381	47	876	169	2 368	4 087	(1 719)	1 049
35	72	9	63	534	80	191	75	116	707	125	438	396	42	880	170	2 606	4 559	(1 953)	1 053
36	74	10	64	538	81	195	78	116	711	126	447	411	36	884	171	2 897	5 137	(2 240)	1 057
37	76	10	66	542	82	198	82	117	715	127	457	427	30	888	172	3 261	5 861	(2 600)	1 060
38	79	11	67	546	83	202	85	117	719	128	467	443	24	892	173	3 728	6 791	(3 063)	1 064
39	81	12	69	550	84	205	88	117	723	129	478	461	17	895	174	4 350	8 033	(3 682)	1 068
40	83	12	71	554	85	209	91	117	726	130	489	479	10	899	175	5 222	9 772	(4 550)	1 072
41	85	13	72	557	86	213	95	118	730	131	500	498	3	903	176	6 529	12 382	(5 853)	1 076
42	88	14	74	561	87	216	99	118	734	132	512	517	(5)	907	177	8 707	16 734	(8 027)	1 080
43	90	15	75	565	88	220	102	118	738	133	524	538	(14)	911	178	13 062	25 441	(12 379)	1 084
44	92	15	77	569	89	224	106	118	742	134	537	560	(23)	915	179	26 126	51 565	(25 439)	1 087
45	94	16	78	573	90	228	110	118	746	135	550	582	-32	918	180	N/A	N/A	N/A	912

无余量计算表	φ89	R267	前卡220	后直管段400						无余量计算表	φ89	R267	前卡220	后直管段400					
角度	切线	减量	加量	尾最短	角度	切线	减量	加量	尾最短	角度	切线	减量	加量	尾最短	角度	切线	减量	加量	尾最短
1	2	0	2	404	46	113	20	94	607	91	272	134	138	809	136	661	710	(49)	1 012
2	5	0	4	409	47	116	21	95	611	92	276	139	137	814	137	678	740	(62)	1 016
3	7	0	6	413	48	119	22	97	616	93	281	145	137	818	138	696	771	(75)	1 021
4	9	1	9	418	49	122	23	99	620	94	286	150	136	823	139	714	803	(89)	1 025
5	12	1	11	422	50	125	24	100	625	95	291	156	136	827	140	734	838	(104)	1 030
6	14	1	13	427	51	127	25	102	629	96	297	161	135	832	141	754	874	(120)	1 034
7	16	1	15	431	52	130	27	104	634	97	302	167	134	836	142	775	912	(137)	1 039
8	19	1	17	436	53	133	28	105	638	98	307	174	134	841	143	798	953	(155)	1 043
9	21	2	19	440	54	136	29	107	643	99	313	180	133	845	144	822	996	(174)	1 048
10	23	2	22	445	55	139	31	108	647	100	318	187	131	850	145	847	1 042	(195)	1 052
11	26	2	24	449	56	142	32	110	652	101	324	194	130	854	146	873	1 090	(217)	1 057
12	28	2	26	454	57	145	34	111	656	102	330	201	129	859	147	901	1 142	(240)	1 061
13	30	2	28	458	58	148	35	113	661	103	336	208	128	863	148	931	1 197	(266)	1 066
14	33	3	30	463	59	151	37	114	665	104	342	216	126	868	149	963	1 255	(293)	1 070
15	35	3	32	467	60	154	38	116	670	105	348	224	124	872	150	996	1 318	-322	1 075
16	38	3	34	472	61	157	40	117	674	106	354	232	122	877	151	1 032	1 386	(353)	1 079
17	40	3	37	476	62	160	42	118	679	107	361	240	120	881	152	1 071	1 458	(387)	1 084

附表 B-1(续44)

无余量计算表 φ89 R267 前卡220 后直管段400																			
角度	切线	减量	加量	尾最短	角度	切线	减量	加量	尾最短	角度	切线	减量	加量	尾最短	角度	切线	减量	加量	尾最短
18	42	4	39	481	63	164	44	120	683	108	367	249	118	886	153	1 112	1 536	(424)	1 088
19	45	4	41	485	64	167	46	121	688	109	374	258	116	890	154	1 157	1 620	(464)	1 093
20	47	4	43	490	65	170	48	122	692	110	381	268	113	895	155	1 204	1 712	(507)	1 097
21	49	5	45	494	66	173	50	123	697	111	388	278	111	899	156	1 256	1 811	(555)	1 102
22	52	5	47	499	67	177	52	125	701	112	396	288	108	904	157	1 312	1 919	(606)	1 106
23	54	5	49	503	68	180	54	126	706	113	403	299	105	908	158	1 374	2 037	(663)	1 111
24	57	6	51	508	69	184	57	127	710	114	411	310	102	913	159	1 441	2 166	(726)	1 115
25	59	6	53	512	70	187	59	128	715	115	419	321	98	917	160	1 514	2 309	(795)	1 120
26	62	6	55	517	71	190	62	129	719	116	427	333	94	922	161	1 596	2 467	(872)	1 124
27	64	7	57	521	72	194	64	130	724	117	436	345	90	926	162	1 686	2 643	(957)	1 129
28	67	7	59	526	73	198	67	131	728	118	444	358	86	931	163	1 787	2 840	(1 054)	1 133
29	69	8	61	530	74	201	70	132	733	119	453	371	82	935	164	1 900	3 062	(1 162)	1 137
30	72	8	63	535	75	205	72	132	737	120	462	385	77	940	165	2 028	3 314	- 1 286	1 142
31	74	9	65	539	76	209	75	133	742	121	472	400	72	944	166	2175	3 603	(1 428)	1 146
32	77	9	67	544	77	212	78	134	746	122	482	415	67	949	167	2 343	3 936	(1 592)	1 151
33	79	10	69	548	78	216	82	135	751	123	492	430	61	953	168	2 540	4 325	(1 785)	1 155
34	82	10	71	553	79	220	85	135	755	124	502	447	55	958	169	2 773	4 786	(2 013)	1 160
35	84	11	73	557	80	224	88	136	760	125	513	464	49	962	170	3 052	5 339	(2 287)	1 164
36	87	12	75	562	81	228	92	136	764	126	524	481	43	967	171	3 393	6 016	(2 624)	1 169
37	89	12	77	566	82	232	95	137	769	127	536	500	36	971	172	3 818	6 863	(3 045)	1 173
38	92	13	79	571	83	236	99	137	773	128	547	519	28	976	173	4 365	7 953	(3 587)	1 178
39	95	14	81	575	84	240	103	137	778	129	560	539	20	980	174	5 095	9 407	(4 312)	1 182
40	97	14	83	580	85	245	107	138	782	130	573	561	12	985	175	6 115	11 444	(5 328)	1 187
41	100	15	85	584	86	249	111	138	787	131	586	583	3	989	176	7 646	14 500	(6 854)	1 191
42	102	16	86	589	87	253	116	138	791	132	600	606	(6)	994	177	10 196	19 597	(9 400)	1 196
43	105	17	88	593	88	258	120	138	796	133	614	630	(16)	998	178	15 296	29 792	(14 496)	1 200
44	108	18	90	598	89	262	125	138	800	134	629	655	(26)	1 003	179	30 595	60 385	(29 790)	1 205
45	111	19	92	602	90	267	129	138	805	135	645	682	- 38	1 007	180	N/A	N/A	N/A	912

无余量计算表 φ114 R342 前卡260 后直管段400																			
角度	切线	减量	加量	尾最短	角度	切线	减量	加量	尾最短	角度	切线	减量	加量	尾最短	角度	切线	减量	加量	尾最短
1	3	0	3	406	46	145	25	120	665	91	348	172	176	924	136	846	910	(63)	1 183
2	6	0	6	412	47	149	27	122	671	92	354	178	176	930	137	868	947	(79)	1 189
3	9	1	8	417	48	152	28	124	676	93	360	185	175	936	138	891	987	(96)	1 195
4	12	1	11	423	49	156	29	126	682	94	367	192	175	941	139	915	1 029	(114)	1 201
5	15	1	14	429	50	159	31	129	688	95	373	199	174	947	140	940	1 073	(133)	1 206
6	18	1	17	435	51	163	32	131	694	96	380	207	173	953	141	966	1 119	(154)	1 212

附表 B - 1（续45）

无余量计算表	$\phi114$	$R342$	前卡 260	后直管段 400	无余量计算表	$\phi114$	$R342$	前卡 260	后直管段 400
角度	切线	减量	加量	尾最短	角度	切线	减量	加量	尾最短	角度	切线	减量	加量	尾最短	角度	切线	减量	加量	尾最短

角度	切线	减量	加量	尾最短	角度	切线	减量	加量	尾最短	角度	切线	减量	加量	尾最短	角度	切线	减量	加量	尾最短
7	21	2	19	440	52	167	34	133	700	97	387	214	172	959	142	993	1 169	(175)	1 218
8	24	2	22	446	53	171	36	135	705	98	393	222	171	964	143	1 022	1 221	(198)	1 224
9	27	2	25	452	54	174	37	137	711	99	400	231	170	970	144	1 053	1 276	(223)	1 229
10	30	2	28	458	55	178	39	139	717	100	408	239	168	976	145	1 085	1 334	(249)	1 235
11	33	3	30	463	56	182	41	141	723	101	415	248	167	982	146	1 119	1 396	(278)	1 241
12	36	3	33	469	57	186	43	143	728	102	422	257	165	988	147	1 155	1 462	(308)	1 247
13	39	3	36	475	58	190	45	145	734	103	430	267	163	993	148	1 193	1 533	(340)	1 252
14	42	3	39	481	59	193	47	146	740	104	438	276	161	999	149	1 233	1 608	(375)	1 258
15	45	4	41	486	60	197	49	148	746	105	446	287	159	1 005	150	1 276	1 689	−412	1 264
16	48	4	44	492	61	201	52	150	751	106	454	297	157	1 011	151	1 322	1 775	(453)	1 270
17	51	4	47	498	62	205	54	152	757	107	462	308	154	1 016	152	1 372	1 868	(496)	1 276
18	54	5	50	504	63	210	56	153	763	108	471	319	151	1 022	153	1 425	1 968	(543)	1 281
19	57	5	52	509	64	214	59	155	769	109	479	331	148	1 028	154	1 481	2 076	(594)	1 287
20	60	5	55	515	65	218	61	157	774	110	488	343	145	1 034	155	1 543	2 193	(650)	1 293
21	63	6	58	521	66	222	64	158	780	111	498	356	142	1 039	156	1 609	2 319	(710)	1 299
22	66	6	60	527	67	226	67	160	786	112	507	369	138	1 045	157	1 681	2 458	(777)	1 304
23	70	7	63	532	68	231	70	161	792	113	517	383	134	1 051	158	1 759	2 609	(849)	1 310
24	73	7	66	538	69	235	73	162	797	114	527	397	130	1 057	159	1 845	2 775	(929)	1 316
25	76	8	68	544	70	239	76	164	803	115	537	411	126	1 062	160	1 940	2 958	(1 018)	1 322
26	79	8	71	550	71	244	79	165	809	116	547	426	121	1 068	161	2 044	3 160	(1 116)	1 327
27	82	9	73	556	72	248	82	166	815	117	558	442	116	1 074	162	2 159	3 385	(1 226)	1 333
28	85	9	76	561	73	253	86	167	820	118	569	459	111	1 080	163	2 288	3 638	(1 349)	1 339
29	88	10	79	567	74	258	89	169	826	119	581	476	105	1 085	164	2 433	3 922	(1 489)	1 345
30	92	10	81	573	75	262	93	170	832	120	592	494	99	1 091	165	2 598	4 245	−1 647	1 350
31	95	11	84	579	76	267	97	171	838	121	604	512	92	1 097	166	2 785	4 615	(1 829)	1 356
32	98	12	86	584	77	272	101	171	844	122	617	531	86	1 103	167	3 002	5 041	(2 040)	1 362
33	101	13	89	590	78	277	105	172	849	123	630	551	79	1 108	168	3 254	5 540	(2 286)	1 368
34	105	13	91	596	79	282	109	173	855	124	643	572	71	1 114	169	3 552	6 130	(2 578)	1 373
35	108	14	94	602	80	287	113	174	861	125	657	594	63	1 120	170	3 909	6 839	(2 930)	1 379
36	111	15	96	607	81	292	118	174	867	126	671	617	55	1 126	171	4 346	7 706	(3 361)	1 385
37	114	16	99	613	82	297	122	175	872	127	686	640	46	1 132	172	4 891	8 791	(3 900)	1 391
38	118	17	101	619	83	303	127	176	878	128	701	665	36	1 137	173	5 592	10 187	(4 595)	1 396
39	121	18	104	625	84	308	132	176	884	129	717	691	26	1 143	174	6 526	12 049	(5 523)	1 402
40	124	19	106	630	85	313	137	176	890	130	733	718	15	1 149	175	7 833	14 658	(6 825)	1 408
41	128	20	108	636	86	319	142	176	895	131	750	746	4	1 155	176	9 794	18 573	(8 780)	1 414
42	131	21	111	642	87	325	148	177	901	132	768	776	(8)	1 160	177	13 060	25 101	(12 041)	1 420

附表 B-1(续46)

无余量计算表　φ114　R342　前卡260　后直管段400

角度	切线	减量	加量	尾最短	角度	切线	减量	加量	尾最短	角度	切线	减量	加量	尾最短	角度	切线	减量	加量	尾最短
43	135	22	113	648	88	330	154	177	907	133	787	807	(20)	1 166	178	19593	38 161	(18 568)	1 425
44	138	23	115	653	89	336	160	177	913	134	806	840	(34)	1 172	179	39 189	77 348	(38 158)	1 431
45	142	24	118	659	90	342	166	176	918	135	826	874	−48	1178	180	N/A	N/A	N/A	1424

无余量计算表　φ140　R420　前卡280　后直管段500

角度	切线	减量	加量	尾最短	角度	切线	减量	加量	尾最短	角度	切线	减量	加量	尾最短	角度	切线	减量	加量	尾最短
1	4	0	3	507	46	178	31	147	825	91	427	211	216	1 144	136	1 040	1 117	(77)	1 462
2	7	1	7	514	47	183	33	150	832	92	435	219	216	1 151	137	1 066	1 163	(97)	1 469
3	11	1	10	521	48	187	34	153	840	93	443	227	215	1 158	138	1 094	1 212	(118)	1 476
4	15	1	14	528	49	191	36	155	847	94	450	236	215	1 165	139	1 123	1 263	(140)	1 483
5	18	1	17	535	50	196	38	158	854	95	458	245	214	1 172	140	1 154	1 318	(164)	1 490
6	22	2	20	542	51	200	40	160	861	96	466	254	213	1 179	141	1 186	1 375	(189)	1 497
7	26	2	24	550	52	205	42	163	868	97	475	263	211	1 186	142	1 220	1 435	(215)	1 504
8	29	2	27	557	53	209	44	166	875	98	483	273	210	1193	143	1 255	1 499	(244)	1 512
9	33	2	31	564	54	214	46	168	882	99	492	283	209	1 200	144	1 293	1 567	(274)	1 519
10	37	3	34	571	55	219	48	170	889	100	501	294	207	1 207	145	1 332	1 638	(306)	1 526
11	40	3	37	578	56	223	51	173	896	101	510	305	205	1 214	146	1 374	1 715	(341)	1 533
12	44	3	41	585	57	228	53	175	903	102	519	316	203	1 222	147	1 418	1 796	(378)	1 540
13	48	4	44	592	58	233	55	177	910	103	528	327	201	1 229	148	1 465	1 883	(418)	1 547
14	52	4	47	599	59	238	58	180	917	104	538	339	198	1 236	149	1 514	1 975	(460)	1 554
15	55	4	51	606	60	242	61	182	924	105	547	352	195	1 243	150	1 567	2 074	−506	1 561
16	59	5	54	613	61	247	63	184	932	106	557	365	192	1 250	151	1 624	2 180	(556)	1 568
17	63	5	57	620	62	252	66	186	939	107	568	378	189	1 257	152	1 685	2 294	(609)	1 575
18	67	6	61	627	63	257	69	188	946	108	578	392	186	1 264	153	1 749	2 417	(667)	1 582
19	70	6	64	634	64	262	72	190	953	109	589	407	182	1 271	154	1 819	2 549	(730)	1 589
20	74	7	67	641	65	268	75	192	960	110	600	422	178	1 278	155	1 894	2 693	(798)	1 596
21	78	7	71	649	66	273	79	194	967	111	611	437	174	1 285	156	1 976	2 848	(872)	1 604
22	82	8	74	656	67	278	82	196	974	112	623	453	170	1 292	157	2 064	3 018	(954)	1 611
23	85	8	77	663	68	283	86	198	981	113	635	470	165	1 299	158	2 161	3 204	(1 043)	1 618
24	89	9	80	670	69	289	89	199	988	114	647	487	160	1 306	159	2 266	3 407	(1 141)	1 625
25	93	9	84	677	70	294	93	201	995	115	659	505	154	1 313	160	2 382	3 632	(1 250)	1 632
26	97	10	87	684	71	300	97	203	1 002	116	672	524	148	1 321	161	2 510	3 881	(1 371)	1 639
27	101	11	90	691	72	305	101	204	1 009	117	685	543	142	1 328	162	2 652	4 158	(1 506)	1 646
28	105	11	93	698	73	311	105	206	1 016	118	699	563	136	1 335	163	2 810	4 468	(1 657)	1 653
29	109	12	97	705	74	316	110	207	1 023	119	713	584	129	1 342	164	2 988	4 817	(1 828)	1 660
30	113	13	100	712	75	322	114	208	1 031	120	727	606	121	1 349	165	3 190	5 213	−2 023	1 667
31	116	14	103	719	76	328	119	209	1 038	121	742	629	114	1 356	166	3 421	5 667	(2 246)	1 674

附表 B-1（续 47）

无余量计算表	$\phi140$	$R420$	前卡280	后直管段500						无余量计算表	$\phi140$	$R420$	前卡280	后直管段500					
角度	切线	减量	加量	尾最短	角度	切线	减量	加量	尾最短	角度	切线	减量	加量	尾最短	角度	切线	减量	加量	尾最短
32	120	15	106	726	77	334	123	211	1 045	122	758	652	105	1 363	167	3 686	6 191	(2 505)	1 681
33	124	15	109	733	78	340	128	212	1 052	123	774	677	97	1 370	168	3 996	6 804	(2 808)	1 688
34	128	16	112	741	79	346	134	213	1 059	124	790	703	87	1 377	169	4 362	7 528	(3 166)	1 695
35	132	17	115	748	80	352	139	213	1 066	125	807	729	77	1 384	170	4 801	8 399	(3 598)	1 703
36	136	18	118	755	81	359	144	214	1 073	126	824	757	67	1 391	171	5 337	9 464	(4 127)	1 710
37	141	19	121	762	82	365	150	215	1 080	127	842	786	56	1 398	172	6 006	10 796	(4 790)	1 717
38	145	20	124	769	83	372	156	216	1 087	128	861	817	44	1 405	173	6 867	12 510	(5 643)	1 724
39	149	22	127	776	84	378	162	216	1 094	129	881	849	32	1 413	174	8 014	14 797	(6 783)	1 731
40	153	23	130	783	85	385	168	216	1 101	130	901	882	19	1 420	175	9 620	18 001	(8 382)	1 738
41	157	24	133	790	86	392	175	217	1 108	131	922	917	5	1 427	176	12 027	22 809	(10 782)	1 745
42	161	25	136	797	87	399	182	217	1 115	132	943	953	(10)	1 434	177	16 039	30 826	(14 787)	1 752
43	165	27	139	804	88	406	189	217	1 122	133	966	991	(25)	1 441	178	24 062	46 864	(22 803)	1 759
44	170	28	142	811	89	413	196	217	1 130	134	989	1 031	(42)	1 448	179	48 127	94 988	(46 861)	1 766
45	174	30	144	818	90	420	203	217	1 137	135	1 014	1 073	−59	1 455	180	N/A	N/A	N/A	1 524

无余量计算表	$\phi168$	$R504$	前卡330	后直管段500						无余量计算表	$\phi168$	$R504$	前卡330	后直管段500					
角度	切线	减量	加量	尾最短	角度	切线	减量	加量	尾最短	角度	切线	减量	加量	尾最短	角度	切线	减量	加量	尾最短
1	4	0	4	508	46	214	37	177	890	91	513	253	260	1 272	136	1 247	1 340	(93)	1 654
2	9	1	8	517	47	219	39	180	899	92	522	263	259	1 281	137	1 279	1 396	(117)	1 663
3	13	1	12	525	48	224	41	183	907	93	531	273	258	1 289	138	1 313	1 455	(142)	1 671
4	18	1	16	534	49	230	43	186	916	94	540	283	257	1 298	139	1 348	1 516	(168)	1 680
5	22	2	20	542	50	235	46	189	924	95	550	294	256	1 306	140	1 385	1 581	(196)	1 688
6	26	2	25	551	51	240	48	193	933	96	560	305	255	1 315	141	1 423	1 650	(226)	1 697
7	31	2	29	559	52	246	50	196	941	97	570	316	254	1 323	142	1 464	1 722	(258)	1 705
8	35	3	33	568	53	251	53	199	950	98	580	328	252	1 332	143	1 506	1 799	(292)	1 714
9	40	3	37	576	54	257	55	202	958	99	590	340	250	1 340	144	1 551	1 880	(329)	1 722
10	44	3	41	585	55	262	58	205	967	100	601	352	248	1 349	145	1 598	1 966	(368)	1 731
11	49	4	45	593	56	268	61	207	975	101	611	365	246	1 357	146	1 649	2 058	(409)	1 739
12	53	4	49	602	57	274	63	210	984	102	622	379	243	1 366	147	1 701	2 155	(454)	1 748
13	57	4	53	610	58	279	66	213	992	103	634	393	241	1 374	148	1 758	2 259	(501)	1 756
14	62	5	57	619	59	285	69	216	1 001	104	645	407	238	1 383	149	1 817	2 370	(553)	1 765
15	66	5	61	627	60	291	73	218	1 009	105	657	422	234	1 391	150	1 881	2 489	−608	1 773
16	71	6	65	636	61	297	76	221	1 018	106	669	438	231	1 400	151	1 949	2 616	(667)	1 782
17	75	6	69	644	62	303	79	223	1 026	107	681	454	227	1 408	152	2 021	2 753	(731)	1 790
18	80	7	73	653	63	309	83	226	1 035	108	694	471	223	1 417	153	2 099	2 900	(801)	1 799
19	84	7	77	661	64	315	87	228	1 043	109	707	488	219	1 425	154	2 183	3 059	(876)	1 807
20	89	8	81	670	65	321	90	231	1 052	110	720	506	214	1 434	155	2 273	3 231	(958)	1 816

附表 B－1(续48)

角度	切线	减量	加量	尾最短	角度	切线	减量	加量	尾最短	角度	切线	减量	加量	尾最短	角度	切线	减量	加量	尾最短
21	93	9	85	678	66	327	94	233	1 060	111	733	524	209	1 442	156	2 371	3 418	(1 047)	1 824
22	98	9	89	687	67	334	98	235	1 069	112	747	544	204	1 451	157	2 477	3 622	(1 145)	1 833
23	103	10	93	695	68	340	103	237	1 077	113	761	564	198	1 459	158	2 593	3 845	(1 252)	1 841
24	107	11	97	704	69	346	107	239	1 086	114	776	584	192	1 468	159	2 719	4 089	(1 370)	1 850
25	112	11	100	712	70	353	112	241	1 094	115	791	606	185	1 476	160	2 858	4 358	(1 500)	1 858
26	116	12	104	721	71	359	116	243	1 103	116	807	628	178	1 485	161	3 012	4 657	(1 645)	1 867
27	121	13	108	729	72	366	121	245	1 111	117	822	652	171	1 493	162	3 182	4 989	(1 807)	1 875
28	126	14	112	738	73	373	126	247	1 120	118	839	676	163	1 502	163	3 372	5 361	(1 989)	1 884
29	130	15	116	746	74	380	131	248	1 128	119	856	701	155	1 510	164	3 586	5 780	(2 194)	1 892
30	135	15	120	755	75	387	137	250	1 137	120	873	727	146	1 519	165	3 828	6 256	−2 428	1 901
31	140	16	123	763	76	394	142	251	1 145	121	891	755	136	1 527	166	4 105	6 800	(2 696)	1 909
32	145	17	127	772	77	401	148	253	1 154	122	909	783	126	1 536	167	4 424	7 430	(3 006)	1 918
33	149	18	131	780	78	408	154	254	1 162	123	928	812	116	1 544	168	4 795	8 164	(3 369)	1 926
34	154	20	135	789	79	415	160	255	1 171	124	948	843	105	1 553	169	5 234	9 034	(3 800)	1 935
35	159	21	138	797	80	423	167	256	1 179	125	968	875	93	1 561	170	5 761	10 078	(4 318)	1 943
36	164	22	142	806	81	430	173	257	1 188	126	989	909	80	1 570	171	6 404	11 356	(4 952)	1 952
37	169	23	145	814	82	438	180	258	1 196	127	1 011	944	67	1 578	172	7 208	12 955	(5 747)	1 960
38	174	25	149	823	83	446	187	259	1 205	128	1 033	980	53	1 587	173	8 240	15 012	(6 772)	1 969
39	178	26	153	831	84	454	195	259	1 213	129	1 057	1 018	38	1 595	174	9 617	17 757	(8 140)	1 977
40	183	27	156	840	85	462	202	260	1 222	130	1 081	1 058	23	1 604	175	11 543	21 601	(10 058)	1 986
41	188	29	160	848	86	470	210	260	1 230	131	1 106	1 100	6	1 612	176	14 433	27 371	(12 939)	1 994
42	193	30	163	857	87	478	218	260	1 239	132	1 132	1 144	(12)	1 620	177	19 247	36 991	(17 745)	2 002
43	199	32	166	865	88	487	226	260	1 247	133	1 159	1 189	(30)	1 629	178	28 874	56 237	(27 363)	2 011
44	204	34	170	873	89	495	235	260	1 255	134	1 187	1 237	(50)	1 637	179	57 753	113 986	(56 233)	2 019
45	209	36	173	882	90	504	244	260	1 264	135	1 217	1 288	−71	1 646	180	N/A	N/A	N/A	2 548

无余量计算表　φ168　R504　前卡330　后直管段500

无余量计算表　φ168　R504　前卡330　后直管段500

附录 C：CB/T 3365—91 管子
无余量下料工艺

附录 D：CB/T 3790—1997 管子
加工技术条件

参 考 文 献

[1]叶平,孙祖新. 船舶管铜工工艺学[M]. 哈尔滨:哈尔滨船舶工程学院出版社,1988.

[2]屠文斌. 船舶管系工工艺[M]. 哈尔滨:哈尔滨工程大学出版社,2010.

[3]邵志深. 船舶管系工中级工培训教程[M]. 哈尔滨:哈尔滨工程大学出版社,2007.

[4]付锦云. 船舶管路系统[M]. 哈尔滨:哈尔滨工程大学出版社,2009.